»Verena Dohrns Buch ›Reise nach Galizien. Grenzlandschaften des alten Europa‹ ist der Bericht von einer touristischen Reise durch Polen und die ukrainische Sowjetrepublik und gleichzeitig die Erzählung von einer literarischen Reise in die Vergangenheit, in der die durchfahrenen Landschaften die Namen Galizien, Wolhynien, Podolien, Bukowina trugen, in der Tschernobyl ein jüdisches Stetl war und nicht weltweit verbreitetes Kürzel für eine atomare Katastrophe. Es führt in die Welt zurück, die den Chassidismus und die Haskala, die jüdische Aufklärung, entstehen ließ, in der Rosa Luxemburg und Leopold von Sacher-Masoch, Martin Buber und Manès Sperber aufgewachsen waren. Ein Vielvölkerland wird umrissen, das Polen, Ukrainer, Juden aschkenasischer, sephardischer und chasarischer Herkunft, Armenier, Deutsche und andere zusammenbrachte. Es entsteht dabei nicht das Bild einer entrückten Vergangenheit, die sich aus sicherer Entfernung betrachten läßt, im Bewußtsein zwar, daß sie verschwunden ist, aber ohne Anschauung des Verschwindens selbst.« *Lothar Baier, Süddeutsche Zeitung*

Verena Dohrn, 1951 in Hannover geboren, ist Literaturwissenschaftlerin, Historikerin, Slawistin; sie arbeitet frei für den NDR.

Verena Dohrn
Reise nach Galizien
Grenzlandschaften des alten Europa

Fischer
Taschenbuch
Verlag

Ungekürzte Ausgabe
Veröffentlicht im Fischer Taschenbuch Verlag GmbH,
Frankfurt am Main, März 1993

Lizenzausgabe mit freundlicher Genehmigung
des S. Fischer Verlags GmbH, Frankfurt am Main

Umschlaggestaltung: Buchholz/Hinsch/Hensinger
Fotos für Umschlag und Bildteil von Henning Dohrn
Für die Karte: © 1991 Stefanie Dittel,
Zeichenstelle des Militärgeschichtlichen Forschungsamtes, Freiburg
Gesamtherstellung: Clausen & Bosse, Leck
Printed in Germany
ISBN 3-596-11515-9

Inhalt

Wildnis ganz anderer Art 7
Unterwegs 10
Zamość – Talis magnanimi visa est fulsisse Zamosci... 15
Unterwegs 32
Przemyśl. Sonnenuntergang über dem San 33
Unterwegs 50
Lwow – Lwiw – Lwów – Lemberg – Löwenberg 56
Verfallen wie in Brody 87
Unterwegs 105
Schitomir, die weiße geschlagene Stadt 110
Unterwegs 124
Berditschew is schejn... gewen 125
Unterwegs 145
Im Stetl des Baal Schem Tow 146
Unterwegs 154
Von Tschernowzy nach Czernowitz 158

Ausgewählte Bibliographie 183

Wildnis ganz anderer Art

Durch Südpolen fahren wir in die Sowjetunion, um die alten Grenzlandschaften Galizien, Wolhynien, Podolien, die unserem Land zugewandte ukrainische Provinz kennenzulernen, haben historische Landkarten, auch Karten der deutschen Wehrmacht dabei – die Geschichte dieser Gegenden interessiert uns. Abgesehen davon gibt es noch keine besseren als die. Sowjetische Karten sind rar, dazu, weil irreführend, oft unbrauchbar. Darüber spricht man mittlerweile auch in sowjetischen Medien. Die schottische Straßenkarte »USSR Western«, Maßstab eins zu zwei Millionen, die beste, die wir bekommen konnten, genügt gerade, um sich im groben zu orientieren.

»In dieses wilde Land wollen Sie fahren?« fragt ein Bekannter ungläubig, dessen Großeltern einst in der Ukraine lebten. – Wildnis, wie gesagt, lieben wir so in Sicherheit und Wohlstand gewiegte Bundesbürger. Doch die Ukraine verspricht Wildnis und Abenteuer ganz anderer Art – ist nicht Natur, sondern verwilderte Zivilisation. Zwei Weltkriege, die Wirren der Revolution, ein Bürgerkrieg, Faschismus und Stalinismus, »kalter Krieg« und Staatssozialismus haben diese Landschaften heimgesucht, zuletzt, im Frühjahr 1986, die Reaktorkatastrophe von Tschernobyl, und die deutsche Geschichte hat einen mörderischen Anteil an dieser Verwüstung. Verwüstete Kulturlandschaft lockt Reisende, versteht sich, weniger als die Wüste. Ob es uns wohl gelingen wird, durch die Schrecken der Geschichte hindurch noch etwas von der alten Schönheit des südöstlichen Polen, der Westukraine, zu entdecken, etwas von der einzigartigen Vielvölkerkultur dort, damals, vor jenem »einunddreißigjährigen Krieg«, von 1914 bis 1945? Ruthenen, heute werden sie Ukrainer genannt, Polen, Juden, Armenier, Griechen, viele andere Minderheiten, auch Deutsche haben dort gelebt, in jenen Provinzen am Westrand des Russischen Reiches und in denen am Ostrand der österreichisch-ungarischen Monarchie mit den märchenhaft klingenden Namen »Königreich Galizien und Lodomerien« und »Kronland Bukowina«.

Welten, finstere Zeiten trennen uns von diesen Grenzlandschaften. Ein »Eiserner Vorhang« hatte sich vor jenen Abgrund geschoben, Erinnerungen verdrängt, Wege abgeschnitten, hatte die Schauplätze der Weltkriege – Polen, das Baltikum, Weißrußland, die Ukraine, Moldawien – nach 1945 in fernes Dunkel gehüllt. Die Reaktorkatastrophe von Tschernobyl – Tschernobyl war einst ein jüdisches Stetl – trieb auf furchtbare Weise den Zusammenhang der Welten ins Gedächtnis der Menschen hier und da zurück.

Galizien, Wolhynien und die Bukowina liegen in der Mitte des europäischen Kontinents zwischen der Weichsel im Westen und den Karpaten im Süden; im Nordosten bilden die weißrussischen Sümpfe eine natürliche Grenze; nach Osten, nach Podolien hin, liegen diese Ländchen ungeschützt da.

Galizien und Wolhynien, einst Fürstentümer der Kiewer Rus, führten schon früh, nach dem Zerfall der Rus, große Namen: »Königreich Halitsch« und »Herzogtum Lodomerien« nannten sie sich. Mitte des 13. Jahrhunderts machten die Mongolen dieser Selbstherrlichkeit einstweilen ein Ende. Ungefähr ein Jahrhundert waren Galizien, Wolhynien wie auch Podolien unter tatarischer Herrschaft, dann vierhundert Jahre lang Teil erst des Polnischen, dann des Polnisch-Litauischen Reiches. Nach den Teilungen Polens wurden ganz Podolien und der östliche Teil Wolhyniens dem Russischen Reich zugeschlagen, der westliche ging an Galizien, und Galizien wurde Provinz des Habsburger Reiches. Hier waren österreichische Verwaltungsbeamte und polnische Adlige die Herren im Staate, Besitzer von Grund und Boden, dort zaristische Beamte und Bojaren; die einheimischen Ruthenen waren rechtlose Bauern, die deutschen Siedler, die im Gefolge des polnischen Eroberers König Kasimir III., später mit den Habsburgern ins östliche Grenzland kamen, waren Handwerker, auch Bauern; zwischen Adel und Bauern standen die Juden, arme und reiche Händler, Pächter von Kneipen, Mühlen, auch von Land, Handwerker, Rabbiner. Seit dem späten Mittelalter siedelten Juden im Polnisch-Litauischen Reich. Antisemitismus, Pogrome hatten sie aus dem Westen des christlichen Abendlandes vertrieben: aschkenasische Juden aus deutschen Ländern, aus Frankreich, sephardische aus dem Spanien der Inquisition. Sie mischten sich mit denen, die vor ihnen aus dem untergehenden Chasarien nach Westen gekommen waren. Nach den Ruthenen und den Polen waren die Juden die größte Minderheit in Galizien, Wolhynien und Podolien, machten in Galizien zehn bis zwölf Prozent der Gesamtbevölkerung aus, in den Städten und Städtchen oft mehr als die Hälfte der Einwohnerschaft. Menschen mit großen Namen – Joseph Roth, Rosa Luxemburg, Paul Celan, Rose Ausländer, Manès Sperber, Wilhelm Reich, Helene Deutsch, die Familie der Brüder Isaac Bashevis und Israel Joshua Singer kommen aus der Provinz Galizien.

Der Erste Weltkrieg zog neue Trennungslinien durch jene Grenzlandschaften. Österreich wurden seine Provinzen genommen. Polen konnte alte Rechte geltend machen: Galizien, ein Teil Wolhyniens gingen an die Republik; Rumänien erhielt die Bukowina; die Sowjetmacht eroberte Podolien. Und der Zweite Weltkrieg, der Nationalsozialismus zerstörte sie dann. Juden, viele Polen und Ukrainer in Galizien, der Bukowina, in Wolhynien und Podolien wurden ermordet. Tot ist die ostjüdische, die Vielvölkerkultur.

Die Reformpolitik der Sowjetunion, von ihr ermutigte Volksbewegungen in Mitteleuropa sind dabei, den »Eisernen Vorhang« einzureißen, den Blick wieder freizugeben auf jene Landschaften, in denen, wie Paul Celan einmal sagte, einst Menschen und Bücher lebten. Um diese Landschaften, ihre Städte und Städtchen in Augenschein zu nehmen, die, fürs Leben verloren, Schrift zur Erinnerung, Melancholie und Verklärung wurden, reisen wir; um das Gepäck von Angelesenem und am Schreibtisch gefaßten Vorurteilen im Gespräch zu erproben, an lebendigen Eindrücken zu messen und Lesarten miteinander zu vergleichen: westliche, Galizien, das Ostjudentum zum Mythos stilisierende, Verantwortung am Nationalsozialismus verdrängende mit östlichen, Krieg mit Heldenpathos verkleisternde, die Geschichte des Ostjudentums um der Macht willen verschweigende. Zamość – Przemyśl – Lwów – Brody – Schitomir – Berditschew – Medschibosch – Tschernowzy heißen die Etappen unserer Reise. Die Namen dieser Orte sind böhmische Dörfer für die meisten von uns. Namen wie Schall und Rauch, manchen vielleicht noch aus Kriegszeiten bekannt. Brody zum Beispiel, viel gibt es von Brody zu erzählen... Wie gern würden wir länger in Brody, Schitomir, Berditschew, Medschibosch bleiben! Übernachten aber dürfen wir nur in Lwów, Rowno, Winniza und Tschernowzy. Nur in diesen Städten hat »Intourist« Hotels oder Dépendancen, und bisher hält die staatliche sowjetische Tourismusorganisation – noch jedenfalls –, was die Organisation der Reisen aus dem westlichen Ausland angeht, ihr Monopol.

Unterwegs

Ödes Brachland, Rodungen ringsum, am Horizont Fichten, ein schwarzes Zackenband. Olivgrüne Lastwagen, einer dicht hinter dem anderen, so weit das Auge reicht, stehen am Straßenrand. Eine Militärkolonne der Sowjetischen Armee in der Heide von Görlitz. Die sowjetischen Lastwagen fahren in ihre Heimat zurück, passieren nach uns die deutsch-polnische Grenze.

Auschwitz liegt in der Mitte Europas. Die polnische Kleinstadt südlich von Krakau heißt wieder Oświęcim, die Gedenkstätte weiterhin Auschwitz. Auschwitz ist das Tor nach Galizien. Ohne Mühe weisen Polen in Schlesien Deutschen, die in deutscher Sprache nach Auschwitz fragen, den Weg dorthin. Jenes Tor, stacheldrahtbewehrt – deutsche Schrift, bekannte Naziparole springt dich an –, mag die Leserin, der Leser selbst durchschreiten. Noch leben Karmeliterinnen auf dem Gelände des ehemaligen Konzentrationslagers, beten an jenem grauenhaften Ort für die Ermordeten. Juden aus aller Welt protestieren gegen solche Okkupation, und die polnisch-katholische Kirche trägt ihren Antisemitismus offen zur Schau, ehe sie aus Rom dafür milde zurechtgewiesen wird.

Wiesenblumen und Gräser blühen auf der Rampe von Birkenau, zwischen den schwarzen Baracken, halten ein Häufchen rostzerfressender Löffel und Gabeln irgendwo im Gelände unweit der Grundmauern eines Krematoriums versteckt. Still ist es ringsum. Nur ein Grüppchen Taubstummer geht gestikulierend seiner Wege – zum Mahnmal hin. Weit ist der Weg vom Auschwitz des industrialisierten Massenmordens zum Herzogtum Auschwitz im westlichsten Zipfel des »Königreichs Galizien und Lodomerien«. Er führt unweigerlich über die »Rollbahnen« der Deutschen Wehrmacht, die Bahngleise der Todeszüge. Kein Zauber hilft, keine Gnade den Nachgeborenen. Auf Massengräbern läßt sich das »gemeinsame Haus Europa« nicht unbehelligt bauen.

Die Gedenkstätte Auschwitz, die Stadt Krakau liegen hinter uns. An den Autofenstern zieht eine rosagelb eingestaubte Mondlandschaft vorbei, das Fabrikgelände der Leninhütte von Nowa Huta. Dann wechseln die Farben. Das giftige Rosa weicht dem Gold handtuchschmaler polnischer Stoppelfelder. Weißer Mohn wechselt mit dem dunklen Grün der Tabakfelder im Weichseltal. Einspännige Pferdewagen fahren neben der Landstraße, Störche nisten auf den Kronen der Telegraphenmasten. Gänse und Enten scharen sich zwischen grasenden Pferden auf grünen Wiesen, in denen blaublitzende Tümpel liegen, darüber weiße Wattewolken am blauen Sommerhimmel.

Lacht der wind in korn,
lacht un lacht un lacht,
lacht er op a tog, a ganzn,
un a halbe nacht.

Das jiddische Lied vom Kälbchen, festgebunden auf dem Wagen, fährt mit uns von Auschwitz, von Krakau her, die Weichsel stromabwärts, dann, vor Sandomierz rechts ab und, ehe er in die Weichsel mündet, über den San. Unweit von Frampol verzweigt sich die Straße. Nach rechts führt sie im Bogen über Biłgoraj, nach links über Szczebrzescyn schnurgerade nach Zamość.

Josche hatte sich nach Biłgoraj verirrt, kam dort kurz vor Weihnachten an, zur Zeit des großen Marktes, als alle Bauern der umliegenden Dörfer herbeiströmten. Auf den schlammigen Straßen, die nach Biłgoraj führten, herrschte ein reges Treiben. Reiche Gutsbesitzer in dicken Pelzkragen thronten mit Frau und Kind auf hochrädrigen Wagen, die am dicken Seil einen Stier an den Hörnern hinter sich herzogen. Die ärmeren kamen zu Fuß, einen dünnen Strick in der Hand, der am Hinterbein eines Schweines befestigt war. Josche suchte Zuflucht in der alten Synagoge, hinter dem warmen Synagogenofen. Josche hieß eigentlich Nachum, war ein Zweifler und Gottsucher, Sohn eines litauischen Rabbiners, Talmudstudent. Kaum vierzehn Jahre alt, hatte er sich, ein unverzeihliches Vergehen, in seine Stiefschwiegermutter, die ihm gleichaltrige Malka, verliebt, die dritte Frau seines Schwiegervaters, des Zaddiks im podolischen Stetl. Er lief fort vor den unerbittlichen Gesetzen und Ritualen des selbstherrlich regierenden Chassidismus, floh die bedrükkende Enge des heimatlichen Stetl, die Dummheit und Korruption am Hofe des schwiegerväterlichen Wunderrabbiners und kam so nach Biłgoraj. Unerkannt verdingte sich Nachum dort als Unterschammes, als Synagogendiener, zündete die Kerzen an, fegte das Versammlungshaus, klopfte die Leute wach zum Gebet. Die Einwohner von Biłgoraj hielten ihn für einen der zahllosen Wanderbettler, spotteten über ihn, als er unzugänglich blieb, riefen ihn »Josche Kalb« und machten ihn, abergläubisch, wie sie waren, zum Sündenbock für alles Elend im Stetl: er trage Schuld an der tödlichen Seuche, am nächtlichen Spuk. Die blöde Tochter des Oberschammes habe er geschwängert, warfen sie ihm vor, und zwangen ihn, um die vermeintliche Schuld zu sühnen und das Stetl vom Bösen zu befreien, mit der Närrin Hochzeit zu halten auf dem Friedhof von Biłgoraj. Mit dem Roman *Josche* hat Israel Joshua Singer sein Heimatstetl zumindest für die Literatur gerettet. Mit vielen anderen Stetlech um Zamość herum hat es sein Bruder, der bekannte Isaac Bashevis Singer, ähnlich gemacht. Wer wüßte sonst schon von Frampol, Jampol, Biłgoraj, Turbin, Szczebrzescyn, Josefów, Tomaszów?

Die Mutter der Brüder Singer war die Tochter des Rabbiners von Biłgoraj, der wie ein Despot über seine Gemeinde regiert haben soll – auch zu Hause, so Isaac, habe alles vor ihm gezittert. Geldnot habe die junge Familie Singer gezwungen, die ersten Jahre im Hause des herrschsüchtigen Rabbiners zu leben; nicht eben zur Freude des Schwiegersohns, der ebenfalls Rabbiner und Sohn des Rabbiners von Tomaszów war. Israel Singer, der Älteste – Isaac ist elf Jahre jünger –, wurde 1893 in Biłgoraj, damals ein Garnisonsstädtchen in Russisch-Polen unweit der österreichischen Grenze, geboren. Obwohl Zamość und Szczebrzescyn, Städte, in denen die Aufklärung regierte, ganz in der Nähe lagen, sei es dem Großvater gelungen, und Stadtälteste und Chassidim hätten ihn darin unterstützt, das Städtchen vor solchen weltlichen Einflüssen zu bewahren, erzählt Isaac Bashevis Singer.

Die Brüder Singer brachen mit der Familientradition, wurden keine Rabbiner, sondern jiddische Schriftsteller; ein dem Sozialismus zugeneigter Kritiker ostjüdischer Traditionen der Ältere, Israel Joshua. Der Autor des Romans *Josche* war Anfang der dreißiger Jahre bereits ein anerkannter Schriftsteller, als, wie um den Zerfall, dann den Tod des Ostjudentums erzählend zu bannen, der jüngere Bruder Isaac, eher Romantiker denn Aufklärer, zu schreiben begann. Die Brüder verließen Polen, bevor die Deutschen kamen. Israel Joshua Singer, der Sozialist, ging nach dem Ende der hoffnungsvollen zwanziger Jahre, die er in Kiew und Warschau verbrachte, 1934 nach Amerika, Isaac Bashevis Singer folgte ihm ein Jahr später.

Federwolken segeln über den blauen Himmel. Getreidegarben stehen zu Puppen zusammengestellt auf dem schmalen

Stoppelfeld. Die harten, scharfen Kanten der Roggenstoppeln und ein Gedicht von Peter Huchel rücken das romantische Bild der Landschaft zurecht, in der mühselige Handarbeit und traurige Erinnerung stecken.

> Später,
> im Sommer
> über den Stoppeln
> die Spindeln aus Licht.
> Sie wickeln
> das rissige Garn
> galizischer Dörfer.
> Doch niemand kommt,
> den Mantel zu weben.

Wir sitzen beim Picknick am Straßenrand.

Ob im Bogen über Biłgoraj oder geradewegs über Szczebrzeszyn nach Zamość zu fahren sei, entscheidet bei Butterbrot, Knoblauch und Tee ein polnisches Buch über jüdische Grabsteine, *Zeit der Steine* von Monika Krajewska, 1983 in Warschau erschienen. In Szczebrzeszyn soll noch ein jüdischer Friedhof zu finden sein. Szczebrzeszyn war, wie gesagt, neben Zamość eine Stadt der *haskalah*, der jüdischen Aufklärung, inmitten von Hochburgen des Chassidismus. Zweimal fragen wir nach dem »cmentarz żydowski«; im Nachbardorf von Szczebrzeszyn einen Bauern, der auf der Bank vorm Gartenzaun sitzt. Er führt uns freundlich an Misthaufen und rostigen Gerätschaften vorbei über seinen Hof, zeigt auf einen bewaldeten Hügel am Horizont. Und im verschlafenen Städtchen, am Platz eine Gruppe von Jugendlichen, die dabei sind, ein Moped zu reparieren. Einer von ihnen weiß den Weg. Er wohne direkt gegenüber vom jüdischen Friedhof, sagt er, und – in Szczebrzeszyn gebe es heute keine Juden mehr. Wir fahren die Friedhofsstraße hinauf. Die Straße ist schmal und krumm. Hinter Zäunen, keiner sieht aus wie der andere, der eine verfallen und grau, der andere bunt gestrichen, der dritte neu, hocken kleine verwitterte Holzhäuser, auch sie ganz verschieden. Wie alt mögen sie sein – vielleicht fünfzig, sechzig, siebzig Jahre? Verstohlen suchen meine Augen nach Einkerbungen, Spuren von der *mesusah* im Holz der Türrahmen. Vergeblich. Hinter einem Maschendrahtzaun – der Junge hat uns einen Durchschlupf gezeigt –, von einem Schild »Mahnmal des Holocaust« (es zeigt eine Flamme in einer Schale, über der zwei Schwerter hängen) geschützt, stehen jüdische Grabsteine unter schattigen Bäumen, zwischen wucherndem Wacholder und von Brennesselgestrüpp und Springkraut verborgen. Bunt leuchtet noch die *menorah* vom weißen Kalksandstein; drei oder fünf Arme haben die Leuchter auf anderen Steinen, bekunden, daß jüdische Frauen hier einst begraben wurden. Am Sabbat kam es den Frauen zu, das Kerzenlicht zu entzünden. Auf den Grabsteinen ist der Leuchter deshalb ihr Zeichen. Was ist geblieben von den Juden in Polen außer Steinen, Grabsteinen, Synagogen in Dörfern und Städten?

Zamość –
Talis magnanimi visa est fulsisse Zamosci...

Viel haben wir von der polnischen Renaissancestadt Zamość gehört, ehe wir uns auf die Reise machten. Jan Zamojski, Staatsmann und Feldherr des 16. Jahrhunderts, ein zum Katholizismus konvertierter Calvinist, seinerzeit vielleicht der gelehrteste Mann in Polen. Er hatte in Paris, Stuttgart und Padua studiert, war Vertrauensmann des polnischen Königs, ließ in kaum mehr als zehn Jahren von dem italienischen Baumeister Bernardo Morando Zamość errichten, die Stadt *za mostem*, an der Brücke, an der Kreuzung zweier Handelswege: des Salzwegs von Schlesien nach Wolhynien und des Bernsteinwegs vom Baltikum in die Türkei.

O mors inexpiabilis necessitas
Naturae! Ô stellas! Ô sydera! quae accelerastis
Mortem heu acerbam heröis heu Zamoscii!

(Oh Tod, unversöhnliche Notwendigkeit der Natur!
Oh ihr Sterne! Oh ihr Himmel! die ihr den Tod,
Ach, den schmerzlichen, ach, des Helden Zamoscius herbeigeführt
habt!)

dichtet honori herois Zamoscii David Hilchen, Secretario Regiae Maiestatis, Notarius terrae Venden aus Helmstedt nach dem Tode des polnischen Großkanzlers und Großfeldherrn am 3. Juni 1605.

Talis magnanimi visa est fulsisse Zamosci
Virtus, stetitq; summo honorum culmine,
Inque dies surgens ipsis caput intulit astris.

(Groß leuchten sah man die Tugend des hochherzigen Zamoscius;
Sie stand auf dem Gipfelpunkt der Ehren,
Steigerte sich von Tag zu Tag
Und hob das Haupt gar zu den Sternen.)

Von Krakau her sind wir nur über Land gefahren. Kaum vorstellbar, eine Renaissancestadt inmitten der Felder. Unmerklich beginnt die Stadt. Ein Parkplatz ist plötzlich da, ein Stück Stadtmauer, ein Tor, ein Graben. Hinter hohen Bäumen schimmert Mauerwerk weiß. Seitlich erstreckt sich lang, zwei Stockwerke hoch, ein schlichtes, dickwandiges Barockgebäude. Eine Stellwand zeigt das Schema des alten Stadtzentrums. Weiteres Informationsmaterial erhalten wir in einem Touristenbüro in einer der ersten Querstraßen der Altstadt. Wir stehen am nördlichen, dem Lubliner Tor. Der dickwandige, quaderförmige Barockbau, heute ein Polytechnikum, war einst die Akademie von Zamość. 1594 wurde sie von Jan Zamojski als humanistische Hochschule für die Vorbereitung junger Adliger auf den Staatsdienst gegründet, im 18. Jahrhundert wurde ihr dann dieses Haus errichtet. Zamość sollte eine »ideale Stadt« – eine Stadt der Aufklärung, des Welthandels und eine Festung sein. So wurde sie angelegt – das Schema der Altstadt beweist es noch heute. Schachbrettartig sind die Straßen angeordnet. Im Kreuz der Himmelsrichtungen führen die Hauptausfallstraßen von Westen nach Osten, von Norden nach Süden. Drei Tore hatte die Stadt:

das Lubliner im Norden, das Lemberger im Südosten und das Szczebrzeszyner im Südwesten. Sternförmig wurde Zamość in den Sumpf gebaut; in sieben Spitzen die Befestigungsanlagen ihr vorgelagert. Drei Marktplätze hatte die Stadt: den Salzmarkt, den Großen Markt und den Wassermarkt. Die Pläne in der Hand, gehen wir von Norden in die Altstadt hinein. Gerade und eng sind die Straßen, nicht höher als zwei Stockwerke die Häuser, lückenlos, in Reih und Glied gebaut. Es ist gegen Abend, wenige Menschen sind unterwegs. Wir überqueren die Zamenhof-Straße. Ludwig Lazar Zamenhof (1859–1917), Augenarzt und Homöopath, Erfinder des Esperanto, jener Kunstsprache – nach seinem Pseudonym benannt –, die die Welt, wie sie vor der Zerstörung des Babylonischen Turms war, wiederherstellen möchte. Er kam eigentlich aus dem nördlichen Białystok, aber, siehe da, man ehrt den »Doktor Hoffnung« jüdischer Herkunft in Zamość. Wir kommen auf den Salzmarkt, gehen über die Perez-Straße. Zamość war die Heimatstadt von Zamenhofs Zeitgenossen Jizchak Lejb Perez, dem jiddischen Schriftsteller aus Zamość.

Wir kommen auf den Großen Markt. Die Nachmittagssonne fällt goldfarben schräg über die Attiken einer geschlossenen Häuserreihe, erhellt den großen Platz, einhundert Meter im Quadrat, gut möglich einen der schönsten Renaissanceplätze in Europa, umfaßt von prächtigen Bürgerhäusern und ihren Arkadengängen. Jedes Haus hat sein eigenes Gesicht: das Rathaus von 1591 mit seiner geschwungenen Freitreppe, Arkaden rund herum, das sich, so behäbig im Fundament, nach oben hin, von Stockwerk zu Stockwerk, von Gesims zu Gesims zierlich verjüngt und mit dem Glockenturm und dem Blendwerk der Attiken die anderen Häuser majestätisch überragt; die Häuser der armenischen Kaufleute ihm zur Seite, bunt und reich verziert wie keine anderen am Platz. Haus für Haus, lindgrün das erste, safrangelb das zweite, sienarot das dritte, azurfarben das vierte, perlrosa das fünfte, sind ihre Fassaden getüncht und mit feinziselierten Ornamenten, Mustern aus einer stilisierten Tier- und Pflanzenwelt, mit orientalischem Flechtwerk und Figuren geschmückt, die zum Teil Fragmente der ursprünglichen Attiken waren. Ein Löwe, der gegen einen Drachen kämpft, und der Erzengel Gabriel, eine Lilie, das Zeichen der Verkündigung, in der Hand, sind in den Stein gehauen.

Zamość sollte, so der Plan Jan Zamojskis, eine rein polnische, eine katholische Stadt werden. Doch kaufmännisches Kalkül erzwang bald den Zuzug von armenischen, griechischen und jüdischen Händlern. Sephardische Juden aus dem Orient ließ Zamojski ansiedeln in Zamość, nicht aber die in Polen heimischen, die Aschkenasim, und verbot jenen strikt, sich mit diesen zu mischen. Doch schon wenige Jahrzehnte nach der Stadtgründung kamen auch aschkenasische Juden nach Zamość, mischten und mehrten sich. Vor dem Zweiten Weltkrieg, so erzählt uns Jerzy Polański, ein alter Fremdenführer, Stadtrat von Zamość, hätten nur noch zweieinhalb Häuser auf dem Großen Markt Polen gehört und sieben Familien darin gewohnt, in allen anderen Juden. Vierundsechzig Prozent der Stadtbevölkerung seien damals Juden gewesen.

Großväter führen ihre Enkel spazieren. Ein kleiner Junge übt Dreiradfahren auf den glatten Steinplatten, zwischen den Bänken und Blumenrabatten des Platzes. Frucht- und Milchspeiseeis in Waffeln gibt es für ein paar Złoty unter den Arkaden. Wir schlendern über den Großen Markt, nehmen Augenmaß von verschiedenen Seiten. Die Häuser stehen acht zu acht auf jeder Seite, abgesehen von jener, an der das Rathaus steht; zwischen je vieren mündet eine Straße auf den Platz. Dem Rathaus gegenüber finden wir das Haus der Zamojskis, neben ihm das Haus der Morando, der Familie des Baumeisters der Stadt; einige Häuser weiter das Haus der Bürger von Szczebrzeszyn, die an jenem durch Festungsmauern geschützten Ort ihre Kostbarkeiten aufbewahrten. Ganz hinten in der südwestlichsten Ecke des Großen Marktes, von den Barockbüsten der Minerva und des Herkules am Linkowskahaus verdeckt, schon auf halbem Wege zur prunkvollen Kollegiatskirche – sie erlaubte sich, nebenbei gesagt, eine Statue des Papstes auf ihren Kirchenvorhof zu stellen, noch ehe dies auf kommunalem Boden zulässig war –, finden wir das Haus Nummer 37 mit einer schlichten Fassade und einer Tafel, auf der geschrieben steht, daß am 5. März 1870 Rosa Luxemburg hier geboren wurde. Sie war das jüngste, das fünfte Kind des jüdischen Holzhändlers Eliasch Luxemburg – Rosa machte später Eduard daraus – und seiner Frau Lina, geborene Löwenstein. Lina Löwenstein kam aus einer alten Rabbinerfamilie. Eliasch Luxemburg war ein polnisch assimilierter Jude und kein armer Mann, er besaß ein Haus am Großen Markt. Vom Fenster aus konnte die kleine Rosa den Platz nicht sehen. Aber einen Schritt vor die Tür, schon stand sie unter den Arkaden, den Passagen von »Klein-Paris«. So nannte der Freund der Familie Luxemburg, Jizchak Lejb Perez, sein Zamość. Fluchtlinien, weit über den Platz hinaus, würden die Kreuzgewölbe der Bogengänge dem Blick noch heute eröffnen, wenn die Bauzäune am Rande des Platzes nicht wären. In dem hellen, weiten Geviert des Großen Marktes mag Rosa Luxemburg ihre ersten Schritte in die Welt unternommen haben. Die klare Geometrie des Platzes, die Welthäuslichkeit der Arkaden, die scheinbar ins Unendliche weisenden Perspektiven ihrer Bogengänge und die maßvolle Schönheit der Bürgerhäuser mögen nicht ohne Wirkung auf die Weltanschauung des Kindes gewesen sein. Kaum erwachsen, mit sechzehn und lange fort von Zamość, wurde Rosa Luxemburg Mitglied der Sozialistischen Partei, begann gegen die Konventionen, die Enge des jüdischen Elternhauses rebellierend, den unermüdlichen Kampf für die »internationale Befreiung des Proletariats«. Von einer jüdischen Arbeiterbewegung, vom Judentum, erst recht vom Milieu des ostjüdischen Stetl, das Zamość ohnehin nicht repräsentierte, wollte sie nicht viel wissen. Ein Greuel war ihr Nationalismus jeglicher Art, egal ob es jüdischer, deutscher, polnischer, ukrainischer, weißrussischer, litauischer war. Wie die polnisch-jüdische Revolutionärin heute wohl über das Wiedererstarken des nationalen Gedankens in Mittel- und Osteuropa dächte, frage ich mich.

Jiddische Geschichten soll Rosa Luxemburg dennoch geliebt haben. Die kannte sie vielleicht von Jizchak Lejb Perez. Viel später, 1917, siebenundvierzig Jahre war sie alt, im Gefängnis in der preußischen Festung Wronke, erinnert sie sich in einem Brief an ihre Kindheit – Politisches zu schreiben, verbot ihr die Gefängniszensur – und an die Mutter, die nichts anderes tat, als unermüdlich für die Familie zu sorgen, und der, neben Schiller, zum Spott der halbwüchsigen Tochter, die Bibel, die Geschichten vom weisen König Salomo, der die Sprache der Vögel versteht, das wertvollste Buch war. Die Buchfinken vor ihrem Fenster und die Zuchthauseinsamkeit nötigten die Revolutionärin, die Mutter zu verstehen.

Drei Jahre nach Geburt der jüngsten Tochter zog die Familie von Zamość fort nach Warschau. Das Haus aber blieb bis zu Beginn des Zweiten Weltkriegs im Besitz des Hutmachers Luxemburg, eines Bruders von Rosa. Die Tafel am Geburtshaus, ein Saal im Rathaus und eine Straße in der Neustadt von Zamość erinnern an die Revolutionärin, mehr nicht. Und nun soll die Straße umbenannt werden. Ein Museum ist nicht geplant. Der Staatssozialismus hat den Namen Rosa Luxemburg diskreditiert.

Der Große Markt trägt das Festkleid des vierhundertsten Geburtstags der Stadt. Doch ein Blick um die Ecke genügt, um die Ruinen in der Altstadt von Zamość zu entdecken. Da stehen die alten Palazzi und Bürgerhäuser, grau, mühsam gestützt von hölzernen Baugerüsten – das Stadtmuseum, eines von ihnen, ist bereits seit zehn Jahren wegen Baufälligkeit geschlossen –, und warten auf die Handwerker, die lieber im Ausland arbeiten, für gutes Geld, denn polnische Restaurateure sind berühmt, gefragt in aller Welt. Seit kurzer Zeit darf die Stadt auch privaten Handwerksbetrieben Aufträge erteilen, so bleibt zu hoffen, die eine oder andere Straße bald erneuert und geputzt zu sehen.

Nicht in Ruinen, aber im krassen Gegensatz zur alten »idealen« Stadt gesichtslos grau, halb Wiese, halb Baustelle, liegt die Neustadt von Zamość im Nordosten. Vergeblich suchen wir dort nach einem gastlichen Ort, werden in einem modernen Restaurant auf einer Kuhweide freundlich abgewiesen, weil üppig gedeckte Tische eine geschlossene Gesellschaft erwarten, bekommen schließlich in einer öden Betonhalle von einem unfreundlichen Kellner Cola und Schnitzel serviert und werden, fliegenumsirrt, beim Essen vom Knistern und Rauschen eines Radios und dem traurigen Selbstgespräch eines Betrunkenen in der Ecke unterhalten.

Der Plan der Altstadt von Zamość verzeichnet die römisch-katholische Kollegiatskirche, eine ehemalige griechisch-russische Kirche, ehemalige Kapellen der Clarissen, der Franziskaner, eine Kapelle der Reformierten, ein ehemaliges Spital und Kloster der Bonifratri – und erwähnt die Synagoge im alten jüdischen Viertel mit keinem Wort. An der Kreuzung der Bazyliańska-Straße stehe der alte Spätrenaissancetempel, der seit einigen Jahren Sitz der Stadtbibliothek und zur Zeit auch Sitz der Wojewodschaftsbibliothek sei, heißt es lapidar im Stadtführer und im nächsten Abschnitt: An der Zamenhof-Straße 11 stehe das Haus der ehemaligen Judengemeinde, erbaut in der ersten Hälfte des 17. Jahrhunderts. Hundert Jahre später sei es aufgestockt, weitere hundert Jahre später erneut vergrößert worden. Heute sei der Polnische Verband für Touristik und Landeskunde darin untergebracht.

Mehr über die jüdische Stadtgeschichte erfahren wir von dem Stadtrat und Fremdenführer Jerzy Polański. Wenige Jahre nach der Stadtgründung, 1588 schon, vier Jahre nach den Armeniern, hätten die sephardischen Juden Siedlungs- und Handelsrechte von Zamojski erworben. Drei Jahre später habe eine Volks- und Vermögenszählung ergeben, daß nicht mehr als drei Juden in Zamość lebten, die jedoch eine Synagoge, eine eigene Volksschule und Gemeindebehörde besaßen. Wahrscheinlich wurden die jüdischen Bewohner von Zamość, die kein eigenes Haus besaßen, nicht zu den Stadtbürgern gezählt. Von Jizchak Lejb Perez, dem jiddischen Schriftsteller aus Zamość, wisse das Stadtarchiv aus diesem Grund wenig, berichtet Jerzy Polański. Im Unterschied zu den Luxemburgs habe der Advokat kein eigenes Haus in der Stadt besessen.

Als einst, zu Jizchak Lejb Perez' Zeiten, ein jüdischer Statistiker in Polen einen Juden nach Name, Familienstand, Beruf und so weiter befragte, erzählt der jiddische Schriftsteller, habe der sich gewunden, allerlei Ausreden, verschämte, traurige, witzige, vorgebracht, ehe herauskam, daß jener Jude Levi-Jizchak Bärenpelz heiße, mitunter *dajan* sei und in Schiedsgerichten sitze, zum Teil Makler, hin und wieder auch Händler, und so ein ganz klein wenig Heiratsvermittler, und manchmal, wenn es ihm einfiele, sogar Botengänge mache. Auf solche Weise versuchten sich unliebsame jüdische Stadtbewohner einer behördlichen Erfassung zu entziehen, die für sie, wie sie wußten, üble Folgen haben konnte. Viele Levi-Jizchaks hat es vor dem Tod der jüdischen Kultur in Polen gegeben.

Zusammen mit Jerzy Polański, dem polnischen Fremdenführer, gehen wir die Zamenhof-Straße entlang. Es ist Sonntagmorgen. Aus den Fenstern der Häuser sind Wochenendgeräusche, Radiomusik, lachende Stimmen zu hören. Die Sonne scheint. Nur wenige Touristen sind in Zamość, auf dem Markt haben wir sie gesehen, in Grüppchen, und einen einzelnen jungen Mann, der in einem Sommerlager der Aktion Sühnezeichen in Lublin, Majdanek, arbeitet. Jerzy Polański erzählt uns von Reisenden aus der DDR, die er am frühen Morgen schon hat führen müssen, allerdings nicht in die Altstadt, sondern zu Jeansgeschäften in die Neustadt von Zamość.

Bauzäune, Solidarność hat im Vorgefühl neuer Verantwortung bunte Plakate darauf geklebt, wechseln in der Zamenhof-Straße ab mit altehrwürdigen Gebäuden und Ladenhäusern aus jüngerer Zeit. Wir setzen uns auf eine sonnige Bank, der ehemaligen Synagoge, der Bibliothek, schräg gegenüber. Wenig wisse man in Zamość über Perez, lange habe sich, ähnlich wie für Rosa Luxemburg, niemand für ihn interessiert. Fremde, Touristen fragten heutzutage nach dem jiddischen Schriftsteller, der 1851 hier geboren, immerhin achtunddreißig Jahre in der Stadt gelebt und als Anwalt gearbeitet hat, bis man ihm, dem Sozialisten, aus politischen Gründen die Advokatur entzog und er wie die Luxemburgs nach Warschau fortging. Inzwischen hat das Jiddische Theater aus Warschau das Interesse der Bürger von Zamość an

Perez erneut geweckt. Die Truppe spielte auf der Freitreppe des Rathauses am Großen Markt das Stück *Die kleine Stadt* von Perez über Zamość und ermutigte so den Stadtrat, im Archiv nach dem Schriftsteller zu forschen. Neben Mendele Mojcher Sforim und Scholem Alejchem gilt Jizchak Lejb Perez als Klassiker der jiddischen Literatur. Zu schreiben aber begann er hebräisch, war ein Aufklärer, ein *maskil*, ein Kämpfer für die Haskala, gegen den Chassidismus. Erst später, Mitte dreißig mag er gewesen sein, entdeckte er das *farscholtene mameloschn* Jiddisch, die Alltagssprache der Ostjuden, für die viele gebildete Juden nichts als Spott und Verachtung hatten.

Die Frage nach der Muttersprache, nach der Identität mußten sich Juden in der Diaspora immer wieder stellen. »Was heißt das, ein Mensch? Bin ich doch ein Jude, bin ich dann kein Mensch?« – »Der verrückte Batlen«, ein mittelloser jüdischer Student, verkörpert diese Frage, zerreißt sich im tragikomischen Selbstbefragungsspiel: »Nein, Bruder Berl, mach dir nichts vor! Du bist ein Mannsbild, bist ein Jude, stimmt, stimmt, aber nicht du bist der Mann, nicht du bist der Jude. Du bist etwas anderes. Das alles sind nur Zutaten, Anhängsel, aber nicht du selbst.« Nicht auszuschließen, daß Perez' *batlen* Berl Chantsche jenes Zwiegespräch, natürlich auf jiddisch, in einem Zamośćer Bethaus führte.

Wir sitzen noch immer auf der Bank in der Zamenhof-Straße, der Synagoge schräg gegenüber, und lassen uns von der jüdischen Geschichte der Stadt erzählen. Zwischen den Weltkriegen habe es in Zamość eine jiddische Lokalzeitung, die *Zamośćer Stime*, eine hebräische Schule und eine polnisch-jüdische Oberschule gegeben. Als die Deutschen am 14. September 1939 nach Zamość kamen, organisierten sie Pogrome unter den Juden, konfiszierten jüdisches Eigentum. Zwölf Tage später kam die Rote Armee. Die Deutschen zogen ab und kehrten zwei Wochen danach, nach neuem deutsch-sowjetischem Schacher, für viereinhalb Jahre Barbarei zurück. Einige tausend Juden verließen Zamość mit der Roten Armee. Achtzehn Jahre alt sei er, Jerzy Polański, gewesen, als die Deutschen kamen. Seinen Vater, einen leitenden Angestellten der Post, hätten sie inhaftiert, ins Konzentrationslager Sachsenhausen bei Oranienburg gebracht, ihn später ermordet. Er selbst, damals Mitarbeiter der hiesigen Steuerbehörde, habe die Juden gesehen, die von Zamość fortgeführt wurden, ihre demütigen Augen, wie sie willig den Begleitpolizisten gefolgt seien, ihm unbegreiflich. In der Neustadt von Zamość habe die Gestapo im Frühjahr 1941 ein Ghetto eingerichtet. Von dort seien die Juden zu Fuß nach Norden getrieben, dann in Viehwaggons geladen und zurück nach Süden, ins nahegelegene Vernichtungslager Bełżec deportiert worden. 26 500 Menschen hätten vor dem Krieg in Zamość gelebt, davon die Hälfte Juden. Heute habe die Stadt mehr als fünfzigtausend polnische Einwohner, unter ihnen nicht mehr als drei, vier Juden, von denen einer zum Katholizismus konvertiert sei. Nach dem Krieg, schließt Jerzy Polański seine Erzählung und bewegt den Kirschkern, an dem er gegen den Durst lutscht, gekonnt mit der Zunge, habe die Altstadt von Zamość dreizehntausend Einwohner gehabt, heute noch die Hälfte, und nach der Instandsetzung würden nur zweitausendfünfhundert hier leben, die Altstadthäuser bald Museen gleichen. Wir schauen hinüber zur Synagoge, die keine mehr ist, ein blaßgelbes, würfelförmiges Gebäude, so alt wie die Häuser am Großen Markt, mit zwei flachen, eingeschossigen Anbauten im Norden und im Süden. Je zwei hohe Bogenfenster schmücken die vier Seitenwände, klar gegliedertes, schwarz-weißes Ornament das Gesims: Rechtecke, schwarze Ovale darin, im Wechsel dazu merkwürdige Rechtecke im Muster eines Briefkuverts. Attiken, von derselben Art wie die auf den Giebeln der Bürgerhäuser am Großen Markt, verblenden das Flachdach. Kinder spielen um das Gebäude herum. Hinein können wir nicht. Die Bibliothek ist geschlossen. Gern hätte ich nach Büchern von den Brüdern Singer, von Perez und von Jakob Eichenbaum gefragt.

Jakob Eichenbaum war einer der bekanntesten Gelehrten der Stadt, ein Verfechter der jüdischen Aufklärung zu Beginn des vergangenen Jahrhunderts. So steht es in der *Encyclopaedia Judaica*, 1971 in Jerusalem erschienen. Seinen Enkel, den Literaturkritiker und Theoretiker der Formalen Schule, Boris Eichenbaum aus Piter, Sankt Petersburg alias Petrograd, Leningrad, kenne ich besser als ihn selbst. Boris Eichenbaum war ein Freund von Viktor Schklowski, Juri Tynjanow und Roman Jakobson. Er war der Älteste, galt als »Franzose« im Kreis der gelehrten Grenzgänger im Geiste der Wissenschaft; »Formalisten« schimpften ihre Gegner sie in den legendären sowjetischen zwanziger und dreißiger Jahren. Boris Eichenbaum schrieb über Lew Tolstoi, über Gogols *Mantel*, über den Kunstgriff, so zu schreiben, als würde gesprochen – den *skaz* –, über das literarische Leben als literatursoziologische Kategorie. »Ha-Kraw« heißt ein Text, den Boris Eichenbaum über seine Familie und den Großvater aus Zamość schrieb, dessen gleichnamiges hebräisches Poem *Ha-Kraw, Die Schlacht*, das Schachspiel besingt. Was den Verfasser der Dichtung angehe, so habe er sich in ein wissenschaftliches Problem verwandelt, schreibt Boris Eichenbaum und fragt: »Entstehen nicht viele wissenschaftliche Probleme in eben dieser Weise? Entwickelt sich die Wissenschaft nicht auf dem Fundament des Vergessens?«

Im Jahre 1796 gebar Gitl, elf Jahre alt, Tochter des Hirsch aus Krystynopol im Kreis Żółkiew, ihrem Mann, dem Talmudgelehrten Moses Gelber, einen Sohn, Jakob. Sie starb, als Jakob zehn Jahre alt war, mit einundzwanzig Jahren. Nach dem Tod der Mutter ging Jakob in das Haus seines zukünftigen Schwiegervaters. Ein wißbegieriges Kind war er, Thora- und Talmudstudien waren der ihm vorgeschriebene Bildungskanon. Sein »halbheiliger« Lehrer unterwies ihn in den heiligen Schriften, konnte aber nicht verhindern, daß Jakob bei seinem Bruder, einem weitgereisten Gelehrten, das Schachspiel kennenlernte. Als der Großvater Josef Gelber starb, hinterließ er Jakob die sechs Ordnungen der Mischna, die er gehorsam las, samt der Kommentare und der Zusätze, »Tossafot« und »Jomtow« genannt, die auch zwei Kapitel geometrischer Berechnungen enthielten. Jakobs Neugier nach weltlichem Wissen war groß. Er konnte sie nicht vor den Augen seines argwöhnischen Schwiegervaters verbergen, der entsetzt war über die teuflischen Gelüste seines Eidams. Nach siebenjähriger Ehe, er war nun achtzehn Jahre alt, sah sich Jakob deshalb gezwungen, das Haus des Schwiegervaters zu verlassen und zu seinem Vater zurückzukehren. Dort begann er, sich offen weltlicher neuhebräischer Literatur zuzuwenden, heiratete erneut, ein Mädchen aus Zamość, nahm 1818 – so wollte es die polnische Staatsverwaltung – einen Nachnamen an, statt Gelber den schönen Namen Eichenbaum, und begann zu übersetzen, Schiller, *Die Bürgschaft,* zum Beispiel, und zu schreiben. *Ha-Kraw,* 1840 in Odessa erschienen, sieben Jahre später ins Russische übersetzt, gilt als das bekannteste Werk des Jakob Eichenbaum, der es zum Inspektor der Rabbinerschule von Schitomir brachte.

Auf dem Bahnhof von Schitomir stand im Jahre 1927 ein Herr mittleren Alters, ging auf dem Bahnsteig auf und ab. Kaufte Obst bei einer Bauersfrau und fuhr weiter. – Niemand, den er nach dem alten Poem und seinem Verfasser hätte fragen können. Zwei Jahre später schrieb Boris Eichenbaum in seinem Journal *Mein Zeitbote* einen Essay über seinen Großvater unter demselben Titel wie dessen hebräisches Poem *Ha-Kraw* – nicht für die Wissenschaft und gegen das Vergessen.

Musik dudelt aus einem der offenen Fenster des Hauses gegenüber, einem Wohnhaus rechterhand der Bibliothek. Jerzy Polański deutet noch einmal auf die Synagoge. Ihre Architektur beweise, daß es viele Frauen in der jüdischen Gemeinde von Zamość gegeben habe. Zwei Weiberkammern, die Anbauten im Norden und Süden, habe sie gehabt. Die *mikwah,* das rituelle Bad, sei nur wenige Schritte von der Synagoge entfernt, im ehemaligen jüdischen Gemeindehaus gewesen. Heute habe der sozialistische Jugendverband dort, wo früher die jüdischen Frauen gebadet hätten, eine Disco, da würde getanzt.

Ein Apfel fliegt haarscharf am Kopf des Fremdenführers Jerzy Polański vorbei, knallt mit Wucht an die Hauswand und macht dem Gespräch vor der Synagoge, heute Bibliothek von Zamość, ein Ende. Jugendliche haben ihn aus dem Fenster gegenüber herübergeworfen und sich hinterher lachend entschuldigt.

Ohne Jerzy Polański kehren wir später noch einmal in die Zamenhof-Straße zurück, gehen in das Haus der ehemaligen jüdischen Gemeinde, ein graues, solides zweistöckiges Haus mit bogenverzierter Fassade, die Treppe hinunter, in die Disco. Kühl wird es dort. Ein junger Mann, er wäscht gerade Biergläser aus für den Abend, öffnet uns zuliebe mit tropfnassen Händen die Tür zum Vorraum der ehemaligen *mikwah*, zeigt achselzuckend auf die Falltür zum Wasserbecken, sie ist, wir winken dankend ab, von einem Flügel verstellt. An den Wänden Girlanden, Plakate, gelb-blaue Camel-Reklame, Überbleibsel von fröhlichen Festen.

Von der Zamenhof-Straße herkommend, gehen wir am Ortsrand der Altstadt von Zamość die Ringstraße entlang, an den dunkelroten Backsteinmauern der Festung, der Bastion VII vorbei. Nach der Handelsstadt der Marktplätze, nach dem jüdischen Zamość sehen wir nun die Festung. Bogdan Chmelnizki und seinen Kosaken hat sie standgehalten. Am 26. Oktober 1648 waren die »Griechisch-Katholischen« zusammen mit den verbündeten Tataren von Lemberg her gegen Zamość gezogen, berichtet der Zeitgenosse Nathan Neta Hannover aus Krakau in *Jawen Mezula*, seiner *Schilderung des polnisch-kosakischen Krieges und der Leiden der Juden in Polen während der Jahre 1648–1653*. Ein deutscher Fürst namens Weiher soll damals in Zamość sechstausend »tapfere Deutsche commandirt« haben. »Sie schossen von der Mauer auf sie herab und tödteten viele.« Gegen Hunger und Pest aber konnten die Festungsmauern die Bürger nicht schützen. »Viele tausend Juden«, schreibt Nathan, »kamen so um.« Eine Feuerschlange am Himmel sollte den Kosaken endlich wahrsagen, ob sie eine Chance gegen Zamość hätten. Die Schlange wandte sich gegen sie. Da begannen die Abergläubischen mit den Bürgern um den Frieden zu feilschen.

Isaac Bashevis Singers Jakob, der Knecht, stammt aus Józefów bei Zamość. Bogdan Chmelnizki und seine Kosaken haben bei ihrem Feldzug gegen die polnische Schlachta wie so viele andere Juden, die in den Dörfern und Städtchen des Polnisch-Litauischen Reiches lebten, auch Jakobs Frau und Kinder ermordet, ihn selbst gefangen genommen und später an einen polnischen Bauern verkauft, dem er Knechtsdienste leistete. Kaufleute aus der Heimatstadt Zamość, die das Ende der Belagerung der Stadt mit ihrem Besitz erkauften, kauften später auch Jakob frei. Jakob aber blieb nicht bei den Kaufleuten in Zamość, sondern holte heimlich seine neue, polnische, christliche Frau, die Tochter seines Bauern, zu sich, ließ sich anderswo in einem Stetl nieder, gab die Christin als stumme Jüdin aus, ein Vergehen, das der Romanautor Isaac Bashevis Singer seinen Helden später büßen läßt. Ob den Bürgern des heutigen Zamość der Roman *Jakob der Knecht* oder Erzählungen von Isaac Bashevis Singer bekannt seien, fragen wir in einem Buchladen. Die Verkäuferin zuckt nur mit den Achseln.

Lärmender Autoverkehr auf der Ringstraße hält uns ab von weiteren müßigen Betrachtungen zur Geschichte von Bastion und Mauer. Wir haben Hunger und suchen, Ironie der Namen, das Restaurant »Hetmańska«. Budjonnys Roter Reiterarmee gelang es im Polnisch-Sowjetischen Krieg übrigens, wie zweihundertsiebzig Jahre vorher dem Hetman Bogdan Chmelnizki, nicht, die Festung Zamość zu nehmen. Von einer trüben Belagerungsnacht im Sommer 1920 im Niemandsland vor der Stadt erzählt Budjonnys Frontberichterstatter Isaak Babel. Sein Pferd hatte ihn, vom Hunger getrieben, während er schlief und träumte, durch die Landschaft vor die Füße eines polnischen Bauern geschleift, der, ein Gewehr in der Hand, einsam in der Nacht auf dem Feld im Niemandsland saß, sich mit Babel eine Zigarette teilen wollte. Der Jude sei an allem schuld, sagte der Bauer. Nach dem Krieg, wußte er, würden nur noch ganz wenige übrig sein. Ach, Babel!

Das Restaurant »Hetmańska« in der Staszic-Straße, derselben, in der auf der anderen Seite vom Großen Markt das Geburtshaus Rosa Luxemburgs steht, hat Tradition, gutgelaunte Gäste und kein schlechtes Essen. Vor allen Dingen die sauren *przekąski*, die Vorspeisen, und die heiße Suppe schmecken gut. Den Appetit verdirbt uns die Geschichte der deutschen Okkupation, von der wir, in der Absicht, nach dem Essen weiter den Festungsmauern zu folgen, im Reiseführer lesen. »Himmlerstadt« sollte die Renaissancestadt Zamość heißen, nach dem »Generalplan Ost«. Der Reichsführer der SS, Heinrich Himmler, war im Spätherbst 1939 eigens nach Zamość gekommen, um das künftige Zentrum des »Deutschen Siedlungsbereichs« in Augenschein zu nehmen. Zamość, das Umland, die Städtchen Biłgoraj, Hrubeszów und Tomaszów eingeschlossen, waren zum »ersten deutschen Siedlungsbereich« im »Generalgouvernement« erklärt worden. Die Gegend sollte von »Juden, Polakken und Gesindel gereinigt« werden. Man begann, erprobte SS-Männer mit ihren Familien, von den Polen die »Schwarzen« genannt, und »Volksdeutsche« aus Bosnien, aus den besetzten Gebieten der Sowjetunion und aus dem Generalgouvernement in Zamość anzusiedeln. Sie sollten das Mittelglied darstellen in der »arischen Siedlungskette« – von Norden, vom Baltikum, den Burgen des Deutschen Ritterordens, nach Süden, Siebenbürgen, bis zur Krim –, um so ein Bollwerk gegen die Slawen zu errichten. Menschen wurden klassifiziert: Wertungsgruppen I und II – Familien, angeblich von »deutschem Blut«, die als »wiedereindeutschungsfähig« galten, wurden über Litzmannstadt, wie Lódź damals hieß, ins »Altreich« umgesiedelt. Die Gruppen III und IV – Polen, denen man aus unerfindlichen Gründen die Fähigkeit, »wiedereingedeutscht« zu werden, absprach, wurden, wenn sie gesund und kräftig schienen, zur Zwangsarbeit nach Deutschland verschleppt. Familien wurden zerrissen, ihre Mitglieder nach Arbeitsfähigkeit sortiert. Die, die nicht zur Zwangsarbeit taugten, wurden in sogenannten »Rentendörfern« angesiedelt, Dörfern, die nicht zur Aussiedlung vorgesehen waren und wohl nicht zufällig in der Nähe von Vernichtungslagern lagen. Kranke, Alte und Schwache ließ man sofort ermorden oder in die Konzentrationslager deportieren. Frauen wurden zwangssterilisiert, damit sie kein »unwertes Leben« produzierten. Man trennte Kinder von ihren Eltern, verschleppte einen Teil von ihnen nach Deutschland, verlud andere in Viehwaggons, deportierte sie in verschiedene Übergangslager. Viele Kinder starben schon unterwegs in den unbeheizten Güterwagen vor Hunger und Kälte. Winter war's, 1942. Es herrschte bitterer Frost. Siebzigtausend Kinder, die aus dem Gebiet Zamość ausgesiedelt worden waren, sollten ermordet werden, so sahen die Pläne der Nationalsozialisten es vor.

Einer der Barbaren nahm sich das Messer eines *schochet*, eines Schächters, griff sich ein Kind nach dem anderen und fragte lachend den Kumpanen, ob es *koscher* sei oder *trejf*; klar, unaussprechlich, was jener antwortete, beide dann taten, damals im Jahre 1648, die Kosaken aus dem Osten, von denen Nathan Hannover erzählt – wie auch die Barbaren aus dem Westen mehr als zweihundertneunzig Jahre später. Nur ein Jude, ein Pole darf wie Isaac Bashevis Singer in dem Roman *Jakob der Knecht* es wagen, den Feldzug der Kosaken gegen die Polen und Juden mit den beispiellos mörderischen Strategien der Nationalsozialisten zu vergleichen. Die Analogie hilft uns, aus toten Zahlen Sprache zu machen, im Zitat die Vorstellung vom Menschen, der getötet wird, zu riskieren.

Fünfzigtausend Tote und grenzenloses Elend in unzähligen Familien hatten die Polen von Zamość nach der bestialischen Aktion zu beklagen. Vielen Kindern haben polnische Bürger das Leben gerettet. Sie bestachen die Wachtposten, oft ukrainische Nationalisten, auf den Bahnhöfen mit Schnaps und stahlen die Kinder aus den Waggons. An den Familiennamen seien die Geretteten noch heute zu erkennen, die Pekosińskis, benannt nach der polnischen Hilfsorganisation Pekoś, erzählt Jerzy Polański.

Jenseits der Stadtmauern, im Süden von Zamość steht die Rotunde, eine Festungsanlage aus dem 19. Jahrhundert. Dorthin gehen wir erst am nächsten Morgen, durch ein Wäldchen, über Eisenbahngleise. Am Wege lesen wir auf einem Stein: »In den Jahren 1940 bis 1944 war die Rotunde ein Ort der Qualen für die Bevölkerung aus Zamość. Die SS hielt hier viele tausend Polen gefangen, ermordete und verbrannte sie.« Wir gehen weiter, nähern uns dem Tor der Rotunde. Daß uns wieder in gut erhaltener, weißer, gotischer Schrift auf verwittertem grauen Holz unsere Muttersprache am Tor begrüßt, stimmt uns ohnmächtig zornig und noch demütiger gegenüber dem alten Mann, der sein Fahrrad flickt in der Rotunde. Geblendet vom weißen Licht der

Morgensonne, stehen wir allein mitten im Rund der Festungsanlage. Asche knistert unter unseren Füßen. Finster blicken uns Türen ringsherum im roten Mauerwerk an. Sie führten, erklärt der Alte, zu den Kerkerverliesen; heute sei ein Museum in ihnen untergebracht zur Erinnerung an den brutalen Wahn der Nazi-Herren von Zamość und an ihr Massenmorden. Wir folgen dem Alten in die Verliese, lesen dort in einem Schaukasten den Beschwerdebrief des Amtsarztes Wilhelm Hagen, der von dem mörderischen Plan der Nationalsozialisten, die Kinder von Zamość zu töten, berichtet.

Gegen die polnische Intelligenz, gegen die, die imstande gewesen wären, eine Widerstandsbewegung zu organisieren, ging die Gestapo in einer »A-B-Aktion«, einer »außerordentlichen Befriedungsaktion« vor, auch in Zamość. Man sperrte die polnischen – niemals jüdische – Männer in die Rotunde, folterte, erhängte, erschoß und verbrannte sie. Die Gestapo quälte die Bevölkerung von Zamość um so grausamer, je mehr der Widerstand wuchs, den verschiedene Partisanengruppen organisierten.

Bei jedem Wort, das er spricht, und er spricht eine Stunde lang in unverständlichem Polnisch auf uns ein, erzittert seine riesige geschwollene Nase. Zeuge der Greueltaten hier, selbst ein Gefangener in der Rotunde sei er gewesen, versichert der Mann, was, wie wir später von Jerzy Polański erfahren, wohl nicht der Wahrheit entspricht.

Um die Außenmauer herum gehen wir, aus der dicht an dicht in zwei Reihen, die eine in Augenhöhe, die andere darüber, kleine Gedenksteine für die Opfer ragen. In der Rotunde, in Auschwitz, Hamburg, Flossenburg, Dachau..., lesen wir, wurden sie umgebracht. Ein Feld von Kreuzen auf Gräbern, so viele wie unbekannte Tote, Reihe an Reihe um die Festung herum, durchqueren wir, ehe wir die Rotunde verlassen.

Unterwegs

Von Zamość führt eine alte Landstraße nach Südosten über Tomaszów, das Heimatstetl des Rabbi Pinchas Mendel Singer, Vater von Isaac Bashevis und Israel Joshua Singer, in das einhundertzwanzig Kilometer entfernte Lwow, das ehemalige Lemberg, die Hauptstadt des kaiserlich-königlichen Galizien.

Gern würden wir auf dieser Landstraße, warum nicht auch über eine Grenze, wenn sie nur offen wäre, nach Lwow weiterfahren, wie es bis 1914 und zwischen den Weltkriegen möglich war. – Auf halber Strecke kreuzt die polnisch-sowjetische Grenze die Landstraße von Zamość nach Lwow, schneidet den Weg ab, einen Grenzübergang gibt es hier nicht, und hindert uns an der Weiterfahrt. In einem schattigen Kiefernwald, nach Pilzen riecht es, Blaubeeren, Preiselbeeren glänzen so, daß wir sie pflücken und essen, ohne lange nach Becquerel zu fragen, überdenken wir unsere Lage, sehen uns gezwungen, auf einer Nebenstraße nach Süden zu fahren.

In Bełżec zweigt die Straße nach Süden ab. Bełżec war ein Vernichtungslager, hat uns Jerzy Polański erzählt. Von Auschwitz, Treblinka, Majdanek, Sobibor haben wir gewußt, nichts aber von Bełżec. Auch die Juden aus Zamość wurden dort umgebracht. Wir mögen nicht weiterfahren, ohne den Ort zu sehen. Wieder erklären uns freundliche Bauern auf einem Bänkchen am Straßenrand den Weg, da sehen wir sie oft und überall sitzen, und später weist uns ein deutliches Schild die Richtung zum Vernichtungslager. Die Sonne scheint warm. Vor dem Tor wälzt sich ein Huhn im Staub. Kein Mensch ist zu sehen. Mittäglich still ist es, nur die Grashüpfer zirpen. Massengräber, Urnenterrassen, ein Denkmal, eine Schrifttafel erinnern an den Mord – sechshunderttausend Juden und eintausendfünfhundert Polen, die den Juden zu helfen versuchten. Die Schienen der Eisenbahn liegen nicht weit entfernt. Baracken gab es nur wenige, zeigt uns ein Lageplan. Die Nazis haben kurzen Prozeß gemacht mit den, unvorstellbar die Zahl, sechshunderttausend

Opfern, und das Gelände ist klein. Wie von Zeugenerzählungen schreiben, von jenem gigantischen elektrischen Stuhl, der Bełżec wohl war, ein Saal für Tausend, Wände und Boden mit elektrischen Drähten ohne Isolierung verspannt, daneben die Seifenfabrik, »Jüdische Seife« wurde dort hergestellt, ohne die Barbarei erneut ins Werk zu setzen?

Von Bełżec zweigt die Straße nach Süden ab, verläuft parallel zur Grenze. Wir kommen an katholischen Kirchen vorbei, staunen über die Größe der himmelwärts geschwungenen Holz-, Metall- und Steinkonstruktionen über Kreuz, Jesus, Marienfigur mit dem Habit postmoderner Trutzburgen, unter denen niedrige Bauernblockhäuser, viele von ihnen nur mit einem billigen Wellblechdach gedeckt, scheu Deckung suchen. Rechts und links der Straße wird auf Feldern, die größer sind als in Oberschlesien und im Weichseltal, die Ernte eingefahren. Mähdrescher begegnen uns häufiger als die einspännigen Pferdefuhrwerke, die uns westlich von Zamość begleitet haben. Rinderherden grasen auf den Weiden. Wir fahren an den langgestreckten Stallungen größerer landwirtschaftlicher Betriebe vorbei. Die Leute in dieser Gegend, nahe der Grenze, verstehen besser Russisch als Deutsch. Über Jarosław fahren wir nach Przemyśl.

Przemyśl.
Sonnenuntergang über dem San

Przemyśl, wie eh und je Festungsstadt an der Grenze, heute zwischen der Republik Polen und der Ukrainischen Sowjetrepublik, war einst – wie Zamość – eine blühende Handelsstadt und eine Stadt der Kirchen verschiedener Konfessionen. Lange ist das her, denn als Karl Emil Franzos, der aufgeklärte jüdische Schriftsteller und Journalist aus dem podolischen Czortków, vor hundert oder mehr Jahren auf der Durchreise, im Bahnhofsrestaurant der Stadt das allersonderbarste Kalbsschnitzel seines

Lebens aß, gefüllt mit einem Nagel, stark verrostet, mit einer Stahlfeder und einem Büschel Haare garniert, lamentierte er laut über das Halb-Asien hier. Wohl oft reiste er mit der Karl-Ludwig-Bahn von Osten nach Westen und wieder zurück, schrieb viele Bücher über Reisen durch Galizien.

Wir nähern uns der Stadt, als es schon Abend wird, finden uns plötzlich zwischen Autos eingekeilt, die sich im Schrittempo durch die Vorstadt schieben. Abgaswolken der Lastwagen vernebeln den ersten Blick auf die Stadt, auf den San. Eine lange Brücke führt hoch über den Fluß hinweg ins alte Przemyśl hinein.

»Die deutsche Sprache wird überall in Przemyśl gesprochen und verstanden, vor allem natürlich in allen Geschäften, Hotels, Kaffeehäusern usw., um so mehr, als sie sich größtenteils in jüdischen Händen befinden (daher am Samstag vorwiegend geschlossen)«, lese ich aus dem *Illustrierten Führer durch Przemyśl und Umgebung*, Lemberg 1917, Preis zwei Kronen. »Von Przemyśl gehen Eisenbahnlinien in drei Richtungen; gegen Norden nach Jaroslau, gegen Süden nach Drohomil und gegen Osten nach Mosciska und Lemberg. [...] Für Reisende III. Klasse ist Samstag und Freitag abends der bequemste Tag, da an diesem Tage keine Juden reisen, die sonst bei dieser Wagenklasse die meisten Passagiere stellen.«

Mehr als eintausend Jahre alt ist die Stadt. Daß »im Jahre 981 Wladimir aus Kiew gegen Polen loszieht und deren Burgen Przemyśl, Czerwień und andere besetzt«, erwähnt bereits die Chronik des ruthenischen Schreibers Nestor. »Laßt die Leute von Przemyśl durch!« heißt es dort. »Rußland wird sonst kein Salz bekommen.« Ruthenen, Polen, Ungarn, Rumänen, Tataren, die Österreicher eroberten und regierten die Stadt, in der Ruthenen, Polen, armenische und jüdische Kaufleute, Griechen und Walachen lebten, und schon seit 1018 deutsche Siedler. Przemyśl war achtzig Jahre lang sogar dreifache Bischofsstadt, hatte nach der Brester Union im Jahr 1596 ein bereits mehr als zweihundert Jahre altes, 1375 gegründetes römisch-katholisches Bistum und zwei ruthenische: einen Bischof, der sich bereit fand zu jener Union mit der römisch-katholischen Kirche, und einen, der sich gegen sie wehrte. Im 16. und 17. Jahrhundert – Przemyśl besaß bereits Kanalisation und Wasserleitung – blühte die Handelsstadt. Seit mehr als sechshundert Jahren, seit 1340 der polnische König Kasimir der Große Przemyśl erobert hatte, lebten dort Juden. 1559, dreißig Jahre früher als in Zamość, wurde ihnen Handels- und Siedlungsrecht gewährt, siebzehn Jahre später vollständige Autonomie, 1660 das Privileg der eigenen Justizpflege und Steuerfreiheit. Sie hätten begonnen, die Polen aus Handwerk und Gewerbe zu verdrängen, schreibt der *Illustrierte Reiseführer* des Verbands der polnischen Vereine in Przemyśl, so daß sich bald kein einziges Geschäft mehr in christlichen Händen befunden habe.

Undeutlich sehen wir rechter Hand einen bewaldeten Hügel liegen, vermuten, daß er der Schloßberg sei, den Helene Deutsch so liebte. Die Psychoanalytikerin der ersten Generation, enge Mitarbeiterin von Sigmund Freud und bekannt durch Arbeiten zur Psychologie der Frau, ist in Przemyśl geboren und aufgewachsen. So viele ihrer Kindheits- und Jugenderinnerungen konzentrierten sich auf jenen Berg, daß sie selber sich später fragte: »Waren die Sonnenuntergänge auf dem Schloßberg wirklich so feuerrot, wie ich sie in Erinnerung habe? War der Vollmond über dem San tatsächlich so geheimnisvoll und gespenstisch?«

Die Sonne ist längst untergegangen, und kein Vollmond steht über dem San, als wir endlich an seinem Ufer das Zelt aufschlagen, auf dem Campingplatz der Stadt. Neumond ist gerade vorbei. Am gegenüberliegenden Ufer flimmern aus zahllosen kleinen Fenstern, neun, zehn Stockwerke hoch, die Lichter der Neustadt. Ein Lagerfeuer brennt auf der Wiese. Jugendliche, eher Kinder noch, lassen lärmend die Flasche kreisen. Dunkel türmt sich die Altstadt über dem Fluß. Der »Verkehrsplan Przemyśl, Sonderausgabe für den Generalstab des Heeres, 9. Abteilung« ermöglicht uns eine erste Orientierung. Welch ein Glück für uns, daß Solidarność der Manifest-Lipcowy-Straße ihren Vorkriegsnamen Piłsudski-Ufer zurückgegeben hat. Wir steigen die unbeleuchteten Treppengassen hinauf, gehen an schwach erleuchteten Ladenschaufenstern vorbei. Die Nacht ist mild, einige Menschen sind noch unterwegs. Kaum mit den Augen, eher an ihren Stimmen zu erkennen, huschen sie an uns vorüber. Langsam fährt ein Polizeijeep Patrouille. Wir kommen an der römisch-katholischen Kathedrale mit dem mächtigen Glockenturm und an der Franziskanerkirche vorbei, die sich beide, da über den Wohnhäusern am Berg errichtet, um so gewaltiger geben, und beginnen noch in der gleichen Nacht die Suche nach dem »Gizowski-Haus«, in dem am Ringplatz die Familie Rosenbach wohnte. Helene Deutsch, geborene Rosenbach, sah, mit Ausnahme von kurzen Besuchen in ihrer Heimatstadt zwischen den Weltkriegen, das Haus nicht wieder. Vergeblich beauftragte sie einen Kollegen, der von den USA aus nach dem Zweiten Weltkrieg einmal aus beruflichen Gründen nach Polen reiste, damit, es zu suchen. Vom Straßenverkehr sei das Haus am Ringplatz nur durch einen winzigen Park getrennt, der Balkon auf der Vorderseite eine Loge gewesen, von wo aus sie das Leben und Treiben der Stadt an sich hätten vorüberströmen sehen. Das Liebesleben von Dienstmädchen und Soldaten, Oberschülern und Backfischen hätten sie so ausspioniert und manchmal auch ehrbare verheiratete Männer auf sündigen Abwegen ertappt. Im Zentrum von Przemyśl also lag das Haus. Vom Haus zum Schloßberg sei es nur ein kurzer Spaziergang gewesen, erinnert sich Helene Deutsch, zwei Straßen hätten sie, an verschiedenen Kirchen vorbei, in einer knappen halben Stunde dorthin geführt. Den umgekehrten Weg sind wir gegangen. Wir irren durch die dunklen Gassen, über Treppenstufen und Bordsteine stolpernd, zur Mitte der alten Stadt. Dort finden wir Plätze, die alle, im Dunkeln kaum lesbar, polnische Namen tragen. Ratlos schauen wir die Häuser an. Drei Stockwerke hoch soll das »Gizowski-Haus«, das Elternhaus von Helene Rosenbach, gewesen sein und ein Mikrokosmos der damaligen polnisch-jüdischen Gesellschaft von Przemyśl. In der Mitte ein großer Innenhof. Schäbig habe es ausgesehen. Im Erdgeschoß hätten die Horaks gewohnt. Herr Horak, ein frommer Katholik, habe Hausmeisterdienste versehen im »Gizowski-Haus«. Seine Töchter seien Prostituierte und Frau Horak sei ewig schwanger gewesen. Oft standen, so Helene Deutsch, Kindersärge vorm Haus. Ihr unvergeßlich, die Begegnungen mit dem Priester, der ins Haus kam, in seinem weißen Spitzenornat, die Monstranz vor sich hertragend, gefolgt von einem buckligen Ministranten mit dem Weihrauchfaß und einer schrillen kleinen Glocke, die er unaufhörlich schwang, um die Gläubigen an den vorgeschriebenen Kniefall zu erinnern. Jedermann sei dann auch wie ein vom Wind geknickter Halm auf die Knie gesunken, nur die Jüdin Helene Rosenbach, ehrfürchtig schweigend, nicht. »Ich fühlte ein Stigma auf mir und war von Scham erfüllt. Ich gehörte nicht dazu«, schreibt sie in ihren Erinnerungen. Lange habe sie das Sterben für eine rein katholische Angelegenheit gehalten. Juden seien nur gestorben, wenn sie sehr arm waren. Die Rosenbachs aber waren eine wohlhabende Familie. Im besseren Teil des Erdgeschosses habe die Großmutter Rosenbach mit ihren beiden Töchtern Franja und Sonja gewohnt, die »Aristokratie« des Hauses im ersten Stock: auf der einen Seite der Anwalt Rosenbach und seine Frau mit ihren vier Kindern; einen großen Bruder hatte Helene und zwei ältere Schwestern; auf der anderen Seite die Tarnawskis, ebenfalls eine Anwaltsfamilie; Helene Deutsch nennt sie »die besten Repräsentanten jener seltenen polnischen Patrioten, die gewillt waren, die polnischen Juden als absolut gleichberechtigt zu akzeptieren«. Bis zu ihrem dreiundzwanzigsten Lebensjahr, bis Helene 1907 zum Studium und, um eine verbotene Liebe in sicherer Entfernung von der kleinstädtischen polnischen Gesellschaft in Przemyśl zu leben, nach Wien ging.

Daß der alte Ringplatz sich hinter dem heutigen Rynek, dem Marktplatz, verborgen hält, verrät uns der *Illustrierte Führer* erst am kommenden Morgen. Kopfsteinpflaster unter Linden, einen Springbrunnen, den Bären, das Wappentier der Stadt, berieselnd, Blumenbeete, Bänke, ein bißchen Rasen – zuerst können wir den Marktplatz nicht entdecken, dann sehen wir, daß er sich auf zwei Etagen verteilt, deshalb nicht übersichtlich ist. Wohl ein Geviert, hat er, nicht am Reißbrett, sondern im Laufe der Geschichte am Fuße der alten Festung entstanden, nicht die Größe, das Ebenmaß, die klaren Umrisse des Großen Marktes von Zamość. Einst aber war auch der Ringplatz von prächtigen Häusern umgeben. Ausladende Bogenfenster hatte jedes von ihnen. Auch ihre Giebel waren mit Renaissance-Attiken geschmückt. Das schönste soll das Rathaus gewesen sein, dem in der Stadt Poznan ähnlich. Mit seinem Uhrturm, eine zierliche Galerie führte um ihn herum, seine Spitze war mit einem barocken Dachhelm gedeckt, überragte es die Häuser der Stadt. Vom alten Ringplatz ist nicht viel übriggeblieben. Das Rathaus steht schon lange nicht mehr. Es hat die Polnischen Teilungen nur um wenige Jahre überlebt, wurde abgerissen, weil es baufällig war. Von den Bürgerhäusern finden wir oben, in der Südostecke des Platzes, die letzten. Das Haus der Familie Hild (Numero 15) im Renaissancestil noch aus dem 16. Jahrhundert soll das älteste sein. Den gedrungenen, niedrigen, dickwandigen Arkaden, auf denen die alten Häuser zu ruhen scheinen, geräumiger, krummer als die Arkaden in Zamość, ist die Last von vierhundert Jahren anzusehen. Wie großzügig die Häuser angelegt sind, verraten ihre Fassaden, die geschmückt sind, aber schmal, weniger als ihre mächtig sich dehnenden Seitenmauern und ein Tor, dahinter ein langer, dunkler Gang, der unseren Blicken von fern, tief drinnen das kühl schillernde Grün eines mit Efeu und allerlei Buschwerk bepflanzten Innenhofs entbietet.

Ein »Gizowski-Haus« sei ihm nicht bekannt, gibt ein junger Pole achselzuckend zur Auskunft, am Ringplatz, dem heutigen Rynek, im Touristenbüro, in dem es an jenem Morgen weder Arbeit noch Touristen gibt, und fragt, ob wir Verwandte der Helene Deutsch, geborene Rosenbach, seien, die er nicht kennt. Er schaut seine platinblonde Kollegin hilfesuchend an, breitet auf dem leeren Schreibtisch einen Stadtplan vom heutigen Przemyśl aus. Eine Häuserreihe am Rynek sei, von einer Bombe getroffen, ausgebrannt, sagt er, vielleicht auch das Haus, das wir suchen. Noch 1941 stand das Haus, wissen wir, ist Helenes Mutter, Regina Rosenbach, der Vater war schon lange tot, im Alter von sechsundachtzig Jahren darin gestorben. Ein Arzt hatte ihr, wie auch anderen alten Juden, die als erste deportiert werden sollten, geholfen zu sterben. Janusz, so heißt der junge Pole, kauft am Kiosk einen Stadtplan, schenkt ihn uns, führt uns ins 1917 schon neue Rathaus, dem alten gleich, am Ringplatz. Im Parterre sei das Stadtarchiv untergebracht, schreibt der *Illustrierte Reiseführer*, schwer zugänglich und nicht geordnet. Schöffengerichtsbücher seit 1402 lägen dort, verschiedene Privilegien der polnischen Könige, die Stadturkunde Josephs II. aus dem Jahre 1789. Ehrfürchtige Gedanken an die alte Geschichte der Stadt, deren Zeugnisse vielleicht noch in jenem Gebäude ruhen, und die Scheu vor den schlangestehenden Leuten, durch die wir uns, Janusz voran, mir nichts, dir nichts, hindurchdrängen, lassen mich Fragen nach dem Stadtarchiv vergessen. Janusz sagt, wir sollen warten, verschwindet selbst hinter einer der geschlossenen Türen, die Leute starren uns an, kommt wieder heraus, achselzuckend, versucht es an der nächsten. Von Tür zu Tür kämpfen wir uns zwei Stockwerke die Treppen hinauf. Hinter keiner der Türen kann oder will uns jemand über die Rosenbachs Auskunft geben. Ganz oben, unter dem Dach, läßt man auch uns endlich in ein Zimmer ein. In breiten, tiefen, gleichförmigen Schränken stehen längliche Holzkästen, darin eng sortiert vergilbte Zettelkarteien. Wir stehen im Archiv des Einwohnermeldeamts, suchen, so sagen wir, Helene Deutsch, geborene Rosenbach, und das Haus, in dem sie wohnte. Doch da wir nur das Jahr, 1884, nicht aber Tag und Monat ihrer Geburt erinnern – 9. Oktober, fällt mir hinterher ein –, kann der zuerst mißtrauisch nach unseren Motiven forschende, dann hilfsbereit suchende Archivar auch mit gummigerüstetem Daumen und Zeigefinger die Namen der Rosenbachs nicht finden. Im Rathaus von Przemyśl scheint niemand die berühmte Tochter der Stadt zu kennen und auch den Vater, den angesehenen Anwalt und polnischen Patrioten Wilhelm Rosenbach, nicht.

Janusz zeigt uns den Weg vor die Stadt zu den Friedhöfen von Przemyśl, die, der kommunale, der jüdische und der Soldatenfriedhof, eng beieinanderliegend, von nationaler und konfessioneller Vielfalt, verwickelter Kriegsgeschichte erzählen. Ukrainische und polnische, hebräische und polnische Inschriften stehen jeweils zusammen auf einem Stein. Polnische, ukrainische, ungarische, jüdische Gräber gibt es, aus dem Ersten Weltkrieg einen deutschen, einen russischen und einen österreichisch-ungarischen Soldatenfriedhof. Schlichte jüdische, mit dem Doppelkreuz versehene orthodoxe, mit dem einfachen Kreuz – katholische Gräber. Auf die Gräber polnischer Freiheitskämpfer von 1848 und 1863 gegen die österreichische Vorherrschaft, von 1920 gegen Budjonnys Reiterarmee hat Solidarność kleine rotweiße Nationalfahnen gesteckt. Die jüdischen Gräber erzählen nur selten davon, daß Juden aus Przemyśl den nationalsozialistischen Massenmord überlebten und, wenn sie ihn überlebten, trotz des von der Gomulka-Regierung um 1968 entfachten Antisemitismus dort geblieben sind. Eine Synagoge oder eine jüdische Gemeinde habe die Stadt nicht mehr, weiß Janusz. Die Juden, die noch hier lebten, hätten sich mit der polnischen Bevölkerung gemischt und stünden allenfalls privat noch in Verbindung zueinander.

Stolz wie ein Feldherr zeigt uns Janusz seine polnische Stadt. Die Befestigungsanlagen, die die Habsburger bauen ließen, vorbildlich seien sie, bis heute viel bewundert von Militärs aus ganz Europa. Auf dem Vormarsch der Österreicher nach Rußland kam Georg Trakl, »Medikamentenakzessist des k. u. k.-Feldspitals 7/14« aus Innsbruck durch Przemyśl.

> Dornige Wildnis umgürtet die Stadt.
> Von blutenden Stufen jagt der Mond
> Die erschrockenen Frauen.
> Wilde Wölfe brachen durchs Tor.

Noch keine österreichischen Befestigungsanlagen, aber – »der Herr erbarmte sich ihrer« – ein tapferer Fürst, namens Karanki, mit sechshundert Kriegern, hatte Przemyśl, eine Stadt, »die viele Weise und Gelehrte zählte«, vor den Kosaken Chmelnizkis gerettet. Bis zum San wurden damals die Dörfer und Städte zerstört. Janusz schildert die Anlagen, ein System von Wällen,

Bunkern, unterirdischen Gängen in den glühendsten Farben, hätte uns gern zu ihnen geführt, doch wir wollen sehen, welche Spuren die späteren Kriege in Przemyśl hinterlassen haben. Zurück in die Stadt fahren wir die Juliusz-Słowacki-Straße hinunter, die im Zentrum Jagiellońska-Straße heißt, lassen das Auto am Ringplatz stehen und gehen zu Fuß über die alte Brücke, die schwer trägt am Transitverkehr zwischen Krakau und Lwow, der stinkt und uns taub macht, in die Neustadt von Przemyśl im Norden.

Es war an einem heißen Julitag wie diesem im Kriegsjahr 1942, als ein Oberleutnant der Reserve, Dr. Albert Battel, Rechtsanwalt aus Breslau, die Brücke über den San in Przemyśl sperren ließ. Die Deportationen von Juden aus dem Ghetto nach Bełżec hatten begonnen. Durch die Sperrung der Brücke wollte Albert Battel, auch »böser Geist der Truppe« oder »Judenschützer« genannt, den Abtransport von »Wehrmachtsjuden« aus der Stadt verhindern. Juden waren der Wehrmacht als Arbeiter nützlich. Albert Battel habe, wird erzählt, Juden aus dem Ghetto zur Flucht verholfen. An jenem Sommertag drohte er den SS-Leuten mit Schießbefehl, falls es einem von ihnen einfallen sollte, die Brücke zu überqueren. Battel wurde strafversetzt, die Deportationen der Juden aus Przemyśl gingen weiter.

Kinder tummeln sich am Ufer des San, dem Schloßberg gegenüber, baden im Fluß tief unter uns, der, so Janusz, auf dieser Seite noch erträglich sauber sei. Die Industrieanlagen – Holzwirtschaft, Maschinen- und Lederindustrie habe die gut fünfzigtausend Einwohner umfassende Stadt – befänden sich auf der anderen, der östlichen Seite. Über den Platz der »Orlęta«, der »Jungen Adler«, führt uns Janusz. Solidarność hat ihn wieder so benannt, nach einer Gruppe tapferer, blutjung gefallener Patrioten aus der Zeit des Polnisch-Sowjetischen Krieges. Nachdem die Sowjets beim Einmarsch nach Przemyśl 1944 das Mahnmal zerstört hatten, hieß er »Platz der Konstitution«. Janusz führt uns in die alte Neustadt, die Grunwaldzka-Straße entlang, so hieß sie zur Erinnerung an den Sieg des polnisch-litauischen Königs Jagiełło über die deutschen Ordensritter schon vor den

Kriegen, zum »Mahnmal der Märtyrer«. Ein kleiner Platz, auf dem ein Kind unter den wachsamen Augen seines Großvaters mit dem Fahrrad seine Runden dreht, tut sich auf, dahinter – die Todeswand. SS-Sondereinheiten erschossen dort, wie in Zamość, polnische Intellektuelle.

Man führt sie morgens
auf den steinernen hof
und stellt sie vor die mauer...

Nicht fünf, Hunderte von Opfern hat die Wand zu beklagen. Nichts mehr läßt sich von den Toten berichten. Zbigniew Herbert, der polnische Dichter aus Lwów, geboren 1924, weiß, wovon er spricht.

Das letzte echo der salve
formiert zur steinernen platte
und eine bündige inschrift
in stiller antiqua gemeißelt

– das ist auch diese Wand. Keinen Helden-, einen Hundetod starben die Juden, die nach Bełżec deportiert oder vor die Stadt zur Grube getrieben, dort erschossen wurden und verscharrt.

Helene Deutsch ist, einmal von Przemyśl fort, nicht in ihre Heimat zurückgekehrt und so dem barbarischen Tod entgangen. Janusz weist, als wir ihn heimfahren, auf einen kleinen Hügel hinter seinem Einfamilienhaus am Stadtrand. Dorthin habe man Juden aus dem Ghetto von Przemyśl gebracht. Ein Wäldchen sei dort und Feld. Drei Kinder springen um das Auto herum. Sie seien, sagt Janusz, seine Jungen.

Die Rosenbachs wohnten im Stadtzentrum. Sie waren eine polnisch assimilierte jüdische, gutbürgerliche Familie. Die armen Juden aber lebten im jüdischen Viertel, eng zusammengedrängt, an dem zum Stadtzentrum hin ansteigenden Ufer des San, auf der dem Schloßberg abgewandten Seite der Brücke, zwischen San, Jagiellońska-Straße und Ringplatz. Vom Rynek gehen wir die Wodna-Straße hinunter, ein Stück die Ratuszowa-Straße entlang, beide tragen dieselben Namen wie schon vor hundert Jahren, sind alte, enge, belebte Straßen, biegen dann in die Rybia-Straße, möglich, daß sie einmal Juden-Gasse hieß. Sie führt vom Hügel hinunter. Noch stehen auch dort die rußgeschwärzten Häuser eng. Plötzlich ist die Straße zu Ende. »Das Zentrum des Judenviertels«, lesen wir im *Illustrierten Führer* von 1917, ganz am Ende des Rundgangs durch die innere Stadt, d. h. die Altstadt, »ist die Żydowska-Gasse. An ihrer Mündung in die Jagiellońska-Gasse (Numero 33) steht die alte Synagoge. Laut Datum an der Tür wurde sie im Jahre 1579 erbaut und ihr Erbauer war wahrscheinlich der Italienier Bononius. – Die Synagoge war ursprünglich im Renaissancestil erbaut, im Jahre 1910 wurde sie von dem Architekten Thaddäus Moklowski aus Lemberg renoviert und seither erhielt der Bau seine Renaissance-Attika. Im Innern befinden sich an den Wänden symbolische Malereien vom Jahre 1840; ein schöner Kronleuchter, ein Renaissancealtar für die Thora und ein ziemlich reich geschnitzter Baldachin in der Mitte der Synagoge.«

Keine Synagoge steht mehr in der Żydowska-, der Juden-Gasse, Ecke Jagiellońska-Straße. Auch die Straße gibt es nicht mehr. Eine leere Fläche erinnert daran, daß an dieser Stelle noch vor sechzig Jahren zahllose Hütten und Häuschen gestanden, viele jüdische Stadtbewohner gewohnt haben; in einem von ihnen Malka Moloch, vielleicht, jene schöne jüdische Waise, die Israel Joshua Singer erfand für seinen Roman *Josche*. Malka verlebte ihre Kindheit bei der Tante in Przemyśl, ehe sie an den Zaddik von Nischawe verschachert wurde. Im Jahre 1910 lebten 16094 Juden in der Stadt. Das waren mehr als ein Viertel der heute wie damals über fünfzigtausend Seelen zählenden Einwohnerschaft. Knapp die Hälfte war römisch-katholischer, gut ein Fünftel uniert, das heißt griechisch-katholischer Konfession.

Dort, wo früher die Żydowska-Gasse abging, erstreckt sich nun ein Platz, dem »Großartigen Proletariat« gewidmet, der zur Hälfte ein Parkplatz ist. Hinter Autos steht ein Ehrenmal dort, den Befreiern, Sowjetarmee und Partisanen, errichtet. Lüftungsstutzen von Luftschutzkellern lugen hier und da hervor, dahinter, jenseits der Jagiellońska, nichts als Leere – Grünanlage, ein Park bis zum San, wo vor dem Krieg das jüdische Viertel war.

Aus Abenteuerlust, vielleicht, ist im September 1939 mit der Armee der sowjetischen Okkupanten der Schriftsteller und Literaturtheoretiker Viktor Schklowski, ein Freund von dem aus Zamość bekannten Boris Eichenbaum, nach Przemyśl gekommen. Seiner Herkunft nach war er, von des Vaters Seite her, Jude. Sein Vater habe die Bibel von rechts nach links, die Mutter von links nach rechts, er aber habe sie gar nicht gelesen, hat Schklowski einmal, witzig wie er war, erklärt. Für Przemyśl hatte er damals nur wenige, abfällige sowjetische Worte, sah mit verwunderten Augen die kleinbürgerliche Enge, ihren Mief und Dreck. Wenige Jahre später zwang ihn der nationalsozialistische Massenmord an den Juden in Polen, Belorußland, der Ukraine zu einer anderen Haltung.

Kreuz und quer streifen wir durch Przemyśl, über den San und wieder zurück, haben für die Historie und die Pracht der römisch-katholischen, ruthenisch-orthodoxen, griechisch-katholischen Bischofsstadt, auch streitbare Reformatoren hat es hier gegeben, für die zahllosen Kirchen und Klöster, die beiden Residenzen und Priesterseminare, kaum einen Blick auf der Suche nach der jüdischen Stadt, die Karten und Informationen des *Illustrierten Führers* von 1917 mit der Wehrmachtskarte und dem neuen Stadtplan vergleichend. Postämter, Kasernen, Schulen, Krankenhäuser und Schlachthöfe kennt der Wehrmachtsplan, keine Kirchen, schon gar nicht Synagogen. Nicht weit von der Todeswand finden wir, nach dem neuen Stadtplan, in der alten Neustadt die »ehemalige Synagoge am San«. Heute dient sie als Werkstatt für Krankenwagen; ein schmuckloses, trostloses Gebäude. Und nach der Mittagspause, kein außerordentliches Kalbsschnitzel gibt es im Bahnhofsrestaurant, sondern Bohnensuppe, Salat und Bier in einem hellen, kleinen Vorstadtlokal, führt uns der *Illustrierte Führer* wieder zurück über den San, in den neueren Teil der Altstadt, in die Juliusz-Slowacki-Straße, zur »neuen Synagoge«, der Scheinbach-Synagoge, benannt nach dem vor dem Ersten Weltkrieg im Stadtrat wie in der Gemeinde engagierten Rabbi Mosche Scheinbach, die nach dem Krieg als Warenhaus genutzt wurde und nun, wie die Synagoge in Zamość, eine Bibliothek beherbergt. Als wir kommen, ist sie geschlossen. Dem zwei Stockwerke hohen, dunklen, mit stattlichen Bogenfenstern geschmückten, rechteckigen Gebäude, an drei Seiten von Wohnhäusern bedrängt, fehlt Davidsstern oder Menora, irgendein Hinweis, daß es einmal ein jüdisches Versammlungshaus war. Müde schlendern wir, um die verkehrsreiche Hauptstraße einen Bogen schlagend, am ehemaligen griechisch-katholischen Priesterseminar in der Basztowa-Straße vorbei. Braunkohlehaufen liegen vor den Wohnhäusern, dem beeindruckend viele Fenster hohen und breiten ehemaligen Seminar gegenüber, das um so größer wirkt, als es aus unzählig vielen unverputzten kleinen Ziegelsteinen gemauert ist. An Resten der alten Stadtmauer streifen wir vorbei, an der griechisch-katholischen Domkirche und der Kirche der Karmeliterinnen, gelangen zum Na-Bramie-Platz. Anders als in Zamość geht die alte Stadt in Przemyśl unmerklich in die Neustädte über, in die des 20. Jahrhunderts im Norden, jenseits des San, in die des 19. im Süden, die am Na-Bramie-Platz, dem alten Stadttorplatz, Richtung Lemberg, beginnt. Eine Fußgängerpassage, ein Menschenstrom nimmt uns auf, um uns fortzutreiben in die Hauptgeschäftsstraße, die nach Adam Mickiewicz benannt ist. Doch vorher wollen wir nach dem Galanteriewarengeschäft der jüdischen Familie G. am Na-Bramie-Platz suchen. Janusz hat von ihr erzählt. Auf dem jüdischen Friedhof sahen wir das Familiengrab. Passanten frage ich. Viele schicken uns in die Irre. Endlich finden wir das kleine Lädchen »1001 Galanteria«. Da gibt es Porzellan und Glas. Kunden stehen am Ladentisch. Wir warten, der Laden wird nicht leerer, und scheuen uns, hineinzugehen, mit deutscher Touristenneugier nach der Familiengeschichte zu fragen. So lassen wir uns doch von dem Menschenstrom in die Adam-Mickiewicz-Straße Richtung Bahnhof forttragen, kaufen gegenüber dem unversehrt kaiserlich-königlichen Bauwerk Pflaumen und Tomaten an einem Obst- und Gemüsestand.

Den Schloßberg möchten wir endlich bei Tageslicht sehen. So kehren wir um, wenden uns ein letztes Mal der Altstadt zu, lassen die geschäftige Neustadt, die Kaufhäuser des Na-Bramie-Platzes hinter uns, gehen die Franciszkanska-Straße oberhalb des Rynek entlang, an Buchläden rechter Hand, an der schattenspendenden, doch in der engen Straße am Hang bedrohlich nah und hoch dastehenden barocken Franziskaner-Kirche linker Hand vorbei, auf die Herz-Jesu-Kirche der Jesuiten zu mit ihren zwei Türmen. Dort führt die Gasse nach rechts steil bergan. Wieder stellt ein mächtiger Barock-Kirchenbau sich uns in den Weg, der älteste von den in Przemyśl erhaltenen, dessen Grundmauern auf das Jahr 1460 zurückgehen – die römisch-katholische Kathedrale. Sie umrundend, steigen wir weiter zum Schloßberg hinauf.

Verglichen mit ihrem späteren Leben habe sie nicht viele Jahre in Przemyśl verbracht, aber es sei und bleibe für sie der Mittelpunkt der Welt. Beinahe neunzig Jahre alt, meint Helene Deutsch sich noch an den kleinsten Winkel auf dem Schloßberg zu erinnern, an die Parkanlagen rings um die alte Ruine der Festung auf der Anhöhe, besonders an die versteckten Bänkchen, die den Liebespaaren Zuflucht boten. Sie erinnert sich an die Hügel und Hänge der Umgebung. Stundenlang habe sie sie durchstreift. Wie Rosa Luxemburg gehörte Helene Deutsch zu jenen Jüdinnen, denen die osteuropäische Provinz früh zu eng wurde, die ausbrachen in die große Welt der Politik, der Universitäten. Ein schattiger Park nimmt uns auf. Wie oft mochte Helene von zu Hause fort, in diesen Park geflüchtet sein, voller Haß gegen die launische, jähzornige, ungebildete, konventionelle Mutter, enttäuscht von der ältesten Schwester Malwina, die sie verlassen, die geheiratet hatte. Zweimal war sie, das Nesthäkchen der Familie Rosenbach, ein frühreifes, trotziges Mädchen wie Malka Moloch – »zügelloses Weibsstück, Xanthippe« nannte der hilflose Onkel jene Waise –, nicht nur auf den Schloßberg, sondern weit von zu Hause fortgelaufen – vergeblich. Fernweh hatte sie wie Malka, die im Tagtraum das Pfeifen der Züge hörte und vor sich rot-grüne Schaffnerlaternen sah, die durch die Nacht schwebten. Malka hatte Fernweh nach Budapest, wo ihre verschollene, unbekannte Mutter mit einem fremden Kavalleristen lebte. Selbst noch ein Kind, starb sie bei der Geburt ihres ersten Kindes, das aus verbotener Liebe entstand. So geht es im Roman von Israel Joshua Singer. Für Helene Rosenbach brachte die Liebe zu dem Sozialisten und Anwaltskollegen ihres Vaters, Hermann Liebermann, die existentielle Wende. Vierzehn Jahre älter war er, verheiratet; sie – zweiundzwanzig, als, lange schon hatte sie ihn gekannt und verehrt, ihre Liebe begann. Hermann Liebermann bestärkte Helene Rosenbach, gegen den Willen der Mutter, endlich das Abitur zu machen. Für jüdische Töchter aus gutem Hause damals keine leichte, selbstverständliche Sache. Fünf Jahre kosteten sie die Vorbereitungen: nach Abschluß der polnischen Schule mit vierzehn, Privatunterricht, der in Liebestragödien endete, private Mädchenschule in Lwów, Kurse an der Züricher Universität und endlich die externe Reifeprüfung.

Wie weit Przemyśl zu Beginn unseres Jahrhunderts von den großen Städten Europas entfernt war, schildert Bertha Pappenheim, Vorsitzende des »Jüdischen Frauenbundes« in Deutschland, nach einer Reise durch Galizien. Jüdische Mütter hätten in Przemyśl mit Steinen nach ihr geworfen, in dem Glauben, sie habe ihre Töchter, Schwesternschülerinnen des neugegründeten jüdischen Krankenhauses, zum Katholizismus bekehrt. Bertha Pappenheim hatte den Mädchen die weiße Schwesterntracht nach Przemyśl mitgebracht.

Langsam steigen wir unter Bäumen den Schloßberg hinauf, der einer Baustelle eher, keinem gepflegten, keinem verwilderten Park gleicht. Arbeiter verlegen einen Plattenweg. Vor dem Schloß steht ein Bauzaun. »Zu den frühesten Denkmälern der Stadt gehört das Schloß«, lesen wir im *Illustrierten Führer*. Das erste, ruthenische, wohl eine Holzkonstruktion, wahrscheinlich beim Einfall der Walachen 1498 gänzlich zerstört, soll weiter unten gestanden haben. Zu dem Schloß vor uns, im Jahre 1630, wieder von einem italienischen Baumeister, von Galeazzo Appiani, erbaut, legte Kasimir der Große den Grundstein. Bänke gibt es, wenn auch keine lauschig versteckten. Einigen fehlen die hölzernen Sitzflächen. Auf der schönsten, mit Blick auf den San, das andere Ufer, die Hügelkette am Horizont im Westen, haben die Bauarbeiter ihre Kleider und ihr Frühstücksbrot gelegt. Auf dem Schloßberg, am Ufer des San, in der Umgebung war Helene Rosenbach mit Hermann Liebermann spazierengegangen. Zum Entsetzen der Mutter. Verständnisvoll, wen solle man schon lieben in dem traurigen Nest, reagierte der Vater. Die Gesellschaft von Przemyśl zerriß sich das Maul darüber. Viel sprachen sie von der sozialistischen Bewegung, der Hermann Liebermann sein Leben verschrieben hatte. Doch weder die Liebe noch ihr politisches Engagement, das sie mit ihm verband, war für Helene Rosenbach die Befreiung von jenem Drang, groß, selbständig und erwachsen zu werden. Wir sehen uns um. Ins Schloß können wir nicht. Bleibt noch ein hölzernes Rondell, in dem schon drei Leute, ein Mann und zwei Frauen, sitzen. In klarem Russisch gestatten sie uns, daß wir uns setzen, sprechen untereinander dann polnisch weiter. Anders als die um dreizehn Jahre ältere, ihr mütterlich gesonnene Rosa Luxemburg, die Helene Deutsch im Sommer 1910 beim Internationalen Sozialistischen Kongreß in Stockholm kennenlernte, entschied sie sich nicht für die Politik, entwickelte Mißtrauen gegen sich selbst, gegen die Motive ihres politischen Handelns, und lieferte im nachhinein für diese Entscheidung die kritische Analyse in der *Psychologie der Frau*, einer großen psychoanalytischen Autobiographie, ihrem Lebenswerk. Helene Rosenbach hatte kein Schicksal wie Malka. Ihr gelang es auch, die Melancholie des Mirele von sich abzustreifen, jene lebensmüde Langeweile, unter der wie die ganze ostjüdische Welt Mirele litt, die Heldin des 1913 erschienenen Romans *Das Ende vom Lied* des jiddischen Schriftstellers David Bergelson aus der Ukraine. Helene Rosenbach ist weder Waise noch die Tochter eines zerstreuten Thoragelehrten und verarmten Händlers. Sie kommt aus einem aufgeklärten bürgerlichen Elternhaus und hat mit Mirele und Malka doch Alter, Herkunft und Heimat gemein. Großvater Leizor, der Vater ihrer Mutter, wollte, schreibt sie, »wie ein ›moderner‹

Jude aussehen und wie so viele andere der ›Intelligenzija‹ zugerechnet werden. Deshalb rasierte er seine Koteletten (*peyes*) zwar nicht ab, schnitt sie aber so kurz, daß man sie kaum sah. Sein Mantel war nicht der übliche *bekesche* der orthodoxen Juden, sondern ein längerer Gehrock. Er ging kein Risiko mit Gott ein, natürlich war er ein ›moderner‹ Jude, aber man weiß ja nie – eines Tages könnte er aufgerufen und vom Gott des Talmud gerichtet werden, und dann würde er sagen können: ›Aber ich habe *peyes* und einen langen Mantel getragen!‹«

Für die traditionelle polnisch-jüdische Familie der Mutter fand Helene Deutsch keine guten Worte. Um zu vergessen, daß auch sie aus der polnischen Provinz kam, in der die Juden nur als volkswirtschaftlich nützliche Nachbarn geduldet waren, aus einer jüdischen Familie, in der Bücher heilig gehalten wurden, aber die Frauen von ihnen fern, wollte sie nur eine Tochter ihres Vaters sein. Den Fluchtweg – von der Ausreißerin, der kurzen Episode als Sozialrevolutionärin zur Wissenschaftlerin – hat sie selbst mehrfach beschrieben. Sie wurde Assistentin an der psychiatrischen Klinik von Julius Wagner-Jauregg in Wien, später enge Mitarbeiterin von Sigmund Freud. Zusammen mit ihrem Mann, dem Arzt Felix Deutsch, und ihrem Sohn Martin emigrierte sie 1935, im gleichen Jahr wie Isaac Bashevis Singer aus Warschau, in die USA, wurde Professorin für Psychologie an der Universität Boston. Sie starb am 29. April 1982, im Alter von dreiundneunzig Jahren in Cambridge, Massachusetts.

So ins Gespräch vertieft, haben wir Zeit und Ort fast vergessen. Neugierig schauen unsere Banknachbarn im Rondell vor dem Schloß zu uns herüber, wir sind versucht, nach ihrer Herkunft, nach dem Anlaß ihres Hierseins zu fragen. Vielleicht sind sie Verwandte, nach dem Krieg durch die neue Grenze zwischen der Sowjetunion und Polen getrennt, die sich dann und wann treffen. Vielleicht ist die eine, die russisch spricht, in Lwow geblieben, während die anderen beiden sich nach Przemyśl haben durchschlagen können oder sich repatriieren ließen. Wir fragen sie nicht, sondern eilen den Schloßberg hinunter, um noch bei Tageslicht an der Grenze zu sein.

Unterwegs

An der Grenze zwischen der Republik Polen und der Ukrainischen Sowjetrepublik auf der Strecke von Przemyśl nach Lwow stoßen wir auf eine lange, sich Meter für Meter nach vorn schiebende Autoschlange. Polen sind unterwegs in die Sowjetunion. Erst seit Ende des Zweiten Weltkriegs verläuft die Grenze wenige Kilometer östlich von Przemyśl. Bis zum September 1939, bis zum sogenannten Hitler-Stalin-Pakt, lag sie zweihundert Kilometer weiter im Osten, noch hinter Lwow, lebten Polen in dieser Gegend.

»Im äußersten winkel der alten karte liegt das land, nach dem ich mich sehne. Es ist die heimat der äpfel, der hügel, der trägen flüsse, des herben weines und der liebe. Leider hat eine riesige spinne darüber ihr netz gesponnen und mit ihrem klebrigen speichel die schranken der träume geschlossen.

So ist es immer: der engel mit feuerschwert, die spinne, das gewissen.«

Zbigniew Herbert hat diese Zeilen geschrieben, Karl Dedecius hat sie übersetzt. Wir kommen aus dem Westen, sind keine Heimkehrer, haben keine Kindheitserinnerungen an das alte Polen in dieser Gegend, müssen auch nicht Schlange stehen, werden – wie eh und je Reisende aus dem westlichen Ausland – gesondert abgefertigt, zwei Stunden lang. Der Grenzbeamte hält uns für Niederländer, übersetzt das Kraftfahrzeugzeichen »D« wie »Dutch«. Werden wir die Ukrainer von den Russen unterscheiden können? Beim Blick in die Bücherkoffer, beim Anblick der Landkarten und Stadtpläne aus Wehrmachtsbeständen fragen die Grenzbeamten argwöhnisch und neugierig nach Ziel und Zweck unserer Reise. Eine nicht enden wollende Untersuchungsprozedur beginnt. Israel Joshua Singers Roman *Josche*, den er im Koffer findet, kenne und liebe er, schwärmt der sowjetische Zöllner, nennt den Verkehrsplan von Lemberg, einst für den Generalstab des reichsdeutschen Heeres, 9. Abteilung, angefertigt, dagegen eine Provokation. Er beginnt sich mit seinem polnischen Kollegen darum zu streiten, wer die Karte beschlagnahmen dürfe. Ist auf ihr die polnische oder die ukrainische Stadt zu sehen?

Alt wie Lwow – Lwiw – Lwów – Lemberg – Löwenberg selbst ist dieser Streit um die Stadt. Ursprünglich war sie eine Festung gegen die Mongolen, von dem Ruthenenherzog Danilo Galizki nach der erfolgreichen Verteidigung Galiziens und Wolhyniens gegen den ungarischen Adel erbaut. Galizki schenkte sie seinem Sohn Lew, nannte sie ihm zuliebe Lwiw. 1256 wurde die Festung zum ersten Mal in den Chroniken erwähnt. Hundert Jahre später eroberte der polnische König Kasimir der Große die Burg des Lew, zerstörte sie und baute sie neu. Mehr als vierhundert Jahre, bis zur Ersten Polnischen Teilung 1772, war Lwów eine polnische Vielvölkerstadt. 1772, als Preußen, Rußland und Österreich Polen untereinander zu teilen begannen, bekamen die Habsburger Lwów, das sie Lemberg nannten, erklärten es zur Hauptstadt ihrer östlichen Provinz Galizien und Lodomerien. Kaiserlich-und-königliche Verwaltungsbeamte kamen und deutsche Siedler, Protestanten aus der Pfalz; Deutsche aus Böhmen hatten schon seit langem im polnischen Lwów gelebt. So veränderte, erweiterte sich die Vielvölkerstadt. Von den einhundertsechzigtausend Einwohnern Ende des 19. Jahrhunderts waren die Hälfte Polen, knapp ein Drittel Juden, ein Fünftel Ruthenen. An die siebentausend Deutsche lebten zu jener Zeit in der Stadt. 1830/31, 1846, 1848, 1861 erhoben sich polnische Freiheitskämpfer, durch die Aufständischen von Wien ermutigt, gegen die Habsburger Macht, eroberten, die Schwäche des schwerfällig gewordenen Reiches nutzend, 1867 umfassende Autonomie für Galizien, das nun einen eigenen Landtag in Lemberg erhielt; Polnisch wurde Amtssprache. 1914 begann der Krieg. Nach dem Ersten Weltkrieg fiel es für zwanzig Jahre – vom Sommer 1919 bis zum Herbst 1939 – wieder den Polen zu. Dann annektierten die Sowjets die Stadt; von den knapp drei Millionen Polen, die zu der Zeit in Lwów und der Provinz Ostgalizien lebten, verschleppten sie rund eine Million in den Osten der Sowjetunion. Viele der Verschleppten kamen nie zurück.

Anderthalb Jahre später kamen die Deutschen. In den Jahren des Krieges wurden einige hunderttausend ostgalizische Polen von ukrainischen Faschisten ermordet. Seit dem Zweiten Weltkrieg ist Lwow eine sowjetische Stadt, die ihre ukrainische Herkunft nicht vergessen hat, und deren Bewohner, seit die Reformpolitik Michail Gorbatschows es erlaubt, offen für eine souveräne Ukraine zu streiten beginnen. Aber auch Polen scheuen sich nicht länger, laut von Erinnerungsreisen in die Stadt ihrer Kindheit zu erzählen. Polen habe 1988 eine Kommission für das polnische kulturelle Erbe in der Ukraine ins Leben gerufen, wollen die verbliebenen polnischen Denkmäler dort pflegen.

Noch ist Lwow eine sowjetische Gebietshauptstadt in der Westukraine, zählt siebenhundertfünfzigtausend Einwohner, Ukrainer (87,4 Prozent), Russen, Belorussen, Polen, Juden, Armenier; ist Bischofssitz der zum Bund mit der russisch-orthodoxen Kirche gezwungenen griechisch-katholischen Kirche, Universitäts- und Industriestadt. Noch ist der Streit um die Karte von Lemberg nicht entschieden. Ein ganz junger, sowjetischer Grenzoffizier mischt sich ein, nimmt jede Karte einzeln in die Hand, fordert mich, Karte für Karte, zu einer Rechtfertigungsrede auf. Der sowjetische Zöllner durchsucht nebenbei, mit geschmeidigen Fingern, ausgiebig und geschickt, jeden Koffer, eine Vielzahl von Taschen, die alle, aus dem Auto geräumt, nun auf den langen Tischen ausgebreitet liegen. Ein kleiner Taschenrechner, unauffällig unter die Hand geschoben, könne, so meint er, die Karten für uns retten. Er bekommt ihn. Sein Chef läßt uns nach einem kurzen Verhör die Pläne und Reiseunterlagen nehmen, die Sachen wieder ins Auto packen und endlich über die Grenze fahren.

Die Grenzstation liegt hinter uns, vor uns die sowjetische Landstraße. Sie ist breiter als die polnische, ohne Mittelstreifen und Seitenbegrenzung. Die seitlich abführenden Nebenstraßen sind unscheinbar, schlecht beschildert, oft unwegsam. Rechts und links der Straße erstrecken sich Getreidefelder, soweit das Auge reicht. Eben ist das Land. »Denken Sie an die Ebene ohne Grenzen«, stimmt Leopold von Sacher-Masoch ein, der österreichische Schriftsteller und Philosemit aus Lemberg, dem sein Roman *Venus im Pelz* und daraufhin Krafft-Ebings *Psychopathia sexualis* obskure Berühmtheit verliehen. »Denken Sie an die Ebene ohne Grenzen, die im Frühling mit grünen Saaten, im Sommer mit gelben Getreidefeldern und im Winter mit Schnee bedeckt ist. Wenn der Wind über diese Ebene streicht, laufen Wellen über dieselbe, grüne, gelbe oder weiße Wellen, je nach der Jahreszeit. Diese Ebene ohne Grenzen macht auf den Menschen denselben Eindruck wie das Meer.« Wie die Wasserwüste beim Matrosen, der sein Leben auf dem Meer zubringe, wortkarg, ernst, melancholisch darüber werde, rufe die galizische Ebene das Gefühl der Unendlichkeit hervor, die der Mensch nicht fassen könne und vor der er sich scheu in sich selbst zurückziehe. Schweigend fahren wir über Land.

Leopold von Sacher-Masoch kommt aus Lemberg, wurde am 27. Januar 1836 dort geboren. Er war das älteste der fünf Kinder des Leopold von Sacher, Polizeipräsident der galizischen Landeshauptstadt, und seiner Frau Charlotte von Masoch, Tochter des Arztes Dr. Franz von Masoch, Rektor der Universität von Lemberg. In seinen ersten Lebensjahren wuchs der Knabe in der Obhut einer ruthenischen Amme auf, verbrachte manchen Sommer im ukrainischen Dorf. Ruthenisch war seine Muttersprache. Deutsch begann Leopold erst mit zwölf Jahren zu lernen, nachdem die Familie Lemberg für immer verlassen hatte, nach Prag übergesiedelt war. Leopold von Sacher-Masoch kehrte als junger Mann noch einmal und in Gedanken oft nach Galizien zurück. Das Kind war ein Opfer der hypnotischen Wirkung von Landschaft und Leuten geworden. Viel hat der Schriftsteller später über Galizien und die galizischen Juden, sein romantisches Thema, geschrieben.

Wir überholen zweispännige Pferdefuhrwerke, oft fahren sie auf Sommerwegen neben der Straße. In Polen sind es Einspänner gewesen. Die Zwiebeltürme der frisch herausgeputzten orthodoxen Kirchen blitzen in der Sonne. Anders als die hochmodernen katholischen Kirchen in Polen, geben sie sich dem Äußeren nach als Hüter der Tradition. Von weitem ist ihnen nicht anzusehen, welche einst eine griechisch-katholische, welche schon vor dem Krieg eine russisch-orthodoxe Kirche war. Nach 1945, nachdem die ukrainische griechisch-katholische Kirche mit den Nationalsozialisten kollaboriert hatte, war sie im atheistischen Sowjetstaat doppelt verpönt und verboten worden. Ihr Besitz ging an die russisch-orthodoxe Kirche.

Vielen polnischen Reisenden begegnen wir auf den Landstraßen der Westukraine. Sie dürfen sich in diesem Sommer frei bewegen, zum ersten Mal fahren, wohin sie wollen in der Sowjetunion. Bundesbürgern dagegen ist eine Reiseroute, anders als in Polen, noch vorgeschrieben, sind die Etappen im voraus fixiert und Übernachtungen nur möglich in Hotels zu überhöhten Preisen: ein Doppelzimmer mit Frühstück unter einhundertfünfundsiebzig Deutsche Mark gibt es nicht. Mit auffällig viel Gepäck sind die Polen unterwegs. An der Tankstelle sehen wir sie stehen, die Autos mit geöffnetem Kofferraum. Sie sind mit Ukrainern im Gespräch. Eine Ukrainerin kommt auf mich zu, den Mund voll goldener Zähne: »Proszę, ma Pani, coś na sprzedaż?« – Ob wir nicht auch etwas zu verkaufen hätten, irgend etwas Schönes vielleicht. Sie hat uns für Polen gehalten. Wer reise sonst schon durch diese gottverlassene Gegend? Die Polen fahren über Land, nicht um Urlaub zu machen, sondern Geschäfte.

An der Landstraße nach Lwow stehen die Leute mit Taschen unterm Arm am Straßenrand. Wir sind hungrig, wollen Rast machen, biegen auf einen Parkplatz ab. Kaum steht das Auto, sind wir umringt von Leuten, die immer wieder nach Waren fragen: Parfüm, vielleicht, Cognac, Kleidung oder – einen Kassettenrecorder. Überall stehen sie und erwarten die fliegenden Händler.

Es dämmert schon, da fahren wir am Städtchen Gorodok vorbei, und traurig denke ich an Georg Trakl, an die Schlacht bei Grodek, an der er irre, lebensmüde wurde. Der junge Apotheker – Dichter wäre er, hätt's am Geld nicht gefehlt, lieber gewesen – mußte im Herbst 1914 nach verlorener Schlacht neunzig Schwerverwundete in einer Scheune pflegen. »Grodek« heißt sein letztes Gedicht.

Am Abend tönen die herbstlichen Wälder
Von tödlichen Waffen, die goldnen Ebenen
Und blauen Seen, darüber die Sonne
Düstrer hinrollt; umfängt die Nacht
Sterbende Krieger, die wilde Klage
Ihrer zerbrochenen Münder.
Doch stille sammelt im Weidengrund
Rotes Gewölk, darin ein zürnender Gott wohnt
Das vergossene Blut sich, mondene Kühle;
Alle Straßen münden in schwarze Verwesung.

Am 3. November 1914 ist Georg Trakl, siebenundzwanzig Jahre alt, an einer Kokainvergiftung im Krakauer Garnisonsspital Nr. 15 gestorben.

Auf der anderen Seite der Front stand in jenem Krieg der russische Dichterkollege Welimir Chlebnikow, nur zwei Jahre älter als der Österreicher, wider Willen in Waffen. »Auf diese Weise vom Krieg besiegt«, schrieb er, »werde ich als Dichter verstummen«, und schrieb doch ein Gedicht über die Nacht im Schützengraben, über die Sehnsucht nach Frieden und Büchern

... nach dem Kobsar,
Nach dem Gemeinwesen des Speichen-
Rads und der Nixen Märchenschar

und darüber, daß nach dem Krieg der Flecktyphus kam. Auf ukrainische Volksdichtung, an Klangfarben der Naturgeistersprache reich, und den *kobsar*, den fahrenden Sänger mit seiner *kobsa*, der Laute, der dank Taras Schewtschenko in die Weltliteratur einging, berief sich im Schützengraben Welimir Chlebnikow, der Zukunftsdichter, Vorsitzende des Erdballs, Erfinder der transmentalen Sprache. Zweimal suchte der Flecktyphus ihn heim. Er überlebte den Krieg um wenige, genau vier Jahre. – Nebenbei, wie ein satter Gaul auf dem Stroh, habe der Krieg auf ihm herumgekaut und ihn nachlässig aus dem Maul fallen lassen, bemerkt Viktor Schklowski, der Welimir Chlebnikow verehrte, und erzählt von der galizischen Front, wie die Prostituierten bei den Trinkgelagen mit den sowjetischen Offizieren darüber stritten, ob sich Österreich wohl von der Niederlage erholen werde. Drei Männer, drei Erfahrungen von jenem, dem Ersten Weltkrieg.

Meist begleiten nicht polnische Pkw und warenhungrige Ukrainer unsere Fahrt, sondern schwere olivgrüne Lastwagen. Sie transportieren alles in der Sowjetunion: Brot, Holz, Landmaschinen, Tiere, Menschen. Sie hüllen sich in Abgaswolken, die uns den Atem nehmen. Sie belasten die ohnehin abgenutzten Straßendecken der Landstraßen, sind für die alten Straßen der Stadt Lwow, in die wir hineinfahren, viel zu schwer.

Lwow – Lwiw – Lwów – Lemberg – Löwenberg

Wie eh und je sind die Gassen und Straßen im Zentrum der Stadt mit Kopfsteinen gepflastert. Die breiten, schweren Räder der Lastwagen drücken die Katzenkopfsteine auseinander, so daß Risse, Löcher, Höcker entstehen, und ein Wolga, Lada oder Schiguli, der darüber fährt, ins Schütteln gerät. Ein Abenteuer ist es schon für uns, Lichter der Großstadt Gewohnte, bei Nacht über das altersbucklige und alltagsgeschundene Kopfsteinpflaster, vor fehlenden Gullydeckeln auf der Hut, in die dunkle Stadt einzufahren. Dem Hauptstrom der Autos folgend, spüren wir die Anziehungskraft des Zentrums und lassen uns vorwärts treiben. Lichthell öffnet sich endlich ein Platz. In seiner Mitte steht ein goldglänzendes Gebäude – die Lemberger Oper, von Scheinwerfern beleuchtet. Dort beginnt die Lichterkette eines prächtigen Boulevards. Selbst das Rütteln vom Pflaster her hat plötzlich ein Ende. Sanft fahren wir in die Helligkeit hinein. Die Oper, ein pompöser Prachtbau im Wiener Neo-Renaissance-Stil aus den neunziger Jahren des vergangenen Jahrhunderts, von Zygmunt Gorgolewski entworfen und von verschiedenen polnischen und ukrainische Künstlern mit oppulentem Dekor geschmückt, mit korinthischen Säulen, allegorischen Statuen und Statuetten, Nischen, Pilastern, Balustraden, Reliefs und Stukkatur-Girlanden, über all dem die geflügelten Bronzen Glorie, Poesie und Musik schwebend, ist eine schöne Erinnerung an die kaiserlich-und-königliche Stadt. Noch steht Lenin fest auf dem Sockel vorm Opernhaus. Einer Reise nach Lemberg ins Theater galt die ganze Sehnsucht des »Pojaz« von Karl Emil Franzos. Der betörende Parfümduft der schönen Cousine Greta und der Geschmack von flaumfederleichtem Gebäck – das war die Landeshauptstadt Lemberg mit ihren herrlichen Geschäften und wundervollen Restaurants für Salcia Landmann, die aus dem nahegelegenen Żółkiew stammt. Wir fahren den Lenin-Prospekt hinunter, der zu polnischen Zeiten Straße-der-Legionen und unter österreichischer Herrschaft Karl-Ludwig-Straße oder einfach der Wall hieß. Im 19. Jahrhundert hatte sich das Stadtzentrum vom Marktplatz hierher verschoben, wo sich einst, in Leopold von Sacher-Masochs Kindheit, der Stadtwall erhob und das Flüßchen Poltwa, der polnische Pełtew, floß, das dann kanalisiert, in unterirdische Röhren verlegt und von einer schattigen Allee überbaut wurde. Autos rasen über den glatten Asphalt des mitternächtlichen Lenin-Prospekts. Unter den Bäumen der Allee sehen wir im Lichtkreis der Laternen Menschen lustwandeln. Sommerlich warm ist es an diesem Abend. Am Ende des Boulevards liegt der Mickiewicz-Platz. Dort residiert »Intourist« im alten »Hotel George«.

Das ehrwürdige Gebäude, von dem bekannten Wiener Architektenbüro Hermann Hellmer und Ferdinand Fellner 1901 erbaut, finden wir leicht. Europa, Asien, Afrika, Amerika – Statuen, die beinahe die ganze Welt umfassen, grüßen von seiner Fassade. Ein Hauch des alten Lemberg umweht uns, als wir das Vestibül betreten. Doch der vergeht, als wir hören: Parken am Hotel sei verboten, zu gefährlich sei es, das Auto irgendwo an den Straßenrand zu stellen. Der Hotelparkplatz liege acht Kilometer vom »Intourist« entfernt, mit dem Taxi oder dem Bus kämen wir von dort zum Hotel zurück. Es ist schon nach Mitternacht. Mutig nehmen wir, was bleibt uns anderes übrig, nach einigem Verhandeln das Abenteuer an, laden die Koffer aus und machen uns auf die Suche nach dem Hotelparkplatz vor der Stadt, finden an einer Ausfallstraße, auf freiem Gelände, in dessen Dunkel hier und da eine geordnete Vielzahl erleuchteter Fenster die Umrisse von Wohnhochhäusern ahnen lassen, ein weites, von sowjetischen, polnischen und anderen fremdländischen Autos dicht bestandenes, von einem hohen Stacheldrahtzaun umgebenes, von Flutlichtern strahlend hell beleuchtetes und zwei Männern in einem Holzturm bewachtes Areal. Wir lassen uns einen Platz zuweisen, erhalten einen Parkschein, verlassen eilig das Gelände. Unklar ist, wie wir ins Hotel zurückkommen. Einen Bus zu finden, um diese Zeit, scheint aussichtslos. So stellen wir uns an die dunkle Straße und winken. Ein Taxi hält an. In wenigen Minuten sind wir, so einfach ist das, im Hotel und nehmen endlich unser Zimmer in Augenschein. Außer seiner Größe und Höhe, dem schwarzen Telefon, den alten weißen Kacheln im geräumigen Bad, den Wasserhähnen aus Messing und einer ausladenden Badewanne, in der der Stöpsel fehlt, erinnert nicht viel an die Glanzzeit des alten »George«. Ein Telefongespräch in den Westen, nach Deutschland, wird über die Zentrale im eintausenddreihundert Kilometer östlichen Moskau bestellt. In der Nacht lärmen betrunkene Männer aus einem der Nachbarzimmer auf dem Flur. Drei Tage lang gibt es je zwei hartgekochte Eier, Butter, Brot und einen Teebeutel-Tee zum Frühstück. Mittags und abends müssen wir uns den Zugang zum Hotelrestaurant hart erkämpfen. Das Kollektiv geht vor, Individualreisende sind in der Sowjetunion immer noch Außenseiter und Wundertiere. Einem älteren Herrn aus Karlsruhe begegnen wir beim Frühstück im »Intourist«. Er ist schon auf der Reise zurück nach Deutschland, war mit der Eisenbahn unterwegs in die Heimat seiner Eltern. Sie sind in der Gegend von Rowno Bauern gewesen, in einem deutschen Dorf. Stundenlang sei er, bis zum Bauch im Mais, durch die Felder geirrt. Nichts sei von dem Dorf geblieben, erzählt er – und: Mit den Juden und Deutschen, ja, da hätten die Ukrainer gut wirtschaften können.

»Ein bunter Fleck im Osten Europas« sei die Stadt Lemberg, schreibt Joseph Roth im Jahre 1924. »Wie am frühen Morgen noch im Halbschlummer, schon in halber Wachheit« sei ihre »polyglotte Farbigkeit«. Wir treten aus dem Hotelfoyer auf das Trottoir, das noch feucht ist von der Straßenreinigung in der Frühe. Menschen hasten an uns vorbei. Adam Mickiewicz, der polnische Goethe, dazu Symbolfigur des nationalen Befreiungskampfes, ist der erste, den wir an diesem Morgen erblicken. Er behielt auch im sowjetischen Lwow seinen Platz. Vom Marmorsockel hoch oben schaut er nicht auf das Hotel »Intourist« gegenüber, schaut auch die Straße, die Leute nicht an, sondern zu dem Engel mit den gewaltigen Flügeln hinauf, der ihm die Lyra reicht. Zu Füßen des polnischen Dichters sah Joseph Roth Kaftanjuden, die »Wachtposten des Handels«, patrouillieren. Die ostjüdische Welt sei dem Westeuropäer fremd, noch weniger zugänglich als etwa Indien, meinte der Journalist und Schriftsteller jüdischer Herkunft, der in Lemberg beinahe zu Haus, aus dem nahegelegenen Brody war. Möglich, daß Irmgard Keun, abgesehen von dem Elend, das der leidende Trinker ihr bot, sich deshalb so fremd in Roths polnisch-jüdischer Familie in Lemberg fühlte, als sie zusammen mit jenem auf der Flucht vor den Nazis im Winter 1936 dort zu Gast war.

Nicht weit entfernt, am Fuße des Mickiewicz-Denkmals, gleich neben der Musikalienhandlung finden wir einen Buchladen, in dem es, die Empfangsdame im »Intourist« wußte angeblich nichts davon, einen Stadtplan und ein Buch über Lwow, sogar einen Guide in englischer Sprache, zu kaufen gibt.

Wir gehen den Lenin-Prospekt hinauf, nicht über die Mittelallee, sondern an den Geschäften entlang. Junge Bäuerinnen mit Körben sah Joseph Roth im Bauernwagen durch die Hauptstraße fahren. Heu duftete. Einen Drehorgelmann hörte er ein Volkslied spielen. Stroh und Häcksel waren über den Fahrdamm gestreut. Damen bewunderte er in eleganten Kleidern, den neuesten Toiletten aus Paris. Sie waren auf dem Weg in die Konditorei. In den Seitenstraßen sah er Leute Teppiche ausklopfen. Einen Schwarm von Menschen auf dem breiten Trottoir vor strahlenden und mondänen Schaufenstern, große schlanke Polen, junge dunkle Gesichter, in modern geschnittenen Mänteln, spitzen Schuhen, sah Alfred Döblin, der Berliner Arzt und Schriftsteller, wie Roth jüdischer Herkunft, auf seiner Reise durch Polen im gleichen Jahr. Pogrome gegen die Juden in Berlin hatten ihn bewogen, die Heimat des Ostjudentums kennenzulernen. Erschütternd wirkte die Judenschaft der Straße-der-Legionen auf ihn. »Da finde ich die lebendigen gespannten Mienen, die suchenden Blicke, das Herumhorchen – die Art der Schacherer, Schieber, Spekulanten. In ganzen Scharen, in hellen Haufen, als ganzes Regiment stehen sie da. Ein Grauen ist diese Straße. Sie fordert heraus wie eine einzige schwarze Börse. Wer sie durchgeht, weiß, was Lufthandel, unproduktive Arbeit ist und was die feindseligen Worte von Parasiten, Schmarotzern bedeuten.« – Viele Menschen sind unterwegs, mehr als in der Nacht zuvor, als wir den Lenin-Prospekt, alias Straße-der-Legionen, hinaufgehen. Müde, unwirsche, graue Gesichter kommen uns entgegen, Körper, deren Formen und Bewegungen von schlechter Ernährung, harter Arbeit, Vergeblichkeit zeugen. Zwischen älteren Leuten in nachlässiger und ärmlicher Kleidung gehen Frauen, die stolz verblichene, feine sommerliche Kostüme tragen oder taillierte geblümte Kleider, mit Raffinesse selbstgenäht, und Jugendliche, bunt westlich aufgeputzt. Viele Passanten haben bäuerliche, wettergegerbte Gesichter, kommen wohl in Scharen vom Land, um einzukaufen in den großen Geschäften der Stadt, in denen wenig zu haben ist. Wir schieben uns vorwärts durch das Gedränge, taub vom Getöse des Verkehrs, das anschwillt, wo der Asphalt endet, das Kopfsteinpflaster beginnt, biegen am Opernhaus links ein in die Erste-Mai-Straße und zählen, den kostbaren Stadtplan von 1938, vom noch polnischen Lwów, in der Hand, ihn dann und wann mit dem neuen, viel ungenaueren vergleichend, die Seitenstraßen. Die vierte ist die ehemalige Brajerowska-Straße, die heutige Galana-Straße, in der, im Haus Nummer 4, zweite Etage, am 12. September 1921 der polnische Schriftsteller Stanisław Lem geboren ist. Auf der Suche nach der Geschichte der Vielvölkerstadt, die, von Österreichern, Deutschen, Polen, Ukrainern, Juden zu verschiedenen Zeiten unterschiedlich wahrgenommen und beschrieben, so viele Facetten wie Perspektiven hat, ist die Adresse des polnischen Schriftstellers die einzig sichere im Reisegepäck.

Stanisław Lem hat seine Kindheit im polnischen Lwów verbracht, war ein Einzelkind, spielte viel allein. Die Wohnung mit den alten Möbeln kam ihm dunkel vor und hoch die Schlafzimmerdecke mit der Gipsstukkatur, den geschwungenen Eichenblättern, den dicken Eicheln dazwischen. Vor dem Einschlafen habe sich seine kindliche Phantasie oft darin verloren. In den Schränken, zwischen den Sesselpolstern, in des Großvaters Eisentruhe fand das Kind alte Hundertrubelscheine, eine Goldmünze, anatomische Atlanten, einen winzigen Vogel zum Aufziehen in einer mit Perlmutt ausgelegten Schachtel, und schuf sich so den Anfang seiner Utopien, eine lebendige Welt aus toten Gegenständen. Von außen ist das Haus ein gewöhnliches Stadtbürgerhaus der Jahrhundertwende mit Balkons hinter Bäumen, in einer noch immer ruhigen, mit Bäumen und alten Wohnhäusern bestandenen Straße. Nur seine Bewohner sind, wie die Menschen auf dem Lenin-Prospekt, wahrscheinlich andere als vor dem Krieg, sind selten Polen, eher Ukrainer, Russen, vielleicht Juden – Juden nicht aus dem alten Lemberg, sondern aus anderen Gegenden der Sowjetunion. Als die Sowjets nach Lemberg kamen, war Stanisław Lem achtzehn Jahre alt, neunzehn, als die Deutschen kamen, und vierundzwanzig, als der Krieg zu Ende war. Da verließ er zusammen mit seinen Eltern die Stadt. Die Familie wurde nach Krakau repatriiert, wie die meisten Polen von Lemberg, die den Krieg überlebt hatten. Während des Krieges reparierte der Autoschlosser Stanisław Lem in Lwów die Autos der deutschen Besatzer kaputt. Später, nach dem Krieg, begann er Medizin zu studieren und zu schreiben, wurde, allem Bemühen der staatssozialistischen polnischen Zensur zum Trotz, in jenem entlegenen Winkel des slawischen Raumes zwischen dem Nordpol und dem Balkan zu einem vielgelesenen, weltberühmten Science-fiction-Autor, der die Statistik liebt, aus Zivilisationskritik und einer skeptischen Philosophie des Zufalls spannende Geschichten macht.

Das Hohe Schloß, seine Kindheitserinnerungen, schildert Spaziergänge durch das polnische Lwów. An der Hand des Vaters, des Hals-Nasen-Ohren-Arztes Lem, sei er oft in den nahegelegenen Jesuitengarten gegangen, vorbei an der Jan-Kazimierz-Universität.

Wir überqueren die Mickiewicz-Straße, die heute wie vor dem Krieg so heißt, gehen zur Universität hinüber. In seiner Kindheit, schreibt Lem, sei die Fahrbahn vor der Universität noch mit Holzwürfeln gepflastert gewesen. Wenn Pferdehufe darüber hinwegliefen, habe es gehallt, wie wenn sich darunter ein großer Raum befände. Aus einem Jesuitenkolleg, das 1608 gegründet wurde, ist 1661 eine Universität geworden, die 1784 den Namen Franz-Joseph-Universität erhielt. Bis 1871 war Deutsch, danach Polnisch die Vortragssprache an der Franz-Joseph-Universität. In ihren Hörsälen hat Benaja seine Vorlesungen über die neuesten Erkenntnisse der Naturwissenschaften gehalten. Benaja, den »Iluj«, jenen von jüdischer Weisheit Erleuchteten, hatte die Neugierde für die Natur aus dem Hause des Schwiegervaters, des wohlhabenden und strenggläubigen Kaufmanns Silbermann im Lemberger Ghetto getrieben. Nach dem Studium in Wien kehrte der Freidenker in die galizische Landeshauptstadt zurück und fand trotz großer Versprechungen nur eine bescheidene Anstellung an der Universität. Seine schonungslos kritische Darstellung der Entwicklungsgeschichte des Menschen im Geiste des Zeitgenossen Charles Darwin als Evolution vom Affen her war eine Beleidigung nicht nur für die gläubige Judenheit, sondern auch für die Ratgeber der kaiserlich-und-königlichen Obrigkeit, für die Jesuiten, denen der Mensch als Krönung der göttlichen Schöpfung galt. Benaja wurde aus der Universität verbannt, ins Irrenhaus gesperrt, aus dem ihn, einen gebrochenen Mann, die revolutionären Studenten im März 1848 befreiten. Die Geschichte von Benaja, die so gut wie wahrscheinlich ist, hat sich Leopold von Sacher-Masoch ausgedacht. Wie so oft in seinen Erzählungen kommt eine böse Frau darin vor, aber nicht mit Pelz und Peitsche.

Schon in Lems Kindheit war die Universität im ehemaligen

Landtag untergebracht. Heute ist die Straße vor dem Gebäude asphaltiert. Wir hören nur den Lärm von Automotoren und Baumaschinen. Merkwürdige halbnackte Steinfiguren mit Hüten, darunter ein Knabe mit einem aufgeschlagenen Buch, flankieren noch immer das Hauptportal.

Zusammen mit der Macht wechselten die Namen. Statt nach dem polnischen König ist die sowjetukrainische Alma mater nach dem ukrainischen Sozialisten Iwan Frankó benannt. Der 1856 geborene Sohn eines ruthenischen Schmieds und Bauern aus einem Dorf bei Drohobycz, dem »galizischen Pennsylvanien« – Öl wurde dort geschöpft –, begann 1875 sein Studium an der philosophischen Fakultät der Lemberger Universität, das zwei Jahre später mit der ersten Verhaftung jäh endete. Vergeblich bemühte sich der radikale ukrainische Demokrat, gegen Intrige und Widerstand konservativer Kräfte Abgeordneter des galizischen Landtags zu werden. Literarische und politische Arbeit verband sich in seinem unermüdlichen Kampf für die Befreiung der ukrainischen Bauern von jeglicher Fremdherrschaft, verdichtete sich zu einem wahrhaft enzyklopädischen Werk, von dem wir nur wenig wissen. Der Aufklärer und ukrainische Patriot, der gelehrte Vermittler zwischen ukrainischer, polnischer, russischer, deutscher und jüdischer Kultur, gilt in der Sowjetunion als Inbegriff der gelungenen Integration der westukrainischen in die sowjetische Kultur. Die Oper, die Universität, ein Museum, ein Park, mindestens eine Straße in Lwow sind nach ihm benannt. Ein peinliches Versehen, bedenkt man, daß Iwan Frankó, 1916 gestorben, den Sowjetstaat nie erblickt, nicht einmal Revolution oder Bürgerkrieg erlebt hat. Vom wuchtigen Granitdenkmal schaut er grimmig, vielleicht melancholisch zur Universität hinüber.

Hinter dem Denkmal liegt der ehemalige Jesuitengarten, der älteste Park von Lwow, der ursprünglich einmal der Garten des Stadtbürgermeisters war. Heute heißt er Iwan-Frankó-Park. Die Spaziergänge dorthin seien nicht besonders aufregend gewesen, erinnert sich Stanisław Lem. Wieder einmal stehen wir auf einer Baustelle: der Platz um das Denkmal wird gerade gepflastert, und so lädt der kleine Park auch heute nicht zu einem Spaziergang ein.

Wir machen uns auf, wie zuweilen Vater und Sohn Lem, die Mickiewicz-Straße zur Kirche Sankt Georg hinaufzughehen (für Ukrainer und Polen ist sie die Kirche des Heiligen Jura), deren Anblick – eine runde Kuppel in der feurigen Dämmerung, von den letzten Strahlen der Sonne überglüht – schon vor uns drei Reisende stark beeindruckt hat: den jüdischen Kaufmann Silbermann, der zusammen mit seiner schönen Tochter Jamina den Schwiegersohn, Jaminas Ehemann Benaja, nach Lemberg heimführte. Gut sichtbar ist die Kirche auf einem Hügel über der Stadt erbaut. Schon vor siebenhundert Jahren stand eine Holzkirche an diesem erhabenen Ort. Wir gehen die Straße hinauf. Je näher wir ihr kommen, desto weniger läßt sie von sich sehen. Eine hohe Mauer um sie herum versperrt den Blick. Bernhard Merettin, ein Architekt deutscher Herkunft, führte anfangs die Aufsicht über den Bau der Kirche des Heiligen Jura, wie sie heute noch steht. 1744 begann die Arbeit und währte dreißig Jahre. Allmählich vergrößert sich der Ausschnitt, in dem wir hinter den Mauern, durch das Tor, über den Treppenstufen die Barockfassade der Kathedrale, ihr hohes Portal sehen, von zwei steinernen Heiligen bewacht, rechts und links die Seitenflügel, gegenüber die Residenz des Metropoliten. Oben angelangt, überblicken wir die in der Form eines griechisch-orthodoxen Kreuzes klar gegliederte Anlage, gehen über den hellen, mattschimmernden Steinboden um die Kirche, die Nebengebäude herum, befinden uns plötzlich in den Mauern einer Festung, einer Art Vatikan in Kleinformat. Die Kirche des Heiligen Jura, die als eine der schönsten Barockbauten der Ukraine gilt und auf dem Stadtplan vom heutigem Lwow wie alle Kirchen, die keine Museen sind, unerwähnt bleibt, ist geschlossen, obgleich ein Zettel an der Tür bekanntgibt, daß sie um diese Zeit geöffnet sei. Andere Besucher suchen wie wir nach einer offenen Tür. Stanisław Lem ist vergessen, unkrainische Geschichte drängt sich auf.

Die Kirche des Heiligen Jura ist kein unumstrittener Ort. 1921 fand die Erste Konferenz der ostukrainischen konspirativen

Die Universität, das ehemalige galizische Landtagsgebäude, in Lwow.

Die Kathedrale des Heiligen Jura, auch Georgskathedrale genannt, in Lwow.

Der Platz in der Altstadt von Lwow, an dem bis zum Zweiten Weltkrieg die alte Synagoge »Goldene Rose« stand.

Ehemalige chassidische Synagoge von Lwow, heute »Sportstützpunkt« des Polygraphischen Instituts, in Zukunft vielleicht jüdisches Kulturzentrum.

Hauptstraße, heute Lenin-Straße, von Brody.

Die ehemalige Synagoge von Brody.

Front eines Hauses im ehemaligen Stetl Schitomir.

kommunistischen Partei in einem ihrer Nebengebäude statt und wurde denunziert; die Kommunisten wurden festgenommen. In den Jahren des Zweiten Weltkriegs war sich die Kirche als Hort der westukrainischen Kollaboration mit den Deutschen nicht zu schade. Die griechisch-katholische Kirche, an ihrer Spitze der Metropolit Andrej Schepitski, zeigte sich in der Zusammenarbeit mit den Nationalsozialisten besonders engagiert, hatte deshalb nach 1945 in der sowjetischen Ideologie vom antifaschistischen Kampf bis vor kurzem einen festen Platz unter den Feindbildern. Jene Kollaboration gab der Sowjetmacht den Anlaß, die ukrainische Kirche, einst, 1596, von den Polen zur Union mit den Katholiken gezwungen, in die Union mit der russisch-orthodoxen Kirche oder in die Emigration zu treiben.

Ein scharfer Wind peitscht Regen auf die Haut. Die Kragen hochschlagend, verlassen wir achselzuckend, wie die anderen enttäuscht, nicht eingelassen worden zu sein, die legendären Mauern, gehen fort über den alten Platz-des-Heiligen-Jura, heute heißt er Bogdan-Chmelnizki-Platz, die Alexander-Newski-Straße und in einem scharfen Knick nach Süden, die Straße-des-Friedens hinunter. Lwów – das alte Lemberg – steht noch so da, wie es einmal war, umgeben von der modernen sowjetischen Stadt, die immer größer wird, im Jahre 2000 eine Millionenstadt sein möchte. Ein weißer Schmetterling im Bernstein, so gut erhalten ist es und schön, zeigt uns ganz unverhohlen zu Stein gewordene Geschichte. Nicht nur die Prachtbauten finden wir – die Oper aus k. u. k.-Zeiten, die Georgskathedrale, den Heiligen Jura, hoch über allem, die Universität –, sondern auch die alten Straßen, Häuser und Plätze.

Stadt auf wievielen Hügeln.
Ergrautes Gelb.
Einen Glockenton gibt es dir mit,
hörbar im Klirren
deiner Erkennungsmarke.

Abhänge wie die Angst unzählbar.
Die Straßenbahn endet

in einer Steppe von Unkraut
vor abgegriffenen Türen.

Der deutsche Soldat Günter Eich hat ein Gedicht über die Stadt hinterlassen, das ich zwischen den Straßenbahnschienen auf dem Kopfsteinpflaster in der abschüssigen Straße-des-Friedens, alias Stalin-Straße, alias Straße-Leon-Sapieni, rechts und links die geschlossenen, gleichförmigen, hellgelben Fassaden der alten Wohnhäuser, wiederfinde. Was hat der deutsche Soldat, der später geehrte Autor der *Mädchen von Viterbo*, jenes Hörspiels, aus dem die Angst ums Leben und die Todeserwartung eines jüdischen Mädchens und seines Großvaters in den Katakomben des nationalsozialistischen Berlin spricht, von der Verfolgung der Juden in Lemberg gewußt?

Merkwürdige, undurchschaubare Wege nehmen die Wahrnehmungen in das menschliche Gedächtnis. Bei Kindern andere als beim Erwachsenen, im Alltag andere als auf Reisen, im Krieg andere als zu Friedenszeiten. Das Kind Stanisław, weiß der Autobiograph, wußte nicht, daß eine Stadt anders sein kann, also nicht steinern gefaltet, nicht hügelig, so daß die Perspektiven der Straßen nicht nach oben zu fliehen brauchen, daß die Straßenbahnen nicht Hals über Kopf hinunterfahren und die Höhen emporklimmen müssen. Erstaunlich, so Lem, daß er durch die Anstrengungen des gegen den Strom der Zeit gerichteten Gedächtnisses überhaupt fähig sei, solchen Worten wie Janów, wie Zniesienie, Piaski, Łacki, die Unschuld wiederzugeben, denen die Jahre einundvierzig und zweiundvierzig eine unheilvolle Bedeutung verliehen hätten, als die Straßen, etwa von der Bernsteingasse bis hinter die Oper, in Richtung der Słoneczna-Straße und weiter, eines Tages völlig leer, wie ausgestorben standen, mit vom Winde geschüttelten, offenen Fensterflügeln, mit der plötzlichen Leere der Gassen, der Höfe, der Balkone. Von Ferne habe er die hölzernen Zäune des Ghettos gesehen, die später wieder verschwanden, dann die grasbewachsenen Trümmer. Aber niemand habe »das« in den dreißiger Jahren auch nur ahnen können.

Daß in der Bernsteingasse und in den Straßen bis hinter die Oper, bis zur Słoneczna-Straße viele der mehr als einhunderttausend Juden von Lemberg wohnten, arme und reiche, orthodoxe, chassidische, assimilierte, Sozialisten, Freidenker und polnische Patrioten, die dann, von den Nazis ins Ghetto getrieben, hinter einem hohen Zaun verschwanden, daß es Arbeitslager, das schrecklichste an der Janowsker Straße, gab, aus denen, wie aus dem Ghetto, viele ins Vernichtungslager, vor allem nach Bełżec deportiert wurden, und nur wenige mit dem Leben davonkamen, daß auf dem Piaskower Berg Menschen bei lebendigem Leibe verbrannt wurden – lese ich aus jenen Andeutungen im *Hohen Schloß*, die ihren Schatten über die unschuldige Spielzeugwortwelt von Lems Kubus der Kindheit werfen. Schwer ist es, für die Verfolgung und den Massenmord an den Juden Worte zu finden.

Wir wollen wissen, was von dem jüdischen Lwów / Lemberg geblieben ist, in dem Sacher-Masochs »Iluj« Benaja, Martin Buber, Scholem Alejchem zuweilen lebten, aus dem der Revolutionär Karl Radek, David Bergelsons »Zeuge« und viele andere bekannte und unbekannte Juden kommen. Doch wie sollen wir jenes Lemberg finden? Der neue Stadtplan gibt keine Anhaltspunkte. Er zeigt das sowjetukrainische, sehr wenig vom polnischen und nichts vom jüdischen Lwów. Der Wehrmachtsplan weist nur auf den alten Judenfriedhof im Zentrum und auf den neuen unweit der Janowsker-Straße, am Rande der Stadt, hin.

Vielleicht können uns Leute aus dem heutigen Lwow weiterhelfen. Wir gehen, groß erscheint dem Fußgänger die Stadt, ins Zentrum zurück, am Südrand des Iwan-Frankó-Parks entlang, wieder an der Universität vorbei, über die Mickiewicz-Straße, in die Galana-Straße, die ehemalige Brajerowska-Straße, bis zum Ende, schräg über die Erste-Mai-Straße, in die alte Bernsteingasse hinein. Stumm schauen Wohnhäuser uns an, die sich kaum von denen in der Galana-Straße unterscheiden; nur, daß sie nicht im Schatten von Bäumen stehen, lange nicht mehr gestrichen wurden, daß ihre Balkons etwas schmaler sind. Die Straße ist kurz. Am Ende der Bernsteingasse begann, quer zu ihr verlaufend, die Rapoport-Straße. Rapoport ist ein großer Name in der Judenzeit. Er hält die Erinnerung an den Rabbi von Porto wach, an alte jüdische Tradition, die aus Portugal nach Italien kam, erinnert an die Familie Rapoport in Lemberg. Ob jene Straße nach dem Richter, dem *av bet din* Chaim Kohen Rapoport benannt worden ist, der die Juden des alten polnischen Lwów 1759 gegen die Anhänger des Pseudomessias Jakob Frank vertrat, oder nach dem Aufklärer, dem Maskilim Salomon Judah Rapoport, gegen den 1816 unter mysteriösen Umständen der *cherem*, der Bann, ausgesprochen wurde, wissen wir nicht. Vergeblich suchen wir nach dem heutigen Straßennamen. Wir biegen in die alte Rapoport-Straße ein und stehen staunend vor einem die ganze Straßenlänge einnehmenden prunkvollen, orientalisch anmutenden Gebäude, das fremd wirkt in der polnischen, österreichischen, ukrainischen Stadt, mit seinem durch Bäume blau-grün blitzenden schuppigen Halbkugeldach, den Zinnen und dem Schmuckband aus verschiedenfarbig gebrannten Ziegelsteinen um die Flachdächer der Seitenflügel. Wir gehen näher heran, auf den Mitteleingang unter der Dachkuppel zu und lesen: »Städtische Poliklinik«. Ein Mann im Schlafanzug lehnt sich weit aus einem der Fenster. Hinter dem Bau, sehen wir auf dem Vorkriegsplan, befand sich der »Stary Cmentarz Żydowski«, der alte Judenfriedhof, der älteste Judenfriedhof im damaligen Polen. Von seinem Alter zeugten Grabsteine: Dicht an dicht stehend, engbeschrieben, mit filigranem Ornament gerahmte Steintafeln, die ersten vom Beginn des 17. Jahrhunderts – so auf einem Foto im *Jüdischen Lexikon* von Georg Herlitz und Bruno Kirschner zu sehen, das 1927 bis 1930 in Berlin erschienen ist. Sollte das langgestreckte Gebäude vor dem alten Judenfriedhof vielleicht das jüdische Krankenhaus von Lemberg gewesen sein, von dem Bertha Pappenheim berichtet?

Lemberg besitze ein von einem privaten Wohltäter mit großem Kostenaufwand erbautes, modern eingerichtetes Spital, in dem sogar eine Ambulanz vorgesehen sei, schreibt die mutige Frau im Bericht von ihrer ersten Reise nach Galizien im Jahre 1904. Langsam gehen wir an dem langgestreckten Gebäude, das wie die Große Synagoge von Budapest im romantisch-maurischen Stil gebaut ist, die alte Rapoport-Straße entlang, suchen nach Erkennungszeichen für seine Geschichte. Daß die Vorsitzende des »Jüdischen Frauenbundes« Bertha Pappenheim die legendäre Anna O. war, jene Hysterie-Patientin des Wiener Arztes Josef Breuer, deren Fall dem noch unbekannten Sigmund Freud Anlaß zu den *Studien über Hysterie*, Pionierstudien für die Psychoanalyse, gegeben hatte, wußte man lange Zeit nicht. Bertha Pappenheim selbst wollte von der beängstigenden »talking cure« ihrer Wiener Jugendzeit später in Frankfurt nichts mehr wissen, gab sich ganz der Sozialarbeit mit jüdischen Mädchen und Frauen hin – einem Bereich, der in den jüdischen Gemeinden in Galizien noch mehr als in Deutschland bis dahin stark vernachlässigt worden war. Im Auftrag des Frankfurter »Israelitischen Hilfsvereins« und des »Jüdischen Zweigkomitees zur Bekämpfung des Mädchenhandels« in Hamburg war sie nach Galizien gekommen, um mit Frauen, Prostituierten, Rabbinern zu sprechen, um sich Schulen, Bordelle, Waisen- und Krankenhäuser anzusehen.

Wir gehen weiter an dem Gebäude entlang und finden an der Fassade des linken Seitenflügels zwischen Flachdach und oberer Fensterreihe gut sichtbar dreimal den Davidsstern. Hellgelb auf einem Hintergrund von rotbraunem Backstein. Bertha Pappenheim ist hier gewesen, hat über dieses Krankenhaus geschrieben und darüber, daß sie skeptisch sei, ob die jüdische Gemeinde von Lemberg so viel Verständnis für ihre exponierte Stellung als reichste Gemeinde Galiziens und die daraus resultierenden sozialen Pflichten habe, daß sie es fertigbringe, »wenigstens eine gebildete Frau, eine geschulte Kraft« in diesem Krankenhaus einzustellen. Die orthodoxe jüdische Erziehung versagt dem weiblichen Geschlecht besondere Aufmerksamkeit und jegliche Bildung, die über eine Vorbereitung auf hausfrauliche und mütterliche Pflichten hinausgeht. Viele Juden in Galizien waren so arm, daß sie ihre Töchter für lumpiges Geld und die verlogene Versprechung, ein gutes Leben werde die Mädchen in der Fremde erwarten, weggaben. Die von ihrem Mann verlassene Frau gilt als *agunah*, als Witwe, im orthodoxen Judentum. Viele jüdische Männer gingen auf der Suche nach Arbeit aus Galizien auf Nimmerwiedersehen fort, ließen ihre Frauen zurück, die dann – wieder heiraten durften sie nicht – oft gesellschaftlich geächtet ein trostloses Dasein fristeten. Bertha Pappenheim nahm für die Frauen Partei, griff tatkräftig die Orthodoxen, die Männer an: Wie unverantwortlich es sei, Kinder und Frauen, die ohne ihr Zutun aus dem Kreis des »anständigen« Lebens geraten seien, aus der jüdischen Gemeinschaft zu verdrängen. Wie unsinnig sei es, Frauen nicht zu Erzieherinnen oder Krankenschwestern auszubilden, weil sie nach jüdischem Gesetz zu Haus bleiben sollen und es das religiöse Gefühl der Männer verletzen könne, eine fremde Frau anzuschauen oder sich von ihr gar berühren zu lassen. Einen eigenen Kopf und einen starken Willen hatte Bertha Pappenheim, machte es weder den Orthodoxen noch den Assimilierten recht und wollte an die mörderischen Pläne der Nationalsozialisten zur Verfolgung der Juden lange nicht glauben. Sie starb, bevor der Krieg begann.

Hinter dem Krankenhaus ist kein Judenfriedhof mehr. Diese Gegend gehört zu dem von den Deutschen im Krieg verwüsteten Gelände. Nichts erinnert daran. Hinter einer durch einen eisernen Zaun erhöhten Mauer liegt der trostlose Krankenhausgarten. Über den ehemaligen Judenfriedhof, an der Mauer des Krankenhausgartens entlang, führt ein Weg, auf dem Leute hin- und hergehen, mehr Leben ist als vorn, auf der alten Rapoport-Straße. Wir folgen dem Weg und stehen unversehens auf einem Markt, der am späten Nachmittag schon ausverkauft ist. Im gelben Hemd, Hosenträger halten die Hose notdürftig über dem prallen Bauch, sitzt ein Mann müde auf einer niedrigen Mauer. Papierkörbe quellen über, Müll liegt herum. Die langen Tische unter Zeltdächern ziehen Käufer nur noch zögerlich an. Die bunten, frischen Dinge, Blumen, Obst, Gemüse, Milch- und Fleischprodukte, sind längst von den Tischen verschwunden. Die gebrauchten Kleider, der Plastikkram und Modeschmuck, das billige Spielzeug – sie finden wohl keinen Käufer mehr.

Im Hintergrund sehen wir einen ansehnlichen Gebäudekomplex, neben dem zwei dicke rot-weiß gestreifte Schornsteine leuchten. Eine *browary* ist auf der alten Karte hinter dem Judenfriedhof eingezeichnet. Lwów/Lemberg war berühmt für sein gutes Bier. Die Brauerei hat anders als der Judenfriedhof den Krieg, die Machtwechsel überstanden.

In der Gegend hinter dem Opernhaus, rechts und links von der alten Słonezcna-Straße, heute Siebenhundert-Jahre-Lwow-Straße, haben – das entnehme ich Andeutungen aus dem *Hohen Schloß* – vor dem Krieg Juden gewohnt. Die Siebenhundert-Jahre-Lwów-Straße liegt nicht weit von der städtischen Poliklinik entfernt. Jenseits der Straße, noch vor dem Alten Markt, an der Nordseite des Handelsplatzes, der Südseite des alten Theodorplatzes, steht ein hoher quadratischer Bau aus hellem Stein, typisch für Synagogen Ende des 19. Jahrhunderts. Zwei Stockwerke hohe, schmale Fenster, über jedem von ihnen kleine Fensterkreise, innen geformt wie achteckige Sterne, je fünf an drei ihrer Seiten – an die vierte Seite schließt das Nachbarhaus an – schmücken das Gebäude. Die Fenster werden optisch von Säulenvorsprüngen getrennt, jede Säule trägt das gleiche schlichte Kapitell. Das Bauwerk wirkt leicht und anmutig.

Ich stehe auf der anderen Straßenseite, schaue zu der Synagoge hinüber. Ein Kwaswagen steht davor, neben ihm ein Tisch, darauf stehen Gläser. Eine dicke Frau in weißem Kittel sitzt am Zapfhahn, schenkt das saure Brotgetränk aus an diesem sonnigen Sommerfeierabend. Frauen und Männer sammeln sich um den Wagen, warten, nehmen ein Glas, zahlen, stehen und trinken. Ein Mann spricht mich an, in ukrainischer Sprache. Leicht schwankend steht er vor mir. Sein Atem verrät, daß er nicht nur Kwas getrunken hat. Ich verstehe ihn schlecht, nehme ihn nicht ernst, will gehen, bitte ihn dann, Russisch zu sprechen. Ein Kulturzentrum solle aus der alten chassidischen Synagoge werden, habe er gehört, bisher sei sie »Sportstütztpunkt« des Polygraphischen Instituts, sagt der Ukrainer, sein Arm rudert durch die Luft, deutet zu dem hohen Bauwerk hinüber, die Zunge ist ihm schwer, und ich höre, daß das Gebäude gegenüber ein chassidisches Versammlungshaus war, das die Juden von Lwow nun zurückhaben möchten, und die Stadtverwaltung nichts dagegen einwende.

Sephardische Juden aus Spanien, Byzanz und dem Orient und sich zum Judentum bekennende Chasaren lebten schon in der ruthenischen Stadt Danilo Galizkis. Als Kasimir der Große sie 1340 eroberte, vermischten sich Sephardim und Chasaren mit Aschkenasim, die aus Deutschland und Böhmen kamen. Jahrhundertelang organisierten Juden, Armenier, Griechen in Lwów den Fernhandel zwischen Morgen- und Abendland. Mit den polnischen Königen schlossen die Juden Verträge über Handels- und Siedlungsrechte. Jene schützten sie gegen die christlichen Konkurrenten, schränkten unter deren Druck ihre Möglichkeiten aber auch wieder ein. Die Juden von Lwów durften sich den Zünften nicht anschließen. Sie mußten, wie beinahe überall zu jener Zeit, hohe Steuern zahlen, wurden in ihrem Handel auf bestimmte Waren beschränkt. Lange war Lwów das Zentrum der Judenheit von Rotrußland – Galizien und Wolhynien –, bis andere Gemeinden, Brody vor allem, mächtiger wurden.

Zwei Gemeinden gab es in Lemberg seit frühester Zeit: eine ältere außerhalb der Stadtmauern schon mit Beginn der polnischen Ära um 1352, und eine, seit 1387 bezeugt, innerhalb der Mauern der Stadt. Seit 1457 siedelten auch Karäer in der Vorstadt von Lwów. Leopold von Sacher-Masoch erzählt voller Achtung von den Karäern, die, ursprünglich aus Persien stammend, von der Krim her einwanderten und die Puritaner unter den jüdischen Sekten waren. Das helle, hohe Gebäude, der »Sportstützpunkt« des Polygraphischen Instituts, könnte die Synagoge der Vorstadt von Lwów gewesen sein.

Als Bogdan Chmelnizki und seine Kosaken im Herbst 1648, von den ruthenischen Bürgern freudig begrüßt – die polnischen Generäle hatten die Stadt verraten und verlassen –, Lwów angriffen und belagerten, suchten die Bürger innerhalb der Stadtmauer Zuflucht und brannten zu ihrer eigenen Sicherheit alle Häuser außerhalb der Mauern nieder. Eine große Pest sei ausgebrochen, berichtet Nathan Hannover, Zehntausend seien an Hunger gestorben. Gegen Gold und Silber, das sie wie Blei wogen, kauften sich die Bürger Lwóws endlich von der Belagerung frei. Die geretteten Juden konnten unmöglich alle in den zwei schmalen Judengassen innerhalb der Stadtmauern bleiben, so zogen viele von ihnen hinaus in die neue Handelsstadt, die sich am Fuße der Nordmauer auszubreiten begann, bauten sich im Zentrum ihrer Gemeinde eine Synagoge, die Synagoge am Handelsplatz.

Fragmente des alten Bauwerks aus dem 17. Jahrhundert sollen am heutigen Gebäude noch zu erkennen sein. Wir erkennen sie nicht. Eine chassidische Synagoge soll das Gebäude gewesen sein. *zaddikim*, Wunderrabbiner, gab es in Lwów und Lemberg nicht. Die Kaufleute und Rabbiner neigten eher dem orthodoxen oder dem aufgeklärten Judentum zu. Aber Zaddikim kamen häufig zu Besuch in die Stadt, hatten dort chassidische Gemeinden. Ich schaue zu dem Gebäude hinüber und frage mich, ob das Kind Martin Buber Juden in ihren schwarzen Kaftanen, die schwarz-weißen Gebetsmäntel darüber, mit langen Schläfenlocken, Zobelmützen oder kleinen Samt- und Satinkäppchen, hier zum ersten Mal sah, sie reden, singen und beten hörte. Als seine Mutter in Wien den Vater verließ, kam der Dreijährige im Jahre 1881 zu seinen Großeltern nach Lemberg, lebte bei ihnen, bis er vierzehn war. Grundbesitzer waren sie, die Großmutter führte die Geschäfte, der Großvater studierte die heiligen Bücher, verfaßte Kommentare. Martin Buber lag mehr daran, die Geschichte seines Denkens festzuhalten; von seiner Kindheit in Lemberg schrieb er nicht viel. Den Innenhof des großelterlichen Hauses umgab eine Holzgalerie. Der Altan verband Stockwerke und Räume. Auf dieser Galerie wurde dem Jungen sein Schmerz über die unbegreifliche Trennung von der Mutter bewußt und das Verlangen nach der Begegnung.

Viel später, im Frühjahr 1903, bat Martin Buber, der in Wien Herausgeber der Zeitschrift *Der Jude. Revue der jüdischen Moderne* war, den zweiundzwanzig Jahre älteren Gelehrten Iwan Frankó in Lemberg um einen Beitrag zu dem Thema »Die Juden in Galizien«. Frankó, der sich, wie er sagte, nicht berufen fühlte, über die galizische Judenschaft als ganze zu schreiben, da sie ein kulturhistorisch und völkerpsychologisch so wundersames Gebilde sei, daß weder ein Fremder noch ein Einheimischer sie ganz verstehen könne, schrieb statt dessen in deutscher Sprache von seinen Kindheits- und Jugenderlebnissen im ruthenischen Dorf und in der Kleinstadt Drohobycz: von Begegnungen mit dem Hausierer Fawel, mit den *dymarki*, den Handwerkern, die den Bauern Leinwand bedruckten; vom Händler, der Leinwandfetzen aufkaufte; vom Schulkamerad Abranko, dem Schankwirtssohn, mit dem er die Felder nach Vögeln durchstreifte und angeln ging; von einem kleinen Mitschüler, der, weil er Ziffern und Buchstaben von rechts nach links schrieb, vom Schönschreiblehrer verprügelt wurde. Der Nachhilfeunterricht, mit dem der Gymnasiast Iwan Frankó sich seinen Lebensunterhalt verdiente, führte ihn oft in jüdische Familien, deren Zusammenleben, wie der früh verwaiste Bauernsohn voller Neid bemerkte, ihm so viel liebevoller, behüteter vorkam als das städtischer christlicher Familien. Iwan Frankó erinnert sich an den armen, gutmütigen Studentenschneider mit dem Spitznamen Megalojs und an die Ölmagnaten Lindenbaum, Gartenberg, Kreirberg von Drohobycz. Der Text wurde nicht gedruckt, entsprach wohl nicht den Intentionen der Zeitschrift *Der Jude. Revue der jüdischen Moderne.*

Noch einmal zieht es uns in die polnische Brajerowska-Straße. Von hier aus gehen wir an der Chopin-Straße vorbei, die bis heute so heißt, über den Smolka-Platz, der nun den Namen Platz des Sieges trägt, durch die Jagiellońska-Straße, heute Gorki-Straße, zum Lenin-Prospekt alias Straße-der-Legionen. Dort begegnen wir Stanisław Lem auf seinem Weg in die Schule wieder. Melodie durchs alltägliche Ritual sei ihm der Weg geworden. Links im Hintergrund habe er die Oper schimmern sehen, doch wie der Leuchtturm einen Segler, so habe ihn ein weit weniger ansehnliches Gebäude, das an der Ecke des Duch-Platzes stand, angelockt – der Kiosk mit den Erzeugnissen des Herrn Kuwaras, an dem es Halwa zu kaufen gab, eine kleine Packung zu zehn und eine große zu zwanzig Groschen. Habe das Taschengeld mal nicht mehr gereicht für Halwa, sei er, um sich den herzzerreißenden Anblick der unerreichbaren Süßigkeit zu ersparen, lieber am Wiener Café vorbeigegangen. Ein dicker, gefräßiger, einsamer Junge sei er gewesen, erzählt Stanisław Lem im *Hohen Schloß*.

Kein Wiener Café auf dem Lenin-Prospekt. Statt dessen eine Kundgebung der in diesem Sommer 1989 offiziell anerkannten ukrainischen Volksbewegung »Ruch« – das ukrainische Wort für »Bewegung«. Jeden Tag, sagen Leute, soll es hier solche Treffen und Diskussionen an der Stelle geben, an der früher einmal ein Denkmal des Taras Schewtschenko stand und nun wieder errichtet werden soll.

Ja, aufgeklärt sind wir und wollen
Aufklären andere ganz und gar!
Der Wahrheit blendend Bild entrollen
Vor deinem blinden Aug', Babar!
Sollt alles lernen, aber schaut!
Laßt euch von uns nur unterweisen:

Wie man die starken Kerker baut,
Wie man die Fesseln macht von Eisen,
Wie man sie trägt und wie man flicht
Die langen, knotenreichen Knuten,
Wie man damit den Starrsinn bricht,
Wenn eure Rücken drunter bluten –
Das alles sollt ihr wissen, glaubet!
Ergebt nur willig eure Wehr,
Das Letzte –, weil wir schon geraubet
Die Felder und das freie Meer!

Auch dich trieb man hin, du mein einziger Freund,
Mein Jakob, mein Edler! Nicht für die Ukrain',
Nein, für ihren Henker hast müssen vergießen
Dein edles Blut und hast ausleeren müssen
Vom Moskauer Becher das Moskauer Gift.

Taras Schewtschenko, am 9. März 1814 als Leibeigener des Gutsherrn Engelhardt im Gouvernement Kiew geboren, als er vierundzwanzig Jahre alt war, von bekannten russischen Künstlerfreunden für zweitausendfünfhundert Rubel freigekauft, wurde von Zar Nikolaus für diese Strophen aus dem Poem *Kaukasus* sowie für seine Versdichtung *Der Traum* 1847 in die Verbannung geschickt, aus der er, nunmehr ein berühmter Dichter und schwerkranker Mann, nach elf Jahren zurückkehrte und kurze Zeit später, am 10. März 1861, starb.

Wie eine Kultstätte sieht der Mittelpunkt der Versammlung aus. Gladiolen, Astern, Dahlien und andere Sommerblumen umkränzen ein Bild des verehrten ukrainischen Dichters, das man gut sichtbar auf eine Staffelei drapiert und mit Zetteln behängt hat, auf denen in Schönschrift Zitate stehen. Männer und Frauen, viele tragen die buntgeblümten ukrainischen Kopftücher, drängen sich um das Bild, manche schreiben sich etwas von den Zetteln ab. Die Leute darum herum ballen sich zu kleinen Gruppen, liefern sich lautstarke Wortgefechte. Meist reden zwei oder drei, die anderen hören zu oder bilden in der Nähe neue Gruppen, fangen erneut zu diskutieren an. Sie streiten über politische Themen. Es wird gestreikt, man spricht über die elenden Arbeits- und Lebensbedingungen der Bergarbeiter. Aufgebracht diskutiert man die Forderung der »Ruch«: Politische und wirtschaftliche Unabhängigkeit der Ukraine. Noch hat die Ukraine, haben die meisten anderen Sowjetrepubliken sich nicht für souverän erklärt. Aber die Demonstranten verurteilen das Herrschaftsverhältnis der russischen über die ukrainische Sprache, schwingen die alte Nationalfahne: himmelblau-gold. »Ruch« arbeitet mit anderen gesellschaftlichen Gruppen der Perestroika zusammen, mit der überregionalen »Memorial« und mit »Miloserdie«, der Gesellschaft für Sozialarbeit.

Eine Frau mit einem geblümten Kopftuch und goldenen Zähnen im Mund spricht energisch auf uns ein. Recht hat »Ruch« mit jenen Forderungen, denke ich, und doch kann sie den bornierten westukrainischen Nationalismus und Antisemitismus, die Kollaboration mit den Nationalsozialisten nicht einfach vergessen machen.

Nach dem Niedergang der Kiewer Rus hat die Ukraine Jahrhunderte lang, bis heute, wieder und wieder um ihre nationale Eigenständigkeit gegen die Polen und Litauer, gegen die Russen, die Österreicher und wieder die Russen vergeblich gekämpft. Bogdan Chmelnizki, der gegen die Juden grausame Pogrome anzettelte, gilt den Ukrainern als Freiheitskämpfer gegen die polnische Schlachta. Dem Zaren leistete er gute Dienste zur Sicherung der Grenzen im Süden und im Westen des Reiches. Der Zar versprach ihm zum Dank eine unabhängige Kosakenrepublik, löste jedoch sein Versprechen nicht ein, hielt sich die Ukrainer als Vasallen. Stalin und der sowjetrussische Imperialismus verfuhren nicht besser mit ihnen. Scharfsichtig hat Alfred Döblin, als er im polnischen Zwischenkriegs-Lwów war, erkannt, wie sich der nationale Konflikt zwischen Polen und Ukrainern zuzuspitzen begann, in dem die dritte Gruppe, die Juden, wieder aufgerieben zu werden drohten. Joseph Roth dagegen – ihm verklärte die Liebe wohl den Blick – sah in Lemberg, seiner Heimat, 1924 noch immer die bunte nationale Vielfalt der kosmopolitischen galizischen Stadt.

Fast hätten wie über der Begegnung mit »Ruch« Stanisław Lem am Kiosk des Herrn Kawuras aus den Augen verloren. Vielleicht hilft er uns weiter auf unserer Suche nach Wegen ins jüdische Lwów/Lemberg. Wir gehen durch die engen Straßen jenseits des Lenin-Prospekts zum Markt hin, gelangen vor den gewaltigen Block des Magistrats mit dem Rathausturm. Er ist mitten auf den Marktplatz gebaut. Vor dem Rathaus stehen junge Leute, Studenten wohl, mit einem altmodischen Meßgerät, um Luftwerte zu fixieren. Daneben Sonnenschirme über einladenden Gartenstühlen und Tischchen. Die Sitzplätze sind sehr begehrt. Leute warten darauf, daß andere, die dort sitzen, schnell wieder gehen. In der Mittagssonne schmelzendes Speiseeis, Gebäck, Limonade und Kaffee gibt es an einer Bude zu kaufen. Wespen umschwärmen gefräßig die Leckereien, die den Ansprüchen des Jungen Stanisław, der Halwa, Lardelli-Konfekt aus Warschau und die selbstgebackenen Kuchen der Mutter gewohnt war, sicherlich nicht genügt hätten. Schnell gehen wir weiter, am Neptunbrunnen vorbei und an den am Tor steinern dahockenden Löwen, durch die enge Russische Straße, bis zum Unterwall. Am Unterwall lag das Gymnasium, das Stanisław

Lem besuchte. Dahinter erhebt sich der Schloßberg, der seinen Kindheitserinnerungen ihren Namen gab. Wir suchen das Gebäude nicht, wollen den Jungen nicht weiter begleiten. Er geht uns zu schnell am alten Lwów / Lemberg vorbei, interessiert sich nicht sonderlich für die jüdische Stadt.

An der walachischen Uspenski-Kirche am Ende der Russischen Straße, dem ältesten Renaissancebau von Lwów und Zentrum der ruthenischen Bruderschaft Stauropygie, die Ende des 16. Jahrhunderts kirchenunabhängig und die Keimzelle der ukrainischen Aufklärung wurde, eine eigene Schule und enge Verbindung mit der Druckerei des russischen Johannes Gutenberg, Iwan Fjodorow, hatte, machen wir kehrt, gehen durch die enge Straße zurück. Ursprünglich hieß sie nicht Russische, sondern Ruthenische Straße. Schon vor fünfhundert Jahren standen hier einfache Häuser unbekannter Baumeister. Arme Leute, ruthenische Handwerker, Pendler, Saisonarbeiter wohnten in ihnen, nahe am großen Markt, auf dem sich Händler mit ihren Waren aus Rußland, Schweden, Deutschland, Italien, der Türkei, dem Baltikum trafen. Auch vom oberen Ende, von der Mündung der Russischen Straße her gesehen, steht das Rathaus einem Überblick über den Markt im Wege, der größer, bedeutender, reicher als der in Zamość und Przemyśl und doch ihnen ähnlich war. Der Markt, ein rechteckiger, nach Südwesten hin leicht abfallender Platz, ist der Mittelpunkt der alten polnischen Stadt, war sechs Jahrhunderte lang ihr wirtschaftliches, politisches und kulturelles Zentrum. Ob es Juden, reichen Händlern gelang, sich ein Wohnrecht in den Häusern am Markt zu erkaufen, wissen wir nicht. Die adlige Familie der Sobieskis residierte am Markt sowie auch der Leibarzt der Familie, der katholische Erzbischof, der Postmeister von Lemberg. Noch vor vierzehn Jahren waren die Fassaden der alten Patrizierhäuser, die Ende des 16. und Anfang des 17. Jahrhunderts gebaut sind, dunkelgrau. Nun haben Restaurateure sich bemüht, ihnen ihr ursprüngliches Aussehen zurückzugeben, haben rote Ziegelbacksteine, weißen Stein, bunt lasierte Ornamente freigelegt, verputztes Mauerwerk hell gestrichen. Kein *open-air-museum*, wie der

Stadtführer schreibt, sondern ein lebendiges Stadtzentrum, das stolz reiche Tradition zeigt, so finden wir den Platz und die Renaissance-Häuser: das Lubomirski-Palais (Nummer 10), das Schwarze Steinhaus (Nummer 4), das Venezianische und das Königliche Haus (Nummer 6) des griechischen Kaufmanns Konstantin Kornjakt, dessen Innenhof uns mit seinen zierlichen, über drei Stockwerke reichenden Galerien und dem wilden Wein bis unters Dach, in den Süden Europas versetzt. In den schönsten und ältesten der fünfundvierzig Häuser um den Platz herum sind Museen untergebracht, zwischen ihnen Ladengeschäfte, auch Restaurants. Wir biegen in die Armenische Straße ein, die wie die Russische eine der ältesten Gassen der Stadt ist. Hier lebten armenische Kaufleute – die ersten kamen gleich nach der Gründung der Stadt –, Goldschmiede und andere Kunsthandwerker. Berühmt waren die armenischen Buchdrucker, die in Lwów mit Iwan Fjodorow zusammenarbeiteten. Prächtige Häuser stehen noch in dieser Straße. Wir suchen die armenische Kirche. Lwów war dreifaches – armenisches, griechich-katholisches und römisch-katholisches – Erzbistum, zweihundert Jahre lang, bis zum Ende des 16. Jahrhunderts, und die größte armenische Kolonie im Osten Europas.

Die Kirche ist nicht leicht zu finden. Eine junge Frau in einem hellen Sommerkleid, einen kleinen Jungen an der Hand, fragt freundlich, ob sie uns helfen kann. Gemeinsam gehen wir – sie stamme aus Lwów, erzählt sie unterwegs, lebe nun in Moskau, da habe sie studiert, sei im Augenblick bei den Eltern zu Besuch – durch eine schmale Pforte, einige Stufen hinunter, zur armenischen Kirche und sehen nicht viel. Von drei Seiten zugebaut, mit einem Garten, Arkaden hinter Gittern, verschlossenen Türen, bieten sich dem Betrachter nicht mehr als Fragmente von feingraviertem Flechtwerk und hohe, graue Mauern. Ein alter Trabant steht im Hof, Graffiti – Menora mit dem Friedenszeichen verbunden – sind in die Hauswand gegenüber geritzt. Den Armeniern wurde nach der Brester Union 1596, wie auch den Ukrainern, von den Polen der Katholizismus aufgezwungen. Damit begann der Niedergang ihrer Kirche. Der armenische Erzbischof sei so arm, daß ihn reiche Grundbesitzer armenischer Abstammung, die polonisiert seien, unterstützten, schreibt Alfred Döblin 1924. Kein armenischer Erzbischof residiert nun mehr in der Kirche. Der Stadtführer verschweigt, wem sie heute dient. Die junge Frau weiß es auch nicht zu sagen.

Viele verlassen wie sie, wenn sie noch jung sind, die entmündigten und verödeten Städte der Provinz, um in die mächtigen Metropolen, nach Moskau, Leningrad, Kiew zu gehen. Viele von ihnen kennen die Geschichte der Stadt, die verschwiegene, nicht. Ein Moskauer Freund, dem sie allzugut bekannt ist, kam, als er ein Jahr alt war, 1939 mit den Eltern ins polnische Lwów. Die sowjetischen Garnisonen und Verwaltungsbeamten vermehrten die Bevölkerung, infolgedessen auch den Bedarf an Lebensmitteln in der Stadt. Der Vater des Freundes war Ingenieur und sollte Produktionsanlagen für eine Brotfabrik bauen helfen. Er war ein Jude aus dem belorussisch-litauischen Grenzland, Beker sein Name. Zu seinem Glück war er gerade auf Dienstreise in Moskau, als die deutschen Okkupanten am 1. Juli 1941 nach Lwów kamen. Er kehrte nicht zur Familie zurück, die sich von nun an nach der Mutter Wolin nannte. Kalte, hungrige, gefährliche Jahre verlebte die Mutter mit ihren beiden kleinen Kindern in Lwów, verdiente als Putzfrau den Lebensunterhalt. Die polnischen Nachbarn, die Herrn Beker kannten, verrieten sie nicht. Von den Freunden der Familie, den jüdischen, den polnischen wurden die meisten ermordet. Die nationalsozialistisch-ukrainische Organisation »Nachtigall« ermordete im Einverständnis mit den Deutschen nach bewährter, bestialischer Art die Intelligenz der Stadt zuerst, in einer Aktion, die zwei Tage währte, vom 25. bis 27. Juli 1941. Im Kreis von Russen, Polen, Ukrainern, Juden wuchs der Freund im Nachkriegs-Lwów mehrsprachig auf. Er kennt die nationalen Konflikte schon aus den vierziger, fünfziger Jahren, kennt ihre Wurzeln, versteht sie und kann die Aggressivität und Borniertheit der Nationalisten nicht ertragen. Er glaubt nicht daran, daß Separatismus und Nationalismus die Krise der sowjetischen Gesellschaft heute werden lösen können. In den sechziger Jahren verließ er die Stadt.

Am liebsten würde die freundliche junge Frau uns mehr von Lwów zeigen, doch das Kind langweilt sich. So machen wir uns auf zum Historischen Museum am unteren Ende des Marktes, klopfen in der dritten Etage beim Direktor der Abteilung »Feudalismus« an die Tür, bitten hier um Orientierungshilfe. Nur dem alten Wehrmachtsplan und der Lupe, die ich bei mir trage, haben wir es wohl zu verdanken, daß uns der Mann mit dem schütteren Haar und dem ausweichenden Blick, von uns sichtlich überrascht und in seinem Arbeitsalltag aufgestört, in sein Dienstzimmer bittet. Tief über den Plan gebeugt, der den Archivar und Historiker erfreut, die Lupe dicht vors Auge gepreßt, fährt er rasch mit dem Stift über die Karte hin, kreuzt die Standorte ehemaliger Synagogen, den Grenzverlauf des Ghettos an, verbietet uns dann, im Museum, und sei es nur im Treppenhaus, zu fotografieren. Nach der Geschichte der Straßennamen von Lwów befragt und den Bestrebungen heute, den Straßen ihre vorsowjetischen Namen zurückzugeben, antwortet er ausweichend. Solche Namen, die »untypisch« seien für Lwów und in jeder sowjetischen Stadt zu finden, sollten, so werde es im Stadtrat diskutiert, geändert werden; man dürfe aber nichts überstürzen. Über Juden in Lwów heute, meint er leicht lächelnd, scheint peinlich berührt, könnten weder er noch sein junger Mitarbeiter uns etwas sagen.

In die mittelalterlich-verwinkelte Altstadt haben Krieg und Okkupation eine Lücke gerissen, die geblieben ist, dort, wo die »Gildene Roiz«, die »Goldene Rose«, die älteste und schönste Synagoge von Lwów stand. Vom Markt, ein paar Schritte die Russische Straße hinauf, von dort über Seitengassen und schließlich durch einen Torbogen gelangen wir, dank der feinen lilafarbenen Wegweiser des Museumsdirektors auf unserer Karte, zu jenem Platz, an dem die Synagoge stand.

Als der Gelehrte Isaac ben Nachman die »Goldene Rose« nach dem Plan des italienischen Architekten Paolo Romano im Jahre 1582, etwa zur gleichen Zeit wie die ältesten der Patrizierhäuser am Markt und nicht weit von ihnen entfernt, bauen ließ, lebten mehr als 352 Juden in neunundzwanzig Häusern in den zwei Judengassen innerhalb der Stadtmauern von Lwów und viele Juden außerhalb von ihnen. Als 1772 die Österreicher die Macht über Lwów ergriffen, drängten sie alle Juden in jene Gassen zurück. Bis 1848, als unter dem Druck der revolutionären Aufstände angeblich noch der Polizeipräsident Leopold von Sacher die Ghettosperre aufhob, waren die Juden von Lemberg, die sich nicht assimilieren und dem deutschen Lebensstil anpassen wollten, gezwungen, in den Judengassen zu leben. Dort hat das Kind Leopold von Sacher-Masoch, als er seinen Großvater, den Arzt Dr. Franz Masoch, bei Krankenbesuchen begleitete, Juden in ihren engen Häusern kennengelernt. Die luft- und lichtlosen Gebäude waren eine Brutstätte für Krankheiten und Seuchen. Erst die neue Verfassung des Jahres 1867 machte auch die Juden der Stadt vor dem Gesetz endlich zu freien und gleichen Bürgern. Seitdem begannen Lemberger Juden eher für das Junge Polen denn für Österreich zu streiten.

Im Frühsommer 1897 kam der russisch-jüdische Historiker Simon Dubnow auf der Durchreise in die Schweiz nach Lemberg. Das alte Ghetto habe auf ihn einen starken Eindruck gemacht; hier lebe das 17. Jahrhundert noch in den engen Gassen neben dem 19., schrieb er in sein Tagebuch. »Gestern abend suchte ich eine der chassidischen Synagogen während des Gottesdienstes auf: Enge, Unordnung, Stimmengewirr, seltsames Aufheulen statt des Gesanges, Schmutz, stickige Luft.« Simon Dubnow, der sein Leben lang für ein aufgeklärtes und autonomes, nicht assimiliertes Judentum in Rußland stritt, fragte sich, ob nicht die Zaddikim, die Wunderrabbiner des Chassidismus, in ihren dunklen, langen Kaftanen die armen galizischen Juden für ein ganzes Jahrhundert eingeschläfert hätten. Nicht ohne Bitterkeit mußte er erkennen, daß er sich fremd fühlte in Galizien. Schnell fuhr er weiter nach Wien.

Wir durchmessen den Platz. Nun ist er luftig und leer, ein Treffpunkt für die Anwohner der umliegenden Häuser, für die Kinder ein Spielplatz, auf dem sie keine Autos stören, eine traurige Gedenkstätte für alle, die seine Geschichte kennen. Wir setzen uns auf eine Bank. Sechs Jahre sollen die Jesuiten mit den

Juden um den Boden, auf dem die Synagoge stand, gestritten haben. Angeblich war er Klostereigentum, doch die Juden behielten recht.

Klein muß sie gewesen sein. Nur ihre gotischen Spitzbögen sind in Umrissen an einer Hauswand zu erkennen. Ein dreifenstriges Häuschen, wie ein Schwalbennest eng an die Rückwand eines Hauses geschmiegt, mit niedrigen Vorbauten, im Hof Kopfsteinpflaster – so zeigt eine Zeichnung in der *Encyclopaedia Judaica* die »Goldene Rose«, die, anders als viele Stadthäuser, zahlreichen Bränden trotzend standhielt, bis die Deutschen kamen.

Juden in Lwów zu finden, ist schwer; unmöglich, nach unserer deutschen Geschichte und im Bewußtsein des alten und des neuen Antisemitismus in der Sowjetunion, auf der Straße nach ihnen zu fragen. Synagogen, soweit sie die Okkupation der Deutschen überstanden haben, sind keine verläßlichen Adressen, denn sie werden in der Ukraine nicht anders als in Polen zweckentfremdet, als Lager, Bibliotheken, Betriebe genutzt. Im Konservatorium, einige Straßen vom Markt entfernt, suchen wir nach einem alten Herrn. Der prominente sowjetische Komponist soll schon als Kind in Lemberg gelebt haben und deutsch sprechen. Sein Onkel war angeblich noch Abgeordneter im galizischen Landtag. Vielleicht hat der alte Herr Verbindungen zum jüdischen Lwów. Die Pförtnersfrau in ihrer Loge meldet uns telefonisch an. Ihre Worte hallen vom kühlen, hohen Treppengewölbe wider. Wir steigen viele Stufen der breiten Treppe hinauf, gehen über knarrendes, bohnerwachsglänzendes Parkett lange Gänge entlang, an Bilderreihen bedeutender Musikschaffender vorbei, gelangen zu einem Vorzimmer. Die Sekretärin stellt die Blumengießkanne aus der Hand. Der Herr Professor sei nicht in der Stadt, sagt sie, verbringe gerade seinen Sommerurlaub in den Karpaten.

In unserer Not entscheiden wir uns, den jüdischen Friedhof am Stadtrand und dort nach Menschen zu suchen. Der Taxifahrer kennt den Weg, fährt uns wortlos dahin, wo der Wehrmachtsplan im polnischen Lwów den »Cmentarz Żydowski«

angibt, nicht weit von der Janowsker Straße. Hinter einer hohen Mauer, einem offenen Tor beginnt eine breite Allee, die mitten durch den Friedhof führt. Die ersten Gräberreihen rechts und links am Weg sind prächtig, manche von ihnen unter dicke Gitter gesperrt. Hinter ihnen drängen sich zahllose andere, schmalere Gräber. Auf viele Grabsteine sind – wider jüdisches Gesetz – Bilder der Verstorbenen graviert; oft finden wir die Vorderseite mit russischer oder polnischer Schrift, nur auf der Rückseite zeigen die Steine hebräische Schriftzeichen. Rapoports, Pasternaks liegen hier begraben. An uns gehen einzelne Friedhofsbesucher vorbei. Jeden von ihnen mustern wir heimlich aus den Augenwinkeln. Jeder von ihnen könnte uns etwas erzählen. Wir verlassen die Allee, gehen fußspurenschmale Pfade entlang, die plötzlich zu Ende sind, geraten ins Labyrinth der engen Grabstellen. Wir bleiben stehen, auf Friedhöfen riecht es immer herbstlich, hören von weitem ein Totengebet, von einer alten, schwankenden Männerstimme gesungen.

Auf der Mittelallee kehrt eine kleine Gesellschaft vom Begräbnis zurück. Widerstrebend gehen wir auf sie zu, treten ihnen mit Fragen nach dem jüdischen Lwów von heute entgegen. Ein alter Mann mit kariertem Hut, einem großen grünen Einkaufsbeutel am Arm und zwei verschiedenen Schuhen an den Füßen, ist der, der das Totengebet gesungen hat. Er ist bereit, uns zu helfen, erzählt, daß sie soeben die Mutter jenes Mannes beerdigt hätten, der gerade dabei ist, in den hochrädrigen Geländewagen vor dem Tor zu steigen, die Mutter habe es so gewollt, der Sohn sei nicht gläubig. Er selbst gehöre, sagt der Alte, zu den wenigen in Lwów, die noch beten könnten. Es gebe keinen Rabbiner mehr in der Stadt. Er fordert uns auf, ihm zu folgen.

Behende, den linken Fuß, der in einem Pantoffel steckt, nachziehend, überquert er die verkehrsreiche Straße, steigt in die überfüllte Straßenbahn. Wir wissen nicht, wohin er uns führen will, merken, daß wir die alte Janowsker Straße Richtung Zentrum fahren, umsteigen, nach Westen wieder stadtauswärts fahren; wir hören dem alten Mann, der mit Akzent Russisch spricht, zu und verlieren darüber die Orientierung. Ein verdienter Kriegsveteran sei er, sei sowjetischer Offizier gewesen, deshalb gehe es ihm nicht schlecht. Kriegsveteranen haben Privilegien in der Sowjetunion. Aus Moldawien stamme er, habe lange vor dem Krieg ein jüdisches Gymnasium besucht, dort Hebräisch gelernt. Seine Familie sei ermordet worden im Faschismus. Nur eine Tochter lebe noch, sei Ärztin in Deutschland, und ein Enkelsohn. Um viele Ecken herum führt uns der Mann, die Straßen werden schmaler und stiller, führt uns in den Kaffeeduft eines kleinen Kellerlokals, das wir allein nicht gefunden hätten, läßt es sich nicht nehmen, uns zu einem Täßchen frisch gemahlenen türkischen Kaffee, dazu Nußgebäck, einzuladen.

In der Moskauer Straße Nummer 3, nicht weit vom Kellercafé entfernt, im Südwesten der Stadt, steht eine Synagoge, die bis heute als Lager für Papier und Pappe dient. Das schmiedeeiserne Tor ist verschlossen, die Eingangstür versiegelt. Die Fenster sind bis auf wenige alle notdürftig zugemauert. Der Putz abgeblättert. An einigen Stellen liegt nackter Backstein frei. Achtzehntausend Juden lebten heute in Lwów, erzählt der Alte, der uns vom Café zur Synagoge geführt hat. Eine Jüdische Gesellschaft gebe es seit einiger Zeit in Lwów und eine Jüdische Gemeinde mit ungefähr zwanzig Mitgliedern, die dieses Gebäude in der Moskauer Straße nun zurückfordere, mit der Stadtverwaltung in Verhandlung stehe.

Auf der Suche nach einem Telefon, das die Verbindung zur Jüdischen Gesellschaft von Lwów herstellen soll, führt uns der Alte mit dem karierten Hut, der seinen Namen für sich behält, für alle Fälle nur seine Telefonnummer mitteilt, in ein niedriges, baufälliges Haus, das abseits, an einer Vorstadtstraße, steht. Der Alte wird freundlich begrüßt, ist dort bekannt. Es riecht nach Kleber und heißem Bügeleisen. Frauen sind in den kleinen Zimmern damit beschäftigt, Stoffschuhe mit Gummisohlen zu fertigen. Wir sind auf der Suche nach dem jüdischen Lwów in eine kleine Manufaktur geraten.

Mit dem Bus fahren wir an unserem letzten Nachmittag hinaus in die südöstliche Vorstadt, um den Vorsitzenden der neuen Jüdischen Gesellschaft, den jiddischen Schriftsteller Alexander

Lisen, kennenzulernen. Die Wohnhäuser in den sowjetischen Vorstädten sind ähnlich anonym wie die in westlichen Ländern. Adressen bestehen oft nur aus vier verschiedenen Nummern: Hausnummer, Eingangsnummer, Codenummer und Wohnungsnummer. Auf der Suche nach der Wohnung von Alexander Lisen tasten wir uns durch ein dunkles Treppenhaus. Licht und Fahrstuhl funktionieren nicht. Im fünften Stock merken wir, daß wir den falschen Eingang genommen haben, sind dann doppelt froh, als beim nächsten Versuch im Nachbarhaus uns ein kleiner Herr die Tür öffnet, der uns anscheinend erwartet.

Alexander Lisen, ein gebrechlich und müde wirkender alter Mann, kocht uns einen Tee, setzt sich dann hinter den großen, leeren Schreibtisch. Laut tickt die Wohnzimmeruhr. Dem Vorsitzenden der Scholem-Alejchem-Gesellschaft bleibt neben der politischen Arbeit nur noch wenig Zeit, Bücher zu schreiben. Seit dem 10. September 1988 gebe es die »Ukrainische Gesellschaft der Freunde der jüdischen Sprache und Kultur« in Lwów. Nach der estnischen sei es die zweite, die in der Sowjetunion gegründet wurde. Anfangs habe sie nur achtzig Mitglieder gehabt, nun seien es schon sechshundert.

Im Bücherschrank gegenüber sehen wir das Ende der zwanziger Jahre in Berlin erschienene *Vierbändige Jüdische Lexikon* und andere deutschsprachige Bücher stehen. Alexander Lisen spricht aber Russisch mit uns. Stolz und mit zittriger Stimme erzählt er von der Arbeit der Scholem-Alejchem-Gesellschaft. Verschiedene Gruppen gebe es. Juden in Lwów lernten nun wieder Jiddisch und Hebräisch. Ausstellungen seien im Zentrum der Stadt organisiert worden. Ein jüdisches Theater solle es in Lwów wieder geben, wie vor dem Krieg, und ein Kulturzentrum mit Bibliothek und Museum. Dafür sei die ehemalige chassidische Synagoge, bisher Sportzentrum des Polygraphischen Instituts in der Nähe der Siebenhundert-Jahre-Lwow-Straße, im Gespräch und für die religiösen Juden die Synagoge an der Moskauer Straße. Vor allem anderen aber wolle die Scholem-Alejchem-Gesellschaft endlich zur Erinnerung an die

Verfolgung und den Massenmord an den Juden von Lwów da, wo einmal das Ghetto war, ein Denkmal errichten lassen.

Wir bleiben nicht lange bei dem müden, vielbeschäftigten alten Mann, der uns zuletzt hilft, auf dem kürzesten Weg, auf schmalen, ausgetretenen Pfaden im Zickzack um die einander zum Verwechseln ähnlichen Wohnblocks herum, zur Bushaltestelle zurückzufinden.

Verfallen wie in Brody

Lwów, das alte Lemberg, liegt hinter uns, vor uns das graue Band der sowjetischen Landstraße, der »Trasse«, wie man in der Sowjetunion sagt, Richtung Kiew. Brody ist unser nächstes Ziel. Die kleine Stadt liegt mitten im Flachland, von keinem Berg, von keinem Wald, keinem Fluß begrenzt. *Juden auf Wanderschaft* heißt ein schmales, 1927 verfaßtes Buch, in dem Joseph Roth, ohne den Namen zu nennen, seinen Heimatort Brody beschreibt. 1924 war er von Berlin aus für die *Frankfurter Zeitung* noch einmal in das nach dem Krieg nun zu Polen gehörende Galizien zurückgekehrt. Roth ist wohl mit der Eisenbahn nach Brody gekommen – wie wir von Westen her –, in fremdländischer, weltmännischer Kleidung. In Russenhemd und Reiterstiefeln verschlug es seinen Kollegen Isaak Babel von der anderen Seite, von Osten her nach Brody, im Sommer 1920, im Polnisch-Sowjetischen Krieg. Schon von weitem hörte der Reiter den Kanonendonner im Kampf um Brody, sah die rauchenden Ruinen der Stadt. Nichts zog ihn dahin. So verirrten sich Pferd und Reiter auf der dunstblauen Erde. Hoch stand der Roggen, prächtig leuchtete die Sonne, und seine Seele, die sich dieses strahlenden, schwebenden Himmels schämte, dürstete nach sanftem Schmerz. Als wir auf der Landstraße nach Brody fahren, ist das Getreide rechts und links auf den unermeßlichen Feldern schon gemäht, prächtig leuchtet die Sonne. Ein Wegweiser an der Straße zeigt auf das Städtchen Brody im Sumpf linker Hand. Es liegt nur wenige hundert Meter entfernt. An seinen Hütten und Häusern hinter den feuchten Wiesen ist das jüdische Heimatstädtchen des Joseph Roth noch immer leicht zu erkennen.

Galizische Provinzstädte. Festungsstädte. Jüdische Städte. Brody war eine von ihnen. Die Brodskis, die Broders kommen von dort. Nach Lemberg und Krakau war Brody mit seinen vierundzwanzigtausend Einwohnern (mehr als achtzig Prozent Juden) 1872 die drittgrößte Stadt in Galizien. Heute ist Brody eine sowjetukrainische Kleinstadt, Garnisonsstadt, mit vierzehn- bis fünfzehntausend Einwohnern, ungefähr zehntausend weniger als vor einhundertachtzehn Jahren, im Bezirk Lwów. Zur Regierungszeit der österreichisch-ungarischen Doppelmonarchie begann Rußland erst einen Kilometer östlich von Brody. Einfach und übersichtlich gebaut sei das Städtchen, berichtet Joseph Roth. Eine Straße führe von Süden nach Norden, vom Bahnhof zum Friedhof, die andere von Osten nach Westen, vom Gefängnis in den Wald. Im Kreuzungspunkt liege der Marktplatz.

1084, vor mehr als neunhundert Jahren, wurde Brody (Furt) zum ersten Mal in den Chroniken erwähnt, und in den zwanziger Jahren des 17. Jahrhunderts vom polnischen Adel als »ideale« Stadt, ähnlich wie vierzig Jahre vorher das galizische Zamość, als Stadt vom Reißbrett, konzipiert. Mächtig und reich waren die Potockis, Zamojskis, Sobieskis, Koniecpolskis, Wiśnowieckis, Buczackis, war die Schlachta zur Blütezeit des Polnisch-Litauischen Reiches. Wohl zwei Drittel des Bodens, der Dörfer in Galizien, Wolhynien und Podolien sollen ihnen gehört haben. Brody ließen die Koniecpolskis von einem französischen Baumeister italienischer Herkunft, Andrea dell'Aqua, entwerfen. Juden wurden, wie in Zamość und Przemyśl, früh Siedlungs- und Handelsprivilegien verliehen. In den Berichten des Chronisten Nathan Hannover wird erzählt, daß Juden im Schloß des Pan Koniecpolski Zuflucht vor den marodierenden Kosaken fanden, die im Jahre 1648 auch Brody niederbrannten.

Vierhundert jüdische Familien lebten damals in der Stadt. Wie gut und angesehen Juden in der folgenden Zeit in Brody lebten, zeigt, daß sie sogar von Lemberg dorthin überzusiedeln begannen. 7191 Juden, tausend mehr als in der Landeshauptstadt Lwów, registrierte man im Jahre 1765 in Brody. Von 1753 bis 1756, einmal im Jahr, stets zur Zeit der großen Messen im Sommer und im Winter zu Lichtmeß war Brody, welch eine Ehre, der Ort der Zusammenkünfte des Vier-Länder-Waad, des Gerichts- und Verwaltungsrates der polnisch-litauischen Judenheit aus Groß- und Kleinpolen, Litauen und Reußen. »Jetzt verstehe ich, warum ich König von Jerusalem heiße.« – Mit diesen Worten, so sagt man, habe 1774 Seine Majestät Joseph II. aus dem Hause Habsburg nunmehr seinem Brody die Ehre gegeben.

Brody ist nicht verzeichnet, nicht vorgesehen auf unserer Reiseroute durch die Westukraine. »Intourist« unterhält keine Dependance im Städtchen. Hotels regionaler Organisationen, private Herbergen sind fremden Reisenden aus dem westlichen Ausland noch verwehrt. Ganz im Vertrauen auf Perestroika vergessen wir die sowjetischen Vorschriften für ein paar Stunden, fahren von der Landstraße ab, nach Brody hinein, auf der Suche nach dem jüdischen Städtchen, geraten auf die Straße von Süden nach Norden, nähern uns dem Stadtkern vom Bahnhof her, vom Bahnhof aus kaiserlich und könglichen Zeiten.

An einem trüben, regnerischen Herbsttag kam Herr Moritz Friedländer von der Wiener Filiale der »Alliance Israélite Universelle« auf dem Bahnhof von Brody an. Er sollte Kollegen aus Paris und dem hiesigen Stadtkomitee helfen, das Elend der jüdischen Flüchtlinge aus Rußland zu lindern, die nach Pogromen im Frühjahr zu Tausenden in die galizische Grenzstadt strömten. Gleich nach der Ankunft sah er sie, Familien, Frauen mit hungrigen kleinen Kindern, hilflose Greise, auf ihren Bündeln in der Bahnhofshalle lagern. Sie wußten nicht, wohin; wollten alle nach Amerika in den Jahren 1881 und 1882.

Einmal am Tag sei ein Personenzug angekommen. Dennoch hätten viele Leute den ganzen Tag am Bahnhof zu tun gehabt, berichtet Joseph Roth. Denn sie waren Händler, interessierten sich auch für Güterzüge. Außerdem hätten sie gern eilige Briefe zur Bahn getragen, weil die Postkästen in der Stadt nur einmal am Tag geleert wurden. Den Weg zur Bahn habe man zu Fuß zurückgelegt, in fünfzehn Minuten, bei Regen in einem Wagen, weil die Straße schlecht geschottert gewesen sei und unter Wasser gestanden habe. Über und über mit Kot bespritzte Rumpelkästen – mottenzerfressen, verdreckt waren die Polster – und struppige, dreist feilschende Kutscher fand Herr Friedländer vor dem Bahnhof. So entschloß er sich, zu Fuß ins nahegelegene Städtchen zu gehen. Schon bei den ersten Schritten versank er bis zu den Knien im Schlamm, mußte doch einen der Fiaker nehmen.

Menschenleer ist es heute am Bahnhof von Brody. Wir fragen nicht, wie viele Züge am Tag ankommen und weiterfahren. Noch immer steht der Bau einsam, abseits vom Städtchen, nimmt sich merkwürdig theatralisch aus in den sumpfigen Wiesen. Brody ist nicht größer geworden, der Weg zu Fuß vom Bahnhof ins Zentrum nicht kürzer, aber er ist asphaltiert und nicht mehr geschottert. Den Ankömmling erwartet keine Droschkenkutsche, kein Taxi. Ein Pferdefuhrwerk begegnet uns auf der Straße. Im Kreuzungspunkt der Straßenachsen suchen wir vergeblich nach dem Marktplatz. »Woentorg« – »Kriegskaufhaus« wörtlich übersetzt –, ein gewöhnliches sowjetisches Warenhaus, steht heute an seiner Stelle. Davor reihen sich Siedlungshäuser aus den fünfziger Jahren.

Zwei Stockwerke hohe Stadthäuser mit dicken Mauern, niedrigen Arkaden, wie in Zamość und Przemyśl, und geräumigen Lagerkellern standen einst um den Marktplatz herum, Hallendächer schützten die Händler. Nach dem Vorbild der Adriahäfen Triest und Fiume ließ Joseph II. Brody 1779 zur Freihandelszone erklären. Zehn Jahre lang erließ er den Bürgern die Steuern, damit sie ihre Häuser erneuerten. Handelshäuser und Banken ließen sich in der Stadt nieder. Bis auf wenige deutsche waren es jüdische Unternehmen. Abgesehen von den Wochenmärkten fanden die großen Messen in den Markthallen statt. Galizien bot Honig, Wachs, Talg, Salpeter, Hasenfelle, Hanf; verkaufte die

Ware nach Krakau und Breslau. Seide, Baumwoll- und feine Leinenstoffe kamen aus Frankfurt, Leipzig und Breslau; Korallen und bunte Seide aus Italien; aus Nürnberg Galanteriewaren; Edelsteine und Gewürze aus dem Fernen Osten; Pferde, Pelzwaren, Tee, Zucker und Wolle aus Rußland. Türkische und griechische Händler brachten Seide nach Polen und Rußland. Polnische und litauische Pelze wurden von hier in die Türkei verkauft. Zweimal im Jahr fand ein Pferdemarkt statt auf dem Marktplatz. Dreihundertsechsundneunzig Handwerksbetriebe zählte man 1820 in Brody, einhundertdreiundsechzig große Handelsunternehmen, sechsunddreißig Geldwechsler, neun Banken. Der Handel blühte – bis zum Jahre 1880, als aus fiskalischen und politischen Motiven das Dekret über die Freihandelszone aufgehoben wurde. Da begann Brody zu verfallen und der Markt dem aus dem *Falschen Gewicht* ähnlich zu sehen, auf dem der Eichmeister Eibenschütz zusammen mit dem Wachtmeister Slama umging, um die Gewichte zu prüfen. Arme Jüdinnen, listige Schankwirte boten da ihre Hühnchen und Fische feil, warfen die falschen Gewichte schnell in den silbrigen Schlamm des Platzes, als sie die Hüter des Gesetzes kommen sahen, begannen zu jammern und zu wehklagen. Diese Juden waren im Städtchen geblieben, über das Arbeitslosigkeit und Armut gekommen war. Brody verfiel, verkam zum Schmuggler- und Ganovenstädtchen am Rande Europas.

Von Rußland her strömten Flüchtlinge dorthin: junge Männer wie Schemarjah, Sohn des *melamed* Mendel Singer, die dem Militärdienst in der zaristischen Armee entgehen wollten; junge Mädchen, die unter großen Versprechungen von Agenten angekauft, im Westen verschachert werden sollten; Menschen, die vor Pogromen Hals über Kopf aus ihren Heimatstädtchen geflohen waren; Familien wie die von Mottl, dem Kantorssohn, oder Mendel, Deborah und Miriam Singer, die nach Amerika wollten, zu Verwandten oder um allein dort ihr Glück zu versuchen. Vom Herbst 1881 bis ins Frühjahr 1882 schwoll nach den Pogromen in Rußland der Strom der Fliehenden an, lebten so viele Flüchtlinge wie Einheimische in der Stadt. Brody war ein einziges Flüchtlingslager. Im Bahnhof, in der Großen Synagoge, in einer stillgelegten Spinnerei, in einem Zeltlager vor der Stadt wurden sie notdürftig untergebracht. Hilfskomitees, Menschen aus Brody, Männer, die aus Paris und Wien gekommen waren, arbeiteten, wie Herr Friedländer berichtet, bis zur Erschöpfung; richteten Wärme- und Teestuben für die Flüchtlinge ein, organisierten Büros, in denen sie registriert, anerkannt, mit Billetts und Papieren für die Überfahrt nach Amerika ausgestattet oder abgelehnt und fortgeschickt wurden. Agenten, Schmuggler, Spekulanten aus Brody versuchten ein Geschäft aus dem Flüchtlingselend zu machen. In russischen und deutschen Zeitungen erschienen Anzeigen und Briefe, Falschmeldungen, die allen Flüchtlingen, wenn sie nach Brody kämen, kostenlose Überfahrt nach Amerika, dort Startkapital und Land versprachen. Polnische Galizier, die es aus der verfallenden Stadt in die Ferne zog, kauften billig russische Pässe auf, die den Neuankömmlingen an der Grenze abgenommen worden waren und deshalb massenhaft angeboten wurden, um sich als russische Flüchtlinge auszugeben.

In dieses Städtchen wurde Joseph Roth hineingeboren. Seine Randexistenz stand von Anbeginn unter diesem Stern: »Verfallen wie in Brody.« Der Journalist Roth machte es sich später zur Aufgabe, das ostjüdische Städtchen in Schutz zu nehmen vor den Vorurteilen vom urwüchsigen, sklavischen Osten und so zu schildern, wie es war: weltabgeschieden, aber durch Tradition und Emigration verbunden mit aller Welt; reich an Narren, Tagedieben und anderem Gesindel, aber auch an Genie und Begabung. In seinen Romanen begann er, das Paradoxe zu stilisieren, besonders im »Erdbeeren«-Fragment: »Meine Landsleute waren begabt. Viele leben in großen Städten der alten und der neuen Welt. Alle sind bedeutend, manche berühmt. Aus meiner Heimat stammt der Pariser Chirurg, der die alten und reichen Menschen verjüngt und Greisinnen in Jungfrauen verwandelt; der Amsterdamer Astronom, der den Kometen Gallias entdeckt hat; der Kardinal P., der seit zwanzig Jahren die Politik des Vatikans bestimmt; der Erzbischof Lord L. in Schottland; der Mailänder Rabbiner K., dessen Muttersprache koptisch ist; der große Spediteur S., dessen Firma auf allen Bahnhöfen der Welt zu lesen ist und in allen Häfen der Kontinente. Ich will ihre Namen nicht nennen. Leser, die eine Zeitung abonnieren, wissen ohnehin, wie sie heißen. An meinem eigenen Namen ist nichts gelegen. Niemand kennt ihn, denn ich lebe unter einem falschen. Ich heiße – Naphtali Kroj. Ich bin eine Art Hochstapler.«

Viele waren fortgegangen aus Brody, auch Joseph Roth – er ging zum Studium nach Wien, kurz bevor 1914 Deutsche, zum ersten Mal in kriegerischer Absicht, nach Brody kamen; deutsche Soldaten, an deren Höflichkeit und Anstand sich Juden in Belorußland, in der Ukraine 1941 erinnerten, wie um sich selbst zu beruhigen, sich in Sicherheit zu wiegen.

Nach dem Ersten Weltkrieg umkämpften die polnische Armee, Weißgardisten, ukrainische Nationalisten und die sowjetische Reiterarmee unter General Budjonny die Stadt. Der sowjetische Schriftsteller, der Herkunft nach Jude aus Odessa, Isaak Babel war Zeuge, schrieb davon: für die Öffentlichkeit in den Skizzen zur *Reiterarmee*, für sich selbst in einem *Tagebuch*, das in der Sowjetunion erst vor kurzem bekannt wurde.

»Wir haben die Bienenstöcke geschändet. Wir haben sie mit Schwefel ausgeräuchert und mit Pulver gesprengt... In Wolhynien gibt es keine Bienen mehr... Die Weiber in den Dörfern erzählen von den Bienen, sie hätten viel Gefühl...«, berichtet Babel, der Journalist und Schriftsteller, unerbittlich, lakonisch. Seine Trauer über die Zerstörung der jüdischen Stadt vertraut er dem Tagebuch an: »30. 7. Brody.

[...] Die Stadt ist zerstört, geplündert. Eine Stadt von größtem Interesse. Polnische Kultur. Alte, reiche, eigenartige jüdische Siedlung. Diese schrecklichen Bazare, Zwerge in Kapotess, Kapotess und Pejess, uralte Männer. Die Schulstraße, 9 Synagogen, alles halbzerstört, ich besichtige die neue Synagoge, die Architektur [1 unleserlich], Kondjesch, der Schames, ein bärtiger und gesprächiger Jude – wenn nur der Frieden käme, dann gäbe es wieder Handel, er erzählt von der Plünderung der Stadt durch die Kosaken, von den Demütigungen, die ihnen die Polen angetan haben: Sehr schöne Synagogen, welch ein Glück, daß wir wenigstens die alten Steine haben. Das ist eine jüdische Stadt – das ist Galizien, beschreiben. ...

Die Chaussee, Stacheldraht, abgeholzte Wälder und Trübsinn, Trübsinn ohne Ende. Nichts zu essen, nichts zu hoffen, es ist Krieg, alle sind gleich schlecht, gleich fremd, feindselig, roh, es war mal ein stilles und vor allem von Traditionen erfülltes Leben.«

Endgültig war die Zerstörung der Stadt im Zweiten Weltkrieg, als die Deutschen – sie schickten General Ewald von Kleist mit seinen Artilleriebataillonen – mit Panzern und Flugzeugen ihr »Drittes Reich« bauen wollten im Kessel von Brody. Von den Häusern um den Marktplatz ist nichts übriggeblieben. 1711 Häuser wurden in Brody zerstört. Brody – einen traurigen Nachklang hat dieser Name.

Isaak Babel und Joseph Roth sind kaum Landsleute, aber Alters-, ja, Leidensgenossen zu nennen. Im gleichen Jahr, 1894, geboren, sind beide ostjüdischer Herkunft. Der eine ein Kaufmannssohn aus Odessa. Der andere Sohn eines österreichischen Getreidehändlers und einer ukrainischen Jüdin aus Brody. Beide, Roth und Babel, starben eines gewaltsamen, frühen Todes. Der eine 1941, im Alter von siebenundvierzig Jahren, in einem Gefängnis des NKWD, angeblich wegen »subjektiver, den Sozialismus schädigender Darstellung des Bürgerkriegs«. Der andere zwei Jahre früher, 1939, fünfundvierzig Jahre alt, an Trunksucht und Traurigkeit, in einem Armenhospiz im Exil in Paris, auf der Flucht vor den Nationalsozialisten. Joseph Roth wie Isaak Babel waren Journalisten und Schriftsteller im Grenzland zwischen Ost und West, zwischen russischer / ostjüdischer / deutscher Kultur – Joseph Roth, der »heilige Trinker«, der »gläubige Skeptizist«; Isaak Babel, der neugierige Mystifikator, der skeptische Revolutionär. Beide schrieben in der Sprache der Assimilation, nicht in dem mameloschn Jiddisch, über Brody vor der endgültigen Zerstörung.

Joseph Roth kannte Isaak Babel, kannte ihn aber nicht gut. Er hatte wohl etwas von ihm gelesen, vielleicht auch die *Reiter-*

armee, als er 1926 auf Reise ins revolutionäre Rußland ging. Aber er schrieb nicht über seine Begegnungen mit Babel. Sein Tagebuch verrät wenig, nennt den Namen, verrät Geringschätzung: »Babel-Feuilletonist« und »Babel versprach noch einmal zu kommen, kam nicht, ist sehr gewöhnlich«. Mehr nicht. Brody hat Isaak Babel und Joseph Roth zusammengeführt. Sie haben uns in das Städtchen gezogen, das, wir wußten es vorher, wohl nur noch in Erinnerungen lebendig ist. Ein Buch hat uns gewarnt: Die an die vertrauten Namen anklingenden Ortsbezeichnungen seien nichts weiter als leere Buchstabenhülsen, die nur mehr den flüchtigen Duft der Erinnerung an eine unwiederbringlich verlorene Welt in sich bewahrten, die hier und da erhalten gebliebenen Denkmäler seien Relikte einer ehemaligen Gemeinsamkeit, die nicht mehr zum Leben erweckt werden könne.

Ob wir die ehemalige Bahngasse entlanggehen, wissen wir nicht. Möglich, daß die Straße, die vom Bahnhof ins Städtchen führt, »Bahngasse« hieß. Einige Neubauten, Einfamilienhäuser aus Backstein mit Wellblechdächern, dann, je näher wir dem Zentrum kommen, ebenerdige Häuser, ohne Vorgärten, eng aneinandergebaut rechts und links. Das Haus der Roths habe in der Bahngasse gestanden, einer Seitengasse der Hauptstraße Brodys, der Goldgasse, sei das zweite Haus von der Ecke gewesen, ein kleines ebenerdiges Zweifamilien-Holzhaus mit Verputz und Giebeldach. Ein Apfelbaum habe vor dem Haus gestanden und im Garten ein Tisch, an dem sie manchmal im Sommer gesessen hätten, erinnert sich Moses Wasser, Schulkamerad von Joseph Roth und Untermieter im Haus. Das Haus sei in der Mitte von einem schmalen Eingang geteilt gewesen, und jede Seite habe zwei Zimmer, ein Kabinett und eine Küche gehabt. In der linken Hälfte habe ein Musiker gewohnt, Herr Rosenbaum, der Leiter der Roten Kapelle. Bei dem habe er, Moses Wasser, zur Untermiete im Kabinett gewohnt. Herr Rosenbaum habe die Miete an Roths Mutter gezahlt. Die wiederum habe eine monatliche Rente von ihrem Bruder in Lemberg bezogen. Joseph Roth liebte es, seine Kindheit und Jugend zu stilisieren. Ärmlich ging's wohl zu, und doch sei der Junge immer adrett gekleidet gewesen, erinnert sich Moses Wasser. Zu der Mutter sei keine Gesellschaft gekommen, sie habe nur für ihren Sohn gelebt, den sie Muniu nannte. »Muniu« ist eine Verzärtelung von »Moses«.

Die Mutter habe oft ukrainische Lieder gesungen, schreibt Joseph Roth in einem Brief an seinen Verleger Kiepenheuer, denn sie sei sehr unglücklich gewesen. Sie habe kein Geld gehabt und keinen Mann. »Denn mein Vater, der sie eines Tages nach dem Westen nahm, wahrscheinlich nur, um mich zu zeugen, ließ sie in Kattowitz allein und verschwand auf Nimmerwiedersehen. Er muß ein merkwürdiger Mensch gewesen sein, ein Österreicher vom Schlage der Schlawiner, er verschwendete viel, trank wahrscheinlich und starb, als ich sechzehn Jahre alt war, im Wahnsinn. [...] Die Zeit, die ich bei meiner Mutter verbrachte, war meine glücklichste Zeit.«

Die Kindheit in Brody vergißt Joseph Roth sein Leben lang nicht, in keinem seiner Romane. »In der Nacht stand ich auf, kleidete mich an und ging aus dem Haus. Ich wanderte drei, vier Tage, schlief in Häusern, deren Lage ich nicht kannte, und mit Frauen, deren Angesicht ich nicht sah und zu sehen neugierig war. Ich briet Kartoffeln auf sommerlichen Wiesen und auf harten herbstlichen Äckern. Ich pflückte Erdbeeren in den Wäldern, trieb mich mit viel halbwüchsigem Gesindel herum und wurde manchmal verprügelt, gewissermaßen irrtümlich.« Vergeblich bleibt die Suche nach dem Haus der Kindheit von Joseph Roth. Wahrscheinlich haben deutsche Bomben es zerstört. Bleibt die Suche nach Menschen, nach anderen Häusern, die uns von Joseph Roth in Brody erzählen können.

Auf der »Uliza Lenina« – der Hauptstraße, dem ehemaligen Korso der kleinen Stadt, »Goldgasse« hieß sie zu Roths Zeiten, »Solotaja uliza« (Goldene Straße), als Isaak Babel nach Brody kam, und »Hitler-Straße« in den verfluchten Vierzigern. Heute ist sie benannt wie alle anderen Hauptstraßen sowjetischer Ortschaften vom kleinsten Dorf bis zur Metropole. Schmucklose Vorkriegsstadthäuser, hohe Bürgersteige, ein schmaler Fahrweg. Menschen, die uns neugierig hinterherschauen. Geschäfte,

Galizien
Situation um 1910

Berlin
300 km
Białystok
Weichsel
Bug
Warschau
Łódź
POLEN
Lublin
Majdanek
Tschenstochau
Kielce
Zamość
San
Kattowitz
Weichsel
Auschwitz
Bełzec
Krakau
G a l i
Przemyśl
Drogobytsch
(Drohobycz)
TSCHECHOSLOWAKEI
200 km
Wien
U
Theiß
UNGARN
Budapest
Debrecen
RUM

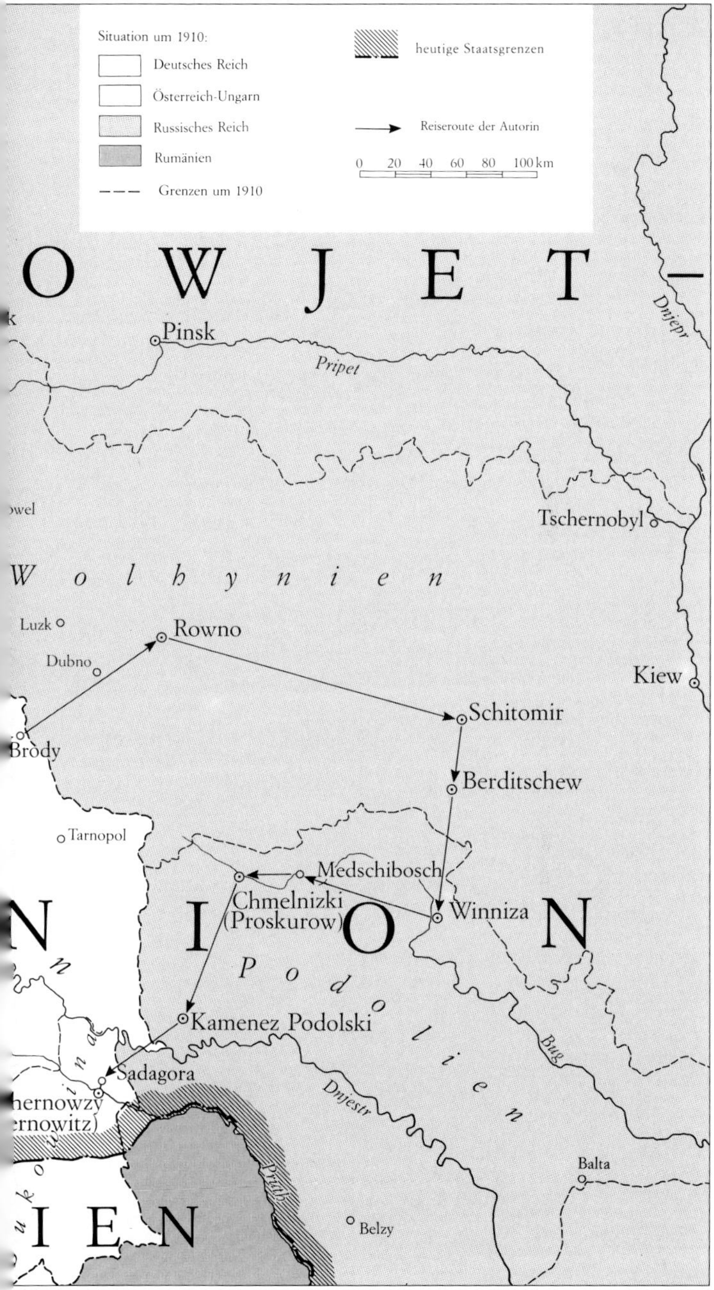

Situation um 1910:
Deutsches Reich
Österreich-Ungarn
Russisches Reich
Rumänien
Grenzen um 1910
heutige Staatsgrenzen
Reiseroute der Autorin
0 20 40 60 80 100 km
OWJET–
NION
IEN
Pinsk
Pripet
Dnjepr
Tschernobyl
Wolhynien
Luzk
Rowno
Dubno
Kiew
Schitomir
Brody
Berditschew
Tarnopol
Medschibosch
Chmelnizki (Proskurow)
Winniza
Podolien
Kamenez Podolski
Bug
Sadagora
Dnjestr
Pruth
Balta
Belzy

in denen es nicht viel zu kaufen gibt. Ein Gebäude mit Jugendstilfassade; eine in Stein gemeißelte Inschrift »Gostiniza« zur Linken fesselt unsere Aufmerksamkeit. Ein Hotel hat das alte Brody gehabt, im Parterre ein Café. »Bristol« hieß es. Als der Eichmeister Eibenschütz nicht mehr nach Hause gehen mochte, denn er wußte nun, seine Frau Regina hatte ihn mit dem Schreiber Novak betrogen, fuhr er nach einer durchzechten Nacht in der Grenzschenke des schlitzohrigen Juden Jadlowker zuerst zum Barbier Leider, ließ sich rasieren und den Kopf kalt waschen, und ging dann ins einzige Kaffeehaus der Stadt Zlotogrod, ins »Bristol«, trank dort einen Kaffee und aß zwei Kipfel, die so frisch waren, daß sie noch nach dem Bäcker rochen. – Als Isaak Babel im Sommer 1920 nach Brody kam, notiert er im Tagebuch über das »Bristol«: »Kellnerinnen, ›westeuropäische‹ Kultur und wie gierig man sich auf sie stürzt. Diese kläglichen Spiegel, bleiche österreichische Juden – die Besitzer. Und ihre Geschichten – hier hat es amerikanische Dollars gegeben, Apfelsinen, Tuch. [...] Brody nicht vergessen und diese Jammergestalten, die Friseure, die Juden, die aus dem Jenseits gekommen sind, und die Kosaken auf den Straßen.« Nachts, im Hotelzimmer, ließen die Schreckensbilder des Tages Babel nicht los, ließen ihn die dünnen Wände des »Bristol« nicht schlafen. »Oh Brody!« klagt er. »Die Mumien deiner zertretenen Leidenschaften hauchten mich an mit ihrem zersetzenden Gift. Schon spürte ich Todeskälte in meinen Augenhöhlen, in denen die Tränen erstarrten. Doch da trug mich schütternder Galopp hinweg vom zerschrammten Gestein deiner Synagogen.«

Aber ob die »Gostiniza« in der Lenin-Straße, die gar kein Hotel, auch kein Café mehr ist, je das »Bristol« war, ist unwahrscheinlich, denn das hatte fünf Stockwerke, war das größte Haus im Umkreis von zehn Meilen. Jene »Gostiniza« aber hat nur drei. Vergeblich sucht der Fremde nach einem Café in Brody oder einer Schenke, geschweige denn einer, in der schlitzohrige Jadlowkers oder weise Kristianpollers bedienen, Schmuggler und Deserteure sich treffen. Dunkle Grenzhändel werden heutzutage anderswo abgemacht.

An der Lenin-Straße, vielleicht zweihundert Meter vom ehemaligen Marktplatz entfernt, erhebt sich aus einer Blumenrabatte eine bronzene Büste: General Budjonny war hier. Er habe Brody 1920 aus den Händen der polnischen Schlachta zu befreien versucht. Am Haus gegenüber weist eine Tafel darauf hin: Hier war das Hauptquartier des Stabes der Reiterarmee. Isaak Babel ritt wie Jonas, der älteste Sohn des Melamed Mendel Singer, mit den Kosaken. Er ritt unter falschem Namen. Kirill Wassilewitsch Ljutow nannte er sich und Russe. Mimikry übte er und studierte die Lebensart der Kosaken, seiner Kumpane im Bürgerkrieg, jener Leute, die in der Geschichte oftmals dörfliche Nachbarn, aber auch Peiniger, Mörder der Juden waren. Lernte, wie die Kosaken, die Pferde lieben, aber die Brille und seine Schreibarbeit machten, daß ein Unterschied blieb. Und er führte, was weder die Kosaken noch die Leser der *Reiterarmee* damals wußten, auch Joseph Roth nicht, doppelt Buch, beschrieb in seinem Tagebuch mit der Anteilnahme eines den Opfern verwandten, ohnmächtigen Zeugen die Juden in Podolien, Wolhynien, Galizien; die Marktplätze, auf denen sie sich trafen, die Bethäuser und Synagogen; die Zerstörung all dessen in den Städtchen, durch die Budjonnys Reiterarmee ritt. Weißgardisten, Polen, Nationalisten, auch die Kosaken brannten, mordeten, plünderten in Galizien. Und immer wieder war der Jude der Sündenbock. Kirill Wassilewitsch, vertraut Isaak Babel seinem Tagebuch an, habe geschwiegen, als die Kosaken jüdische Frauen am Sabbat, dann an Tischa be-Aw, dem Neunten Aw, einem Trauer- und Fastentag zur Erinnerung an die Zerstörung des Tempels in Jerusalem, dazu zwangen, für sie Kartoffeln zu roden und zu kochen. Er habe geschwiegen, als Kosaken sich an jungen Jüdinnen vergriffen. Kirill Wassilewitsch habe den Juden in den Städtchen auch »seine Märchen über den Bolschewismus« erzählt: über Aufklärung, die Universität, über öffentliche, unentgeltliche Speisung, die Internationale... Die furchtbaren Worte der Propheten Jesaja und Hesekiel fallen dem Tagebuchschreiber ein: »Kot werden sie essen, die Mädchen werden geschändet sein, die Männer getötet, Israel unterjocht, zornige und traurige Worte.« Jiddische Worte entschlüpften dem Russischschreibenden in sein Tagebuch, und er gesteht, daß er Sehnsucht habe nach der Frau, nach Odessa, daß er alles noch einmal überdenken müsse: Galizien, den Weltkrieg, das eigene Schicksal, die Kosaken, das Marodieren, die Avantgarde der Avantgarde, daß er sich fremd fühle. Als er in einer chassidischen Synagoge im nahegelegenen Dubno die Juden beten hörte, ein vollkommen ungezwungenes Beten, und drei Jahrhunderte vor seinen Augen auferstehen sah, habe er selbst zu beten begonnen: »Ich bete, genauer, bete beinahe und denke an Herschele, so wäre er zu beschreiben.«

Was den General Budjonny betreffe, schreibt der Kriegsberichterstatter Joseph Roth, habe ihm sein Gewährsmann, ein Unteroffizier der russischen Armee, ein Student, erzählt, daß der General Soldat mit Leib und Seele »überzeugter Bolschwik« sei, aber kein Sozialist. Aus einem ehemaligen aktiven Wachtmeister der zaristischen Armee werde so leicht kein Sozialist aus Überzeugung. In treu ergebener Dankbarkeit für ein System, das ihn in den Generalsrang erhob, hat Budjonny Isaak Babel den Schergen des NKWD ans Messer geliefert.

Wir wenden uns ab vom fragwürdigen Denkmal und sehen vor uns den Kastanienpark. Vor achtzig Jahren war er mit einem Zaun umgeben, eine hölzerne Bude stand darin mit einer blonden Eisverkäuferin. Von ihr haben die Jungen des Städtchens, schreibt Joseph Roth, die Liebe gelernt. Zu jener Zeit, am 3. Juni des Jahres 1912, war Bertha Pappenheim auf Reisen durch Galizien zum zweiten Mal in Brody, machte auf dem »mit alten Bäumen bestandenen Square« die Bekanntschaft des alten Herrn B., Präsident der Kultusgemeinde, Vertreter der Handelskammer und der Baron-Hirsch-Schulen. Gemeinsam beklagten sie den »Rückgang des altjüdischen Familienlebens«, den sittlichen Verfall der jüdischen Stadt. Jüdische Flüchtlinge aus Rußland hatten Bertha Pappenheim schon in Frnakfurt von Brody erzählt, als sie ihnen half – wie einst ihre Ahnin Glückel von Hameln in Altona den Juden geholfen hatte, die vor Bogdan Chmelnizki geflohen waren. Die energische Frau hatte sich bereits ein Bild von Brody gemacht. Sie kannte die, wie sie schrieb, »vorbildich geführte« jüdische Gemeindeschule, in der, in dem Bemühen, die guten alten Traditionen der früheren Freistadt aufrechtzuerhalten, Jungen und Mädchen gemeinsam – eine Seltenheit in Galizien – polnisch und deutsch unterrichtet wurden. Auch Moses Joseph Roth lernte in jener Zeit dort Lesen, Schreiben und Rechnen. Sie hatte sich das jüdische Waisenhaus angesehen, das neben Jungen damals nicht mehr als zwanzig Mädchen aufnahm, die von niemand anderem als der Köchin erzogen wurden. Sie war in den jüdischen Heimwerkstätten und Handwerksbetrieben der Stadt gewesen, bei den Bürstenbindern, den Herstellern von Zahnstochern und Zigarettenspitzen, bei den jüdischen Arbeiterinnen, die Porzellan bemalten und Federn sortierten, und kannte die schlechten Löhne, die krankmachenden Arbeitsbedingungen und die Langeweile der Stadt. Sie sorgte sich um die Frauen. Die hätten die »Übertreibung der Mode mit den engen Röcken bis zur Widerlichkeit angenommen«, erfährt sie von Herrn B. Im Straßenbild spiegele sich nur eine schwache Andeutung der tatsächlichen Verhältnisse: man lebe auf großem Fuß; alle Schichten des jüdischen Volkes seien von Verfall bedroht. »Im Hause Schmutz, auf den Gesichtern Schminke.« Die Einkäufe an Schminke, Puder und Parfüm seien unglaublich – vom Federmädel bis zur besseren Dame. Joseph Roth hätte Bertha Pappenheim »westeuropäischen Zivilisationshochmut« vorgeworfen.

Kein Zaun umgibt mehr den Park. Die Bäume stehen prächtig. Heute kann man unter den Kastanien die *Ukrainische Prawda* in hölzernen Schaukästen lesen. Wir biegen von der Hauptstraße ab, streifen die Gasse am Park entlang, sehen wieder eine Tafel an einer Hausfassade: »Museum der Stadt Brody«. Die Häuser in der Straße sind alt und ebenerdig. Wir suchen den Eingang zum Museum, geraten zunächst in einen wohnlichen Hinterhof, dann in die Amtsstube des Wachtmeisters von Brody. Ein junger Beamter erschreckt uns mit der Frage nach einer Aufenthaltsgenehmigung. Wir fragen nach Joseph Roth, nach Budjonny und Isaak Babel, nach der Geschichte der faschistischen

Barbarei in der Stadt. Der Polizist läßt sich beschwichtigen, jagt uns nicht fort, springt jedoch elegant aus dem Bild, als wir ein Foto von ihm machen wollen vor dem Museum. Er erzählt vom Museumsdirektor, einem kundigen Historiker, verspricht, uns zu ihm zu führen, und macht uns mit einer alten Ukrainerin im Nachbarhaus bekannt. Vor dem Krieg noch hätten weit mehr Juden als Ukrainer in Brody gelebt, erzählt sie, Jiddisch habe sie von ihnen gelernt. Ein Jiddisch, das dem Deutschen so ähnlich gewesen sein soll, daß podolische Juden es kaum verstanden, weiß ich von Scholem Alejchems Mottl, dem Kantorssohn. Nichts zu essen hätten sie gehabt im Krieg, erinnert sich die Ukrainerin. Hinter die Grenze, nach Rußland, seien sie gegangen, um Brot zu organisieren. Aber die Deutschen hätten sie abgefangen, ins Lager gebracht, zu den Juden. Kosaken seien sich nicht zu schade gewesen, die Dreckarbeit für die Nazis zu machen. Sie hätten die Juden gezwungen, Gruben zu graben, sich nackt auszuziehen, hätten ihnen die goldenen Ohrringe, Fingerringe abgenommen, das Letzte, was sie noch hatten, sie dann erschossen.

Wir machen uns auf den Weg zur Synagoge. Das Ghetto von Brody war dort. Die Gasse am Kastanienpark, die Häuserzeilen an der Lenin-Straße, einige Straßen und Gebäude im Ostteil der Stadt, zum Westen hin die Synagoge und der Friedhof im Norden, nichts mehr erinnert an das ostjüdische Städtchen, in dem Joseph Roth seine Kindheit verbrachte. Die Synagoge, ein hochaufragender quaderförmiger, schmuckloser Festungsbau aus dem 17. Jahrhundert, dem ersten Jahrhundert der »idealen Stadt«, ist mit einem Bauzaun umgeben, von dem einst stattlichen Bauwerk nicht viel mehr als Umriß und Ausmaß zu erkennen. Fragmente des von zwei mächtigen Säulen eingefaßten Almemor, des Altarraumes, im Innern, Gesimsfragmente, hebräische Schriftzeichen im Mauerwerk erinnern an die ursprüngliche Funktion. Ein schmales Förderband schiebt sich durch das Eingangstor der Ruine, das Steine und Schutt aus dem Innern auf den Vorplatz wirft. Ein winziges, wackeliges, hölzernes Baugerüst lehnt an einer Seitenwand.

Eine Synagoge und vierzig Bethäuser soll Brody, so Joseph Roth, vor den Kriegen gehabt haben. Jedes Gewerbe hatte seine Betstube, seine *klaus*. Im 18. Jahrhundert war Brody eine starke, wirtschaftlich und politisch mächtige jüdische Gemeinde, die sich zur Haskala bekannte. Der Sektiererbewegung um Jakob Frank, Anhängern des »falschen Messias« Sabbatai Zwi, machte die Rabbinerversammlung des Vier-Länder-Waad in Brody 1756 den Prozeß. 1772 wurden Gläubige der chassidischen Bewegung dort exkommuniziert, chassidische Schriften verbrannt. Einige wenige mächtige und wohlhabende jüdische Familien kontrollierten die Stadt. Kristianpoller heißt nicht nur der weise jüdische Schankwirt bei Joseph Roth, so hießen bekannte Rabbiner der Stadt. Übrigens trägt auch der Eichmeister Eibenschütz aus Brody einen legendären jüdischen Namen. Der Gelehrte Israel Zamość aus Zamość, einer der ersten, der es wagte, profanes Wissen zur Interpretation von Thora und Talmud heranzuziehen und weltlichen Studien nachzugehen, der sich in Berlin mit Moses Mendelssohn, den er in die Mathematik einführte, Lessing und anderen anfreundete, ließ sich zuletzt in Brody nieder, knüpfte das Band zwischen Brody und Berlin. Neben den Kaufleuten, die ohnedies hin und her reisten, war auch Mendel Satanower, eigentlich Mendel Lewin, 1750 in dem podolischen Satanow geboren, der Talmudgelehrter, aber auch Übersetzer und Verfasser weltlicher Bücher war, sich für Volksheilkunde, Naturwissenschaften, ethische und politische Lebensfragen der Judenheit in der galizischen Diaspora interessierte, ein Mittler zwischen der preußischen Hauptstadt und dem galizischen Städtchen. Aus Berlin zurückgekehrt, wo er drei Jahre lebte, wurde Mendel Lewin Hauslehrer, Schützling des Prinzen Czartoryski, ehe er 1808 nach Brody kam und dort einen Kreis junger Leute um sich sammelte, zu dem auch der Philosoph und Historiker Nachman Krochmal, der Gelehrte Salomon Judah Rapoport aus Lemberg – beide neben Leopold Zunz Mitbegründer der historisch-kritischen Schule »Wissenschaft des Judentums« – und der Schriftsteller Josef Perl aus Tarnopol gehörten. Nicht selten wurden die Maskilim, die Aufklärer, in Brody »Berliner« genannt.

Wohl zehntausend Juden lebten noch in Brody, als der Zweite Weltkrieg begann. Brody wurde zunächst – nach dem »Hitler-Stalin-Pakt« wie Lwów von den Sowjets okkupiert, dann, ein Jahr später, im Juli 1941, von den Deutschen. Einige hundert Juden, vor allem Intellektuelle, ermordeten die Nazis auch hier sofort. Im Januar 1942 ließen sie das Ghetto um die Synagoge errichten, trieben die Juden von Brody und Umgebung dort zusammen. Die Lebensbedingungen im Ghetto waren so mörderisch, daß täglich Menschen starben – an Unterernährung, Typhus. Im Herbst 1942 ließ die Gestapo einige tausend Juden ins Vernichtungslager Bełżec deportieren. Im Frühjahr 1943 wurde das Ghetto aufgelöst, die letzten Juden nach Majdanek deportiert. Die Synagoge wurde damals nicht völlig zerstört, verfiel jedoch nach dem Tod der jüdischen Kultur in Brody. 1962 begann die Sowjetregierung halbherzig damit, sie restaurieren zu lassen. In der Breschnew-Ära verfiel sie erneut.

Vor der Ruine stehen Leute, Bauleute scheint's. Einer von ihnen erweist sich als der Museumsdirektor, den wir suchen. Sofort entspinnt sich ein Gespräch. Von Joseph Roth wissen sie wenig, von Isaak Babel mehr als wir. Die vier Männer, ein Historiker, zwei Bauingenieure, ein Arbeiter, gehören zur neugegründeten »Touristen-Kooperative des Bezirks Brody«. Sie nehmen sich nun der Synagoge an. Die Bauarbeiten haben bereits begonnen: das jüdische Versammlungshaus soll Museum der Stadt Brody werden.

Zum Beweis, daß es ihnen ernst ist, daß sie keine Wolkenkuckucksheime planen, führen sie uns, nach einem Rundgang durch das Museum, durch das historische Brody, führen ein von ihnen bereits instandgesetztes Bauwerk vor: das ehemalige Gerichtsgebäude, heute Fachhochschule in Brody. Der Kooperative gehört ein großer Förderkreis von Betrieben, gesellschaftlichen Organisationen, Privatpersonen an, die die Finanzierung der Bauvorhaben garantieren.

Verläßlichkeit und Geschick der Genossenschaftler hätten die Stadt bereits überzeugt, erzählen sie. Tatsächlich beginnt unter der kundigen Anleitung des Museumsdirektors, der Bauingenieure wieder etwas von dem Glanz des kaiserlichen und königlichen Brody zu schimmern, zur Erinnerung. Sie zeigen uns das prächtige Gebäude einer Handelsvertretung, die ehemalige Filiale der Prager Bank, heute Miliz und Archiv, erzählen vom alten Kino im Stil der Wiener Sezession. Zuletzt gehen wir zum Gymnasium hinter dem Kastanienpark. Das Gymnasium hat eine lange Geschichte, kommt von der 1815 gegründeten, in Galizien einzigartigen jüdischen Realoberschule her, eine Errungenschaft der Aufklärer von Brody, hatte einen staatlich anerkannten jüdischen Religionslehrer und blieb jahrelang an Samstagen geschlossen. Es war die einzige höhere Schule in Ostgalizien, in der um die Jahrhundertwende Deutsch noch Unterrichtssprache war. Dichter wollte der Schüler Moses Joseph Roth werden. Die Lehrer versuchten, ihm das auszutreiben. Denkmal und Inschrift vor dem Eingangsportal erinnern an den ehemaligen Schüler, den beinahe in Vergessenheit geratenen Sohn der Stadt.

Über den jüdischen Friedhof von Brody am Rande des Waldes, in dem Erdbeeren wachsen sollen und noch SS-20-Raketen verborgen stehen, folgt uns ein junger Mann mit glatter Brust. Im Städtchen, auf der Straße hat er uns angesprochen, leise, in deutscher Sprache. Er habe gehört, Deutsche seien in der Stadt, zum Deutschsprechen wolle er die Gelegenheit nutzen. Sein Vater sei Offizier, erfahren wir, sei jahrelang in der DDR stationiert gewesen. Berlin, schwärmt er wehmütig, ja, da könne man leben. In Brody sei es so trist, lange noch würde es so bleiben. Dunkel, hoch und dicht stehen die Grabsteine nebeneinander im Gras, sind von Moosen und Flechten überwachsen. Daß unter der Grasnarbe viele in Trümmern liegen, spüren die stolpernden Füße. Wind und Wetter haben die Inschriften verwischt.

Hinter Brody ist Galizien zu Ende, beginnt die Landschaft Wolhynien, begann das zaristische Reich. Bei Nacht und Nebel wurden durch diese Gegend, in sicherer Entfernung von der Landstraße, Juden von Agenten und Schmugglern, wie Kapturak einer war oder auch der zwergwüchsige Efraim Perko aus Gregor von Rezzoris Roman *Ein Hermelin in Tschernopol*, von Rußland nach Galizien geführt. Mottl, der Kantorssohn, hat es erlebt, wie eine Agentin, sie habe einen *scheitl*, die Perücke der frommen jüdischen Frau, getragen und Gott im Munde geführt, ihnen die Federbetten und Koffer, ihr Hab und Gut, abnahm, eine Provision einstrich und sie dann in die Irre, auf die Heide schickte; hat erlebt, wie die kleine Gesellschaft – die Mutter, Mottl, der Bruder mit Frau und ein befreundetes Ehepaar – von zwei angetrunkenen Männern aus der Grenzschenke bedroht wurden, die Mutter laut aufschrie, die Männer damit unversehens verjagte, dafür Grenzsoldaten anlockte, die auf sie schossen; hat erlebt, wie sie nur durch Zufall entkamen und plötzlich in Brody waren.

Wir fahren die sowjetische Landstraße entlang, sehen Felder, Felder, soweit das Auge reicht, keine Bienen in Wolhynien. Wir fahren an Dubno vorbei. Aus Dubno stammen die Vorfahren des russisch-jüdischen Historikers Simon Dubnow, den wir schon in Lwów auf seiner Durchreise in die Schweiz in den Gassen des ehemaligen Ghettos trafen. Nach der ersten Teilung Polens im Jahre 1772 waren die Dubnows ins Gouvernement Mogiljow, nach Belorußland übergesiedelt. In der Synagoge von Dubno hörte Isaak Babel Chassiden beten. In Dubno mußte der *melamed* Mendel Singer, als er für sich, seine Frau und die Tochter Pässe und Billetts für die Reise zu seinem Sohn Schemarjah nach Amerika besorgen wollte, in den Amtsstuben allerlei Schikanen hilflos über sich ergehen lassen, bis er unerwartet Hilfe fand. Der Grenzschmuggler Kapturak versprach ihm, gegen eine Provision von zehn Rubeln pro Kopf die nötigen Papiere zu beschaffen. Von Dubno reiste die Familie Singer mit der Eisenbahn fort aus Galizien. Viele verließen das arme Grenzland, noch bevor der Erste Weltkrieg begann.

Vier Einsatztruppen der SS folgten der Deutschen Armee auf ihrem Eroberungsfeldzug nach Osten im Sommer 1941. Diese Kommandos bestanden aus fünfhundert bis neunhundert Mann. Ihre Offiziere sollen keine Berufssoldaten, sondern Richter, Physiker, sogar Opernsänger gewesen sein, Männer zwischen dreißig und vierzig Jahren. Innerhalb von fünf Monaten töteten sie mehr als eine halbe Million Juden. Die meisten der sowjetischen Juden wurden nicht in Konzentrationslager deportiert, sondern in ihren Heimatorten umgebracht; entweder am Rande der Ortschaften erschossen oder in den Ghettos ermordet. In Dubno beobachtete ein deutscher Bauunternehmer, dessen Firma den Auftrag hatte, Lagerhallen auf dem Flughafen von Dubno zu errichten, wie in der Nähe der Baustelle hinter einem Erdwall Menschen aus Lastwagen stiegen, sich unter der Aufsicht von SS-Männern ausziehen, Schuhe, Ober- und Unterkleider getrennt voneinander ablegen mußten. Achthundert, eintausend Paar Schuhe habe er dort gesehen, berichtete er später.

Noch vierzig Kilometer bis Rowno. Hinter uns ist die Sonne schon untergegangen. Eintönig grau und gerade zieht sich die Landstraße durch Wolhynien. Hoch und geräumig ist der Himmel über den weißrussischen Sümpfen, die hinter den Wiesen und Feldern am Horizont beginnen und sich weit in den Norden erstrecken. Im Süden steigt das Land leicht an; dort beginnt die Jahrmilliarden alte wolhynisch-podolische Platte. Parallel zu unserer Reiseroute zogen Gedale und Mendel mit ihrer Bande im Norden durch die Sümpfe an Rowno vorbei; nur daß sie in umgekehrter Richtung, von Osten nach Westen, zogen. Gedale, der Geiger, war der Anführer einer Gruppe jüdischer Partisanen aus Polen und der Sowjetunion.

In Nowosjolki, in einer Klosterruine versteckt, hausten fünfzig oder mehr, Frauen, Männer und Kinder, viele, die für das harte Leben der *partischanka* nicht mehr taugten, meist Juden, bis von Rowno aus deutsche Soldaten einen Rachefeldzug gegen das jüdische Partisanenlager unternahmen, mit einem leichten Kettenfahrzeug, mit Granaten und Maschinengewehren kamen. Nur eine kleine Gruppe, acht Männer und zwei Frauen, unter ihnen Mendel, der Uhrmacher und die linke Zionistin Line, überlebten das Massaker, konnten fliehen, sich mit anderen jüdischen Partisanen, mit Gedale zusammentun und als Vorhut der Roten Armee nach Westen durchkämpfen. Ob dem Thema des jüdischen Partisanenkampfes nicht ein tendenziöses Motiv zugrundeliege, wollte Philip Roth, *enfant terrible* der zeitgenössischen amerikanisch-jüdischen Literatur, von Primo Levi wissen. Primo Levi, von Beruf Chemiker, 1919 in Turin geboren, in Italien aufgewachsen, hat Auschwitz überlebt. In Auschwitz begann nach der Befreiung des Konzentrationslagers durch die Rote Armee im Januar 1945 seine Odyssee in den Osten. In Güterwagen der Eisenbahn sollten die Befreiten über Przemyśl, Lwów nach Odessa und von dort ins heimatliche Italien transportiert werden. Statt dessen ging die Fahrt ins nördliche Belorußland, in ein Lager bei Minsk, und von dort erst am Ende des Sommers 1945 endlich Richtung Süden. Nach dem Krieg in Mailand hat Levi von den ungefähr fünfzehntausend aus Versprengten und Flüchtlingen bestehenden jüdischen Partisanengruppen viel gehört, ihre Berichte gesammelt und einen Roman über sie geschrieben. Ob der Autor sich nicht zu stark moralischen oder politischen Ansprüchen verpflichtet gefühlt habe, wollte Philip Roth wissen, als er *Wann, wenn nicht jetzt?* schrieb, jenen Roman, der die Juden so untypisch darstelle: Juden, die nicht demütig starben, sondern sich wehrten. – Eine Geschichte voller Hoffnung habe er schreiben wollen, gegen den Gemeinplatz vom unkriegerischen Juden, antwortete ihm Primo Levi. Das Jahr, in dem er dieses Buch geschrieben habe, sei ein glückliches gewesen, und daher sei *Wann, wenn nicht jetzt?* für ihn ein befreiendes Buch. Am 11. April 1987 hat sich Primo Levi in Turin das Leben genommen.

Am 6. November 1941 wurden in Rowno fünfzehntausend Juden ermordet, die übrigen ins Ghetto gezwungen. Acht Monate später, in der Nacht vom 13. zum 14. Juli 1942, wurde das

Ghetto »liquidiert«. Der deutsche Bauunternehmer aus Dubno beobachtete, wie die letzten fünftausend Ghettobewohner, Männer, Frauen und Kinder, von der SS und ihrer ukrainischen Hilfspolizei mit Leuchtraketen und Scheinwerfern gejagt, auf dem nahegelegenen Bahnhof in Güterwaggons getrieben wurden.

Es ist schon spät am Abend, als wir in Rowno im Hotel ankommen. Kein »George«, sondern einen modernen Bau mit einer weitläufigen, menschenleeren Eingangshalle betreten wir. Das Restaurant ist seit zweiundzwanzig Uhr geschlossen. Es gibt auch keine andere Möglichkeit, etwas zu essen oder zu trinken zu bekommen um diese Zeit. Wir bleiben nur eine Nacht, fahren am kommenden Morgen, gleich nach dem Frühstück, Richtung Schitomir weiter.

Von Lili, unserem Kindermädchen, kannte ich Schitomir. Der Name der Stadt, derb-ländlich norddeutsch ausgesprochen und belacht, hatte sich meinem kindlichen Gedächtnis tief eingeprägt. Lili und ihre Eltern seien, so wurde uns Kindern gesagt, Flüchtlinge aus Schitomir. Neben Juden, Polen, Ukrainern lebten seit langem, seit Beginn des 19. Jahrhunderts deutsche Siedler in Wolhynien. Im Ersten Weltkrieg wurden sie, ungefähr zweihunderttausend, zur Strafe für die Aggressivität ihres Vaterlandes verschleppt, viele von ihnen nach Sibirien. Etwa die Hälfte kehrte nach dem Krieg nach Wolhynien zurück. Als ihre Landsleute zum zweiten Mal in Soldatenuniform und mit Panzern und Granaten kamen, wurden die Wolhyniendeutschen nach Deutschland oder in die Provinz Posen umgesiedelt. Zu diesen Umsiedlern gehörten Lilis Eltern und die Eltern des aus Rowno stammenden reisenden Herrn, den wir in Lwow getroffen haben.

Auf halber Strecke, einhundert Kilometer östlich von Rowno, liegt Nowograd-Wolhynsk. An einem gewöhnlichen Sommertag ist der Maler Pan Apolek in deutschen Nagelschuhen zusammen mit dem blinden Gottfried, der Heidelberger Lieder sang, von Westen her die Rownoer Chaussee dahergekommen. Hundert Jahre ist es her, wenn man Isaak Babel glauben darf. Durch alte Vorstadtstraßen, an denen dicht an dicht, durch Zäune voneinander getrennt, die Holzhäuschen stehen, wird der Fernverkehr, werden wir im großen Bogen, um unzählige Ecken herum um das Zentrum von Nowograd-Wolhynsk geleitet. Für die Kirche von Nowograd-Wolhynsk soll Apolek Fresken vom Heiligen Abendmahl und von der Steinigung der Maria Magdalena gemalt haben, einer Maria, die, zum Ärger des Paters, unverkennbar die Züge des jüdischen Mädchens Elka trug. Elka war die Tochter unbekannter Eltern und Mutter von vielen Findelkindern aus Nowograd-Wolhynsk. Isaak Babel erzählt, daß die kirchlichen Würdenträger sich nicht entschließen konnten, die Bilder des Apolek zu übertünchen, und daß sie deshalb weiterhin am Seitenaltar der Nowograder Kirche zu sehen waren: Janek, der furchtsame, hinkende Abtrünnige mit zottigem schwarzen Bart, als Apostel Paulus und Elka als die Buhlerin aus Magdala, sich im Tanze wiegend, hager und schwachsinnig, mit eingefallenen Wangen. Gern würde ich nach den Bildern des närrischen Malers Pan Apolek suchen, aber an der Straße ist keine Kirche zu sehen. Sie wird wohl im Zentrum der alten Stadt stehen, falls sie den Krieg überstanden hat. Sie mag geschlossen, ein Museum, eine Bibliothek geworden sein; die Fresken am Seitenaltar sind womöglich längst zerstört, überstrichen oder verwittert.

Ein riesiges Plakat, das die Bürger von Nowograd-Wolhynsk aufruft, die Luft und das Wasser rein zu halten, steht wie eine Wand auf hohen Beinen, über einen massiven Rahmen gespannt, am Straßenrand. Nowograd-Wolhynsk liegt etwa einhundertfünfzig Kilometer Luftlinie von Tschernobyl entfernt. Auch diese kleine Stadt soll unter den Spätfolgen der Reaktorkatastrophe leiden.

Die Zeit ist knapp. Bis nach Winniza, dem nächsten Hotel, ist es noch weit.

Schitomir, die weiße geschlagene Stadt

Nowograd-Wolhynsk und Schitomir sind alte slawische Provinzhauptstädte in der Westukraine. Auf der Landstraße von Nowograd-Wolhynsk nähern wir uns Schitomir. Achtundvierzig Jahre ist es her – am 22. Juni 1941 begannen frühmorgens deutsche Flugzeuge Schitomir zu bombardieren. Am 9. Juli folgten den Bomben die Soldaten der Heeresgruppe »Süd«, nahmen die Stadt nach einer fürchterlichen Schlacht, ihnen folgten die SS-Einsatztruppen. Wenige Kilometer vor der Stadt, im Vorort Bogynija, fast wären wir, so unscheinbar ist er, daran vorbeigefahren, erinnert ein schwarzer schlichter Stein links am Straßenrand an die »Opfer des Faschismus«. »Hier sind in den Jahren 1941 bis 1943 Tausende sowjetischer Soldaten, Offiziere, friedliche Bürger von den Hitler-Okkupanten zu Tode gequält worden. Ewiges Gedenken den Kämpfern, die für ihr Sowjetisches Vaterland umkamen«, steht auf dem Stein geschrieben.

Vier Tage, nachdem im »Großdeutschen Reich« der Befehl ergangen war, daß Juden vom sechsten Lebensjahr an den gelben Stern zu tragen hatten, und vier Tage, bevor man in Auschwitz die ersten Versuche, Menschen durch Giftgas zu töten, unternahm, begann in Schitomir das Massaker an der Bevölkerung. Am 19. September 1941 wurde das Ghetto aufgelöst, töteten die SS-Einsatztruppen achtzehntausend Menschen. Massengräber hinter dem Mahnmal bergen die Opfer: fünfundvierzigtausend Bürger aus Schitomir, von denen mehr als ein Drittel Juden waren, und fünfundsechzigtausend sowjetische Kriegsgefangene aus einem als Lazarett getarnten Lager, das die Nationalsozialisten dort, wo heute das Mahnmal steht, in der Vorstadt Bogynija errichteten. Gegen die steinerne Inschrift nimmt sich Wolf-Dieter Schnurres Gedicht »Gefängnis. Schitomir 1944«, das vom deutschen Soldaten, vom Tod und einer Sehnsucht nach blauen Lagunen, weißen Möwen erzählt, ganz klein und verloren aus. Wortlos verlassen wir den grauenvollen Ort.

Die Landstraße nach Osten in Richtung Kiew, von der die

Straße nach Süden, nach Berditschew und Winniza, abzweigt, umgeht die Innenstadt von Schitomir. Wir aber entscheiden uns, von der Landstraße ab, ins Zentrum zu fahren. Wir wollen Schitomir sehen, auch wenn »Intourist« eine Übernachtung in dieser Stadt nicht erlaubt. Wir fahren durch die Vorstadt, die zersiedelt ist wie westeuropäische Vorstädte, in der Fabrikanlagen neben Holzhäuschen, Hochhäuser im Brachland stehen. In den vergangenen zwanzig Jahren soll sich die Bevölkerung verdreifacht haben. Schitomir, Hauptstadt der Provinz Wolhynien, Industriestadt mit Maschinenbau-, Chemie- und Metallbearbeitungsfabriken, wird bald dreihunderttausend Einwohner zählen.

Wir haben keinen Stadtplan, dafür eine Adresse im Gepäck. Freunde von Freunden aus Moskau erwarten uns irgendwann in diesem Sommer. Die Lenin-Straße, die alte Kiewer Landstraße – vor zweihundert Jahren erstreckte sich ein großer See dort, wo nun drei, vier, fünf Stockwerke hohe Häuser stehen –, scheint kein Ende zu nehmen.

Schitomir ist – Przemyśl und Brody vergleichbar – so alt wie die Kiewer Rus. Nach dem Niedergang des Kiewer Reiches wurde es eine litauische Stadt. An seiner Lage und Entfernung vom litauischen Stammland ist, nebenbei bemerkt, die Größe und Macht des Großfürstentums Litauen damals, im 14. Jahrhundert, leicht zu ermessen. Wie vor ihm Lwów (1356), Przemyśl (1389) und zahlreiche andere Städte in Polen und Litauen erhielt Schitomir (1444) das Magdeburger Stadtrecht. Seit 1569, seit die Lubliner Union die Einheit des Polnisch-Litauischen Reiches verbriefte, herrschte polnischer Adel, lebten jüdische Händler, ruthenische Bauern auch in Schitomir. Auch dort mordeten und brannten die Kosaken des Bogdan Chmelnizki und dreihundert Jahre später General Budjonnys Rote Reiterarmee, um das soziale Gefüge aus mächtigen polnischen, später russischen Fürsten, armen ruthenischen Bauern und vermittelnden Juden zu zerstören.

Ukrainer, Litauer, Polen, Russen und Deutsche kämpften um die Stadt. Schitomir sieht auf eine tausendjährige Geschichte zurück, war jedoch – anders als Przemyśl, Lwów, Brody – unter polnischer Herrschaft, bis 1792, sehr klein; hatte nicht einmal dreitausend Einwohner, davon ein Drittel Juden. Erst unter russischer Herrschaft wuchs die Stadt, insbesondere ihre jüdische Bevölkerung nahm zu. In jenen Gebieten, die erst nach den Polnischen Teilungen dem Russischen Reich zugeschlagen wurden, im Baltikum, Gouvernement Warschau, in Belorußland, in der Ukraine, zwang die Regierung die Juden, die unversehens ihre Untertanen geworden waren, eng zusammengedrängt zu leben. Die großen Städte blieben den meisten russischen Juden verwehrt. Nur den wohlhabendsten unter ihnen gelang es, Wohn- und Handelsrechte in Moskau, Petersburg oder Kiew teuer zu erwerben.

Scholem Alejchems Menachem Mendel, Händler, Schriftsteller, Heiratsvermittler, Agent von Beruf, schrieb seiner Frau Scheine-Scheindl in Kasriliwke von der Schwierigkeit, in der Großstadt – Kiew war es – seinen Geschäften nachzugehen, ohne dort zu wohnen. Er mußte sich einen Schlafplatz in der Umgebung suchen, jeden Tag von dort in die Stadt hineinfahren.

Als Schitomir zum Zarenreich kam, lebten nicht viel mehr als eintausend Juden dort. Einhundert Jahre später, im Jahre 1897, waren es 30748, dreißig Mal so viele; sie machten fast die Hälfte der Stadtbevölkerung aus.

Im dichten Provinzstadtverkehr fahren wir die Lenin-Straße von Schitomir hinauf, sehen nur wenige Bauten, meist Wohnhäuser rechts und links hinter den Bäumen, die älter sind als der Krieg. Keine andere als Schitomir am Teterew kann jene große Stadt sein, in die Benjamin und Senderl aus dem kleinen Stetl Tunejadowka gerieten, auf ihrer Reise in die Welt, auf der Suche nach dem sagenhaften Stamm der roten Juden und dem Gelobten Land. Der, der den beherzten Benjamin und den einfältigen Senderl ersann, Don Quijote und Sancho Pansa auf jiddisch, Mendele Mojcher Sforim – Mendele, der fliegende Buchhändler, der eigentlich Schalom Jakob Abramowitsch hieß –, war der erste und wurde der älteste unter den Begründern der jiddischen

Literatur aus Polen und der Ukraine. Das kleine jüdische Menschele aus dem Stetl hat er zur großen Literatur gemacht. Er war Lehrer und lebte, nachdem ihn die Herren der jüdischen Gemeinde, weil sein beißender Witz sie nicht schonte, aus Berditschew vertrieben hatten, elf Jahre, von 1869 bis 1881, in Schitomir. Was ist von Teterewka geblieben? »Teterewka ist groß, hat schöne Häuser und enge Gassen«, läßt Mendele Mojcher Sforim Benjamin von Teterewka in sein Tagebuch schreiben: »Sieht man die Stadt zum ersten Mal, hat man den Eindruck, sie brause nur so vor Leben; doch ist man einmal an sie gewöhnt, stellt sich heraus, daß sie nichts anderes als ein vergrößertes Tunejadowka ist.« Wie in Tunejadowka / Schmarotzkau werde die Zeit in Teterewka nach den Mahlzeiten gemessen, die Luft in der Stadt mache kraftlos und schläfrig; über Politik werde hier wie im kleinen Stetl auf der obersten Bank im Schwitzbad entschieden.

Ein bißchen erinnert die Lenin-Straße in Schitomir an die schnurgeraden langen Straßen der ukrainischen Dörfer. Die alte Stadt haben deutsche, dann, um Schitomir zurückzuerobern, sowjetische Bomben und Granaten in Schutt und Asche gelegt. Schöne Häuser und enge Gassen, wie Benjamin und Senderl sie sahen, als sie nach Teterewka kamen, sehen wir nicht. Auf den Trümmern des Krieges, der Menschen und Städte verbrannte, entstand eine moderne sowjetukrainische Provinz-Industriestadt. Schicht für Schicht legte der Staatssozialismus auch auf sie seine Lasten, jahrzehntelang. Über die jüdische Stadt Schitomir hat sich der Staub grauen Vergessens gelegt. Unmöglich, sie mit den Augen Mendele Mojcher Sforims zu sehen. Sentimentale Erinnerung, archäologischer Schatz, ethnographisches Material, schöne Literatur bleibt von seinem Humor – und uns das Lachen im Hals stecken, wenn wir lesen, wie Benjamin, Frau und Kind verlassend, zusammen mit dem gutmütigen Senderl aus dem kleinen ukrainischen Stetl Tunejadowka in die weite Welt hinauswandern will, die er nur aus den heiligen Büchern kennt, und nicht weiter als bis nach Kiew gelangt, weil die Westukraine den beiden Abenteurern undurchdringliche Wildnis, lebensgefährliche Wüstenei bietet; wie sie, von zwei Juden hinterhältig betrogen, beinahe Söldner des Zaren geworden wären – abgesehen von Pogromen, das Fürchterlichste, was einem Juden im zaristischen Rußland passieren konnte.

Der Mord an den ukrainischen Juden hat solches Abenteuer und Leid, hat alle Einbildung und Borniertheit, Selbsttäuschung und Weltfremdheit, die Mendele Mojcher Sforim und andere spitzzüngig, liebevoll und scharfsinnig an ihren Landsleuten, den Stetl-Juden, kritisierten, überboten, zunichte gemacht und damit auch die Wortwelt der jiddischen Literatur getötet. Nur wenige Überlebende haben Reste von ihr in ihre lebendige Sprache gerettet, lange im geheimen, in Nischen der sowjetischen Kultur aufbewahrt und es – wie unlängst ein ukrainischer Theaterregisseur in Moskau – möglich gemacht, *Die Reisen Benjamin des Dritten* wieder auf einer sowjetischen Bühne zu spielen. Im Lande der noch immer so schwer zu erringenden und teuer zu erwerbenden Reisefreiheit wird Benjamin aus Tunejadowka nicht nur für Juden wieder lebendig.

Kaum einen Blick für die Schönheit der Häuser rechts und links, suchen unsere Augen nur ihre Hausnummern. Die Medwedews sollen, so habe ich es notiert, in der Lenin-Straße wohnen.

Freundlich, als würden wir erwartet, als wären wir alte Bekannte, werden wir dann in einem Mietshaus, das neben anderen hinter der ersten Häuserreihe der Lenin-Straße in einem ruhigen, grünen Innenhof steht, in die Wohnung gebeten. Die Medwedews möchten uns Schitomir zeigen, bringen Tee, legen Reiseführer, Literatur über die Stadt auf den Tisch. Owsej Jefimowitsch stammt aus Schitomir, ist, kurz nachdem ukrainische Nationalisten, polnische Soldaten und die Kosaken der Roten Reiterarmee Schitomir umkämpft und verwüstet hatten, hier geboren, aufgewachsen und nach dem Krieg wieder hierher zurückgekehrt. Blutjung, als Rekrut wurde er in den Krieg eingezogen. Die Rote Armee hat Owsej Jefimowitsch das Leben gerettet. Der Krieg aber hat seine Gesundheit für immer zerstört, ihm die Wirbelsäule unheilbar verletzt. Je älter er werde, desto schmerzhafter erinnere ihn sein Rücken an den Krieg. Jene Kriegsjahre verbrachte seine Frau Sofia Abramowna, die jünger ist, in einem Internat in Leningrad, hörte dort von deutschen Kriegsgefangenen, die das Parkett polieren mußten, zum ersten Mal unsere Sprache. Nach dem Krieg lernten sich die beiden, als sie studierten, in Kiew kennen. Owsej Jefimowitsch ist Ingenieur, war lange Leiter eines technischen Betriebes. Der Veteran des Großen Vaterländischen Krieges lebt nun im Ruhestand so angenehm, wie es ihm seine Verletzung erlaubt.

Nur wenig wissen sie noch von der Kultur ihrer Eltern, vom Leben im *mestetschko*. Ausgewählte Werke von Scholem Alejchem in russischer Sprache, sechs Bände, stehen im Bücherschrank neben Büchern von Lion Feuchtwanger, Charles Dikkens, Ruyard Kipling und Thomas Mann. »Wir sind Internationalisten«, sagen sie. »Ich glaube an keinen Gott und habe nie an einen geglaubt«, sagt Herr Iwanowski, der Erzähler des Romans *Schwerer Sand* von Anatoli Rybakow. »Russe, Jude, Belorusse, da gibt es für mich keinen Unterschied«, so Iwanowski. »Die Sowjetmacht hat mich zum Internationalisten erzogen. Meine Frau Galina Nikolaewna ist nicht Jüdin, wir sind seit dreißig Jahren verheiratet und haben drei Söhne, prächtige Jungen, und wenn sie auch als Juden eingetragen sind, sie sprechen nicht jiddisch, sondern russisch, sind in Rußland geboren, mit Russinnen verheiratet, meine Enkel sind also Russen, und unsere gemeinsame Heimat ist Sowjetrußland.« Owsej Jefimowitschs Frau ist zwar auch jüdischer Herkunft und statt drei Söhnen hat er zwei Töchter, die wie sie in Schitomir leben, selbst Kinder haben, nur eine von ihnen ist mit einem Russen verheiratet, aber so oder ähnlich wie Herr Iwanowski hat auch er von sich geredet. Jiddisch zu sprechen und zu lesen, wie es im Elternhaus noch üblich war, hat er verlernt, verstehen kann er seine Muttersprache noch ein wenig. Das russischsprachige Jahrbuch der jiddischen Zeitschrift *Sowjetisch Hejmland* habe er abonniert, erzählt er und zeigt es uns. *Hjemland*, jene sowjetisch-jiddische Zeitschrift aus den ersten Nachkriegsjahren, die, unter Stalin verboten, unter Chruschtschow ab 1961 mit dem neuen Namen

Sowjetisch Hejmland wieder erscheinen durfte, bis vor kurzem aber ein potemkinsches Dorf der sowjetischen Toleranz gegenüber der jüdischen Kultur war, erweist sich angesichts der neuen Möglichkeiten, Judentum in der Sowjetunion zu erinnern und zu leben, als Arche Noah der sowjetisch-jüdischen Kultur. Mit großem Interesse verfolge er die Neuigkeiten aus der jüdischen Bewegung, sagt Owsej Jefimowitsch. Heute ärgere er sich, daß er so viel vom Stetlleben seiner Kindheit vergessen habe. Sofia Abramowna bringt einen schwarzen Satinbeutel herbei, nestelt am Verschluß herum, öffnet ihn verschämt. Erstaunt schaut der Mann ihr zu, fragt, was sie da habe. Die *teffilin*, die Gebetsriemen seines Vaters, antwortet sie, gesteht, jahrelang habe sie sie im Wäscheschrank aufbewahrt. Er hat davon nichts gewußt, hat die Gebote, die Moses den Juden auferlegte (»einschärfe sie deinen Söhnen, / rede davon, / wann du sitzest in deinem Haus und wann du gehst auf den Weg, / wann du dich legst und wann du dich erhebst...«), und die Zeichen zu ihrer Erinnerung (»knote sie zu einem Zeichen an deine Hand, / sie seien zu Gebind zwischen deinen Augen, / schreibe sie an die Pfosten deines Hauses und in deine Tore!«) lange vergessen.

Der Schwiegervater sei gläubig gewesen, erzählt Sofia Abramowna. »Ich gehe in den Club«, habe er immer gesagt, wenn er heimlich in die Synagoge wollte, an irgendeinen verschwiegenen Ort. Sofia Abramowna und Owsej Jefimowitsch lachen verlegen, lassen ungeschickt die Gebetsriemen durch ihre Finger gleiten, betasten die kleinen schwarz glänzenden Kästchen daran. Sie wissen nicht mehr mit ihnen umzugehen. Von einer Synagoge oder einer jüdischen Gemeinde in Schitomir wissen sie nichts. Stolz zeigen sie ihr Schitomir, fahren uns mit ihrem kleinen roten Auto – ein Geschenk und ein Privileg für den schwer kriegsversehrten Veteranen des Großen Vaterländischen Krieges, das ihn inklusive Benzin nur ein paar Rubel im Monat kostet – kreuz und quer durch die Stadt, an etwas windschiefen, niedrigen ukrainischen Holzhäusern vorbei, die mit ihrer reichen Verzierung das Bild einiger Straßenzüge zwischen der Lenin-Straße und dem Teterew prägen. In diesen Straßen stehen die Geburtshäuser – heute sind sie Museen – zweier berühmter Männer aus Schitomir. Wladimir Galaktionowitsch Korolenko, der radikaldemokratische, später den Narodniki nahestehende und dafür nach Sibirien verbannte Gesellschaftskritiker und Schriftsteller, und der bedeutendste sowjetische Raketenkonstrukteur, Sergej Pawlowitsch Koroljow, stammen aus der wolhynischen Stadt. Nicht weit entfernt von den alten ukrainischen Holzhäusern ragt an einem kleinen Platz eine Rakete in den Himmel. Sie weist auf das Weltraumtechnik-Museum von Schitomir hin. An einem anderen, größeren Platz ist den sowjetischen Kosmonauten ein kühnes Denkmal errichtet, das golden in der Sonne blitzt. Ein Kosmonaut schwingt sich über eine kleine Erdkugel aus einer Spirale in den Himmel hinauf. Ein Springbrunnen umkränzt das goldene Ensemble.

Vom Schitomir des Polnisch-Litauischen Reiches sind nur noch wenige altehrwürdige Bauwerke zu sehen: an der Tschernjachowski-Straße die Klosterzellen des ehemaligen Jesuitenklosters, im alten Stadtkern, auf dem Schloßberg, der vom Ende der Lenin-Straße ansteigt, an der Komarow-Straße die katholische Kathedral-Kapelle und der Sitz des alten Magistrats. Der schmetterlingsförmigen weißen und hellgelben Fassade der in einer Stilmischung aus Spätrenaissance und Barock erbauten zierlichen Kapelle mit ihren beiden Türmen, die wie Fühler in den Himmel ragen, ist die Verwandtschaft zu den Patrizierhäusern im polnischen Zamość anzusehen. Im Kontrast zu ihr steht das Magistratsgebäude behäbig fest auf der Erde und war, im Krieg von den Deutschen zerstört, 1951 wieder aufgebaut, doch nicht unverletzlich.

Oben auf dem höchsten Punkt des Schloßbergs liegt inmitten eines von alten Bäumen umstandenen weiten Rasenplatzes ein großer Feldstein. Auf Bänken sitzen alte Frauen um den Stein herum, der wohl einige Dutzend Tonnen schwer ist. »Hier, auf diesem Berg, wurde im Jahre 884 die Stadt Schitomir gegründet«, steht auf dem Stein. Zu diesem Feldstein kommen die Leute, um der Leidensgeschichte der Stadt, all der Ermordeten und Gefallenen von Schitomir zu gedenken, hier weinen die

Mütter um ihre Söhne – nicht an jener schon von weitem sichtbaren, monumentalen zylindrischen Säule aus wolhynischem edel glänzenden Labradorit-Gestein, auf der Partisan und Patriotin hoch oben stolz ihr Banner entfalten und vor der ein ewiges Feuer brennt.

Eine kleine bronzene Puschkinbüste, deren Zierlichkeit der massive Granitsockel betont, bewacht den Ersten Boulevard. Owsej Jefimowitsch chauffiert uns in den Gagarin-Park. Mit Sofia Abramowna – Owsej kann nicht lange zu Fuß gehen – gehen wir neben Kaskaden und Springbrunnen her die steinernen Stufen der Parkallee hinab, schauen vom Geländer einer hohen, kühn sich schwingenden Brücke, die neu erbaut ist, das Steilufer hinunter, auf das grüne Wasser des Teterew – »ein abscheuliches Flüßchen«, fand Isaak Babel. Frauen spülten Wäsche im Teterew. Schitomir, schrieb er, sei »eine weiße, keine verträumte, eine geschlagene, gezähmte Stadt«. Ein einziges Bild finde ich im Reiseführer vom weißen Schitomir, noch nicht brandgeschwärzt: Weiße Mauern, weiträumig geschwungene Torbögen. Straßenlaternen säumen die Straße. Dicke Mauern haben die Stadthäuser, hohe Rundbogenfenster in der ersten Etage. Kleine *fortotschki*, Lüftungsklappen, sind den Fensterkreuzen eingepaßt. Hinter der Mauer, den Häusern gewaltige Kirchenkuppeln. Welchen Blick hätte man von einer Galerie in einem jener hellen Kathedraltürme? Ein hochrädriges Pferdefuhrwerk steht am Straßenrand. Menschen stehen in kleinen Grüppchen auf dem Platz, andere gehen geschäftig vorbei. Die Dachrinne am Haus, neben dem Haus Telegraphenmasten, zeugen vom technischen Standard der Stadt. Schitomir zu Beginn des 20. Jahrhunderts. Plötzlich geht ein Stöhnen über den Platz. Häuser stehen in Flammen. Pogrom in Schitomir, ein Judengemetzel von den russisch-nationalen »Schwarzen Hundert« mit Unterstützung der zaristischen Polizei angezettelt. Simon Dubnow hat es kurz nach Pessach 1905 in seinem Tagebuch vermerkt. – Wieder brennen die Häuser, stöhnen die Menschen. Wieder ist Judenpogrom in Schitomir, nun von den Polen in Gang gesetzt, dann natürlich auch von den Kosaken. Isaak Babel war Zeuge. Sie schneiden den Juden die Bärte, die *pejes* ab, nehmen sie auf dem Marktplatz fest, führen sie ins Schlachthaus, mißhandeln sie, schneiden ihnen die Zungen heraus. Dunkelheit fällt über den Platz in den Jahren des Bürgerkriegs. Dann Flugzeugdröhnen. Gleißende Helligkeit. Ein Spätsommertag im Jahre 1941. Menschen werden von allen Seiten auf dem Marktplatz zusammengetrieben. Angst verzerrt ihre Gesichter, ihre Augen sind vor Schreck geweitet. Auf Befehl reißen sie ihre Arme hoch, verschränken, die Köpfe leicht gebeugt, die Hände im Nacken. Bürger von Schitomir, von der SS gezwungen, sich eine Exekution anzusehen. Schreckensbilder haben sich über das Bild von der weißen Stadt gelegt. Träge fließt das Wasser des Teterew. Wir lösen uns vom Anblick des Wassers, gehen zum Auto zurück. Unser Gastgeber möchte uns sein Elternhaus zeigen.

Ein behäbiges niedriges Holzhaus. Die Außenwände durch Lehmputz verstärkt, weiß gekalkt, mit vielen Fenstern, den ukrainischen Häuschen zum Verwechseln ähnlich, steht es am Straßenrand neben anderen solchen Häusern in der Vorstadt von Schitomir. Wir werfen einen Blick in den Innenhof, sehen rund um den teils asphaltierten, teils mit Gras bewachsenen Platz wieder Häuschen an Häuschen stehen, mit Veranden, schiefen Anbauten, Bretterverschlägen. Wäscheleinen sind über den Hof gespannt. Ein Schiguli steht vor einem der Häuser, auch ein Fahrrad, ein anderes streckt, zur Reparatur bereit, die Räder in die Luft. Unter das Laubdach einer knorrigen Kastanie haben die Bewohner Tisch und Stühle gestellt. Menschen sind nicht zu sehen. Hier möge er nicht mehr wohnen, sagt Owsej Jefimowitsch, ohne Wasserleitung, ohne Heizung, mit kalten Fußböden und zugigen Fenstern. Einfach rückständig und unkomfortabel erscheint ihm, was für uns Idylle ist, und so wohnt er lieber im Mietshaus aus den sechziger Jahren im Zentrum der Stadt, in dem die Wasserleitung, wie bei den Medwedews kürzlich geschehen, nur dann und wann einmal ausfällt.

Im Jahre 1959 sollen offiziellen Zählungen nach noch 14800 Juden (vierzehn Prozent der Bevölkerung) in Schitomir gelebt haben. Die *Encyclopaedia Judaica* geht davon aus, daß es eher 25000 waren. Sie hätten einen Rabbiner und eine Synagoge gehabt. Dieses Gebäude sei 1962 zerstört worden, habe einem neuen Wohnhauskomplex weichen müssen. Da habe sich die Gemeinde eine andere Unterkunft gesucht. Von einer Synagoge in der Basar-Straße in Schitomir hörten wir; unsere Gastgeber wissen von alledem nichts. Auch ihre Bücher und Broschüren über Schitomir schweigen über die jüdische Geschichte der Stadt. Wladimir Galaktionowitsch Korolenko und Sergej Pawlowitsch Koroljow feiert die sowjetukrainische Stadtgeschichtsschreibung. Ihnen sind Museen und Denkmäler errichtet, Straßen sind nach ihnen benannt. Auch dem polnischen Revolutionär und General der Pariser Kommune Jarosław Dąbrowski, 1836 in Schitomir geboren, ist eine Erinnerungstafel, ein Denkmal gewidmet, auch er paßte ins ideologische Konzept. Kein Wort über bekannte jüdische Bürger der Stadt, über Mendele Mojcher Sforim, über Abraham Goldfaden aus Staro-Konstantinowo, der, als er siebzehn war, an das Rabbinerseminar, die *jeschiwah*, nach Schitomir kam. Kein Wort von seinem Lehrer, dem wolhynischen Aufklärer Abraham Bär Gottlober, der den Schüler ermutigte, jiddische Gedichte zu schreiben und jiddische Volkslieder zu sammeln, die dieser zusammen mit den »Broder Sängern« in Weinkellern und Gartenlokalen vortrug. Abraham Goldfaden gilt als der Begründer des jiddischen Theaters. Er begann fürs Theater zu schreiben, stellte eine Schauspieltruppe zusammen, die durch Rumänien und das Russische Reich zog, bis ihnen die zaristische Regierung aus Angst vor diesem neuen jüdischen Massenmedium 1883 Auftritte untersagte. Da ist die Truppe ins Ausland gegangen. Kein Wort über Chaim Nachman Bialik. Die *Encyclopaedia Judaica* dagegen stellt ihn als den größten hebräischen Dichter der Moderne vor und widmet dem Essayisten, Schriftsteller, Übersetzer und Publizisten viereinhalb enzyklopädische Seiten. Chaim Nachman Bialik, im Dorf Radi bei Schitomir geboren, Sohn eines Holzhändlers, Mühlenpächters, Schankwirts, der früh starb, so daß der strenggläubige Großvater die Erziehung übernahm, verlebte seine Kindheit in Schitomir und den größten Teil seines Lebens im alten zaristischen, dann sowjetischen Rußland; Schitomir, das litauische Woloschin, Odessa, Warschau sind die Stationen; strenggläubiges Judentum und zionistische Bewegung die ideologischen Pole; moderne hebräische und russische Literatur die auseinanderstrebenden ästhetischen Fluchtlinien seiner osteuropäischen Lebensjahre. 1921 durfte er auf Fürsprache von Maxim Gorki zusammen mit anderen hebräischen Schriftstellern das Land verlassen. Er ging nach Berlin, verbrachte seine letzten Lebensjahre in Palästina.

Auf dem jüdischen Friedhof von Schitomir, der groß und gut erhalten ist, fragt Sofia Abramowna – uns zuliebe – nach der Synagoge. Der Friedhofswächter weiß, wo sie sein soll. Mit dem roten Auto gelangen wir schnell in eine Gegend, nicht weit vom Zentrum entfernt, in der, wie so oft, Holzhäuser in Gärten neben Hochhäusern stehen. Ein winziges grün-weiß schimmerndes Häuschen in einem kleinen Garten, in dem Obstbäume so dicht stehen, daß wir es zuerst kaum sehen, soll die Synagoge sein? Tür und Fensterläden sind geschlossen. Doch die Türklinke gibt nach. Hinter der ersten Tür – der Windfang hinter der nächsten – ein schummriger Innenraum. Acht Stühle sind zu einem Bett zusammengeschoben. Decken und Lumpen liegen darauf. Der *magên David*, der Davidsstern an der Wand, aus kleinen Glühbirnen drapiert, ist im ersten Moment der einzige Hinweis auf einen jüdischen Versammlungsraum. Ein altes Männlein im Mantel erhebt sich von dem improvisierten Lager, erklärt, wir sollten morgen früh wiederkommen, erst am Morgen würden sich Leute hier zum Gebet versammeln. Er habe nur im Garten gearbeitet, bewache das Bethaus. Fluchtartig verläßt Sofia Abramowna den dunklen Raum. Nein, diese Hütte sei keine Synagoge, erklärt sie bestürzt. Als Kind sei sie mit ihrer Mutter in der Synagoge gewesen. Prächtige Feste hätten die Juden gefeiert, Lichter hätten gebrannt – überall, viele Menschen hätten sich dort versammelt. Beim Anblick dieser Hütte schäme sie sich, werde ihr traurig zumute.

Viele Juden haben ihre Herkunft vergessen und verdrängt,

viele ihre kulturelle, religiöse Identität aus Angst vor Diskriminierung und Stigmatisierung verleugnet. Die Russische Revolution hatte viele Juden zu Internationalisten gemacht, versprachen sie sich von dem Sturz der autokratischen Herrschaft und dem Aufbau einer sozialistischen Gesellschaft doch die Emanzipation, die die Juden in Westeuropa seit der Französischen Revolution Stück für Stück errungen hatten. Viele von den russischen Juden sahen die Lösung ihrer Probleme in der Assimilation, daneben aber bestand in der Sowjetunion der zwanziger Jahre eine mannigfaltige religiöse und säkularisierte jiddische Kultur. Die Dogmen und Aporien der marxistisch-leninistischen Staatsideologie vom »Sozialismus in einem Land«, wie sie sich in den dreißiger Jahren herausbildeten und nach dem Zweiten Weltkrieg in einem massiven Antisemitismus gipfelten, ließen die Existenz nationaler Kulturen nur als Teil der Sowjetkultur zu. Seither wurden die Juden in der Sowjetunion von einer Machtpolitik niedergehalten, die – paradoxes Pendant zur Ideologie – die Juden als »Nationalität« fixierte und diskriminierte. »Jude« steht unter der Rubrik »Nationalität« in ihrem Paß. Oft werden sie auch an ihren Namen, manchmal an ihrem Aussehen erkannt und dafür verachtet. Die endlich offiziell gewährte Erlaubnis, das Land zu verlassen, dazu die extreme ökonomische Krise und erneut hochschlagende Wellen von Antisemitismus treiben die Juden seit Ende 1989 zu Tausenden aus dem Land.

Das »kleine Volk« der Juden sei, so sagen die Antisemiten, aufgehetzt von den russischen Nationalisten der »Pamjat«-Bewegung, schuld an allem, was aus dem Westen nach Rußland kam: am Kapitalismus wie an der Revolution. Die Nationalisten kämpfen mit offenem Visier. Antisemitische Wahlkampfparolen sind keine Seltenheit, Wahlplakate werden beschmiert, mit dem Judenstern gestempelt. Familien zerstreiten sich an der nationalen Frage, jüdische Verwandte werden ausgegrenzt. Pogromdrohungen verunsichern die Menschen. Die Regierung tut so, als sei Antisemitismus und Chauvinismus eine Fiktion von Aufwieglern und Hysterikern. Unklar bleibt, wieviel Sympathie sie für »Pamjat« hat.

Von der Rundfahrt durch Schitomir zurückgekehrt, werden wir von dem Enkel Schenja in der großelterlichen Wohnung begrüßt. Er studiert in Leningrad, weiß viel von der »Pamjat«-Bewegung dort, vom Antisemitismus zu erzählen, während Sofia Abramowna nach bester russischer Hausfrauenart in der Küche das Essen zubereitet. Eine andere Sache, die ihm auf dem Herzen liegt, ist Tschernobyl, das nicht weit von Schitomir liegt. Sein Vater, ein russischer Ingenieur, habe dort gleich nach der Reaktorkatastrophe drei Monate lang gearbeitet, sei höchster Strahlenbelastung ausgesetzt gewesen. Nun werde seine Gesundheit – es gehe ihm nicht besonders gut – im radiologischen Institut in Kiew regelmäßig überwacht.

Sofia Abramowna stellt erst die Vorspeisen, kleine Schälchen mit selbtgemachtem Kartoffel- und Krautsalat, Wurst, Käse, Gurken und Knoblauchknollen, sauer eingelegt, auf den Tisch, füllt die Teller dann mit dampfender Kohlsuppe, dazu gibt es fleischgefüllte Piroggen. Beim Essen, außer Schenja ist noch die kleine Enkelin Nadja, eine Cousine von Schenja, hinzugekommen, denke ich an die Folgeschäden von Tschernobyl; daran, daß in Randbezirken von Schitomir, in Noroditschi, Fohlen mit zwei Köpfen und Schweine mit nur einem Auge auf die Welt kommen. Sofia Abramowna bedient uns, legt gebratenes Hühnerfleisch auf unsere Teller, Reis dazu. Zum Nachtisch Birnenkompott in Gläsern, Nußgebäck und Tee. Sie selbst möchte nicht essen. Alle Einwohner von Schitomir, erzählt sie, würden regelmäßig medizinisch untersucht. Bisher bestehe keine Gefahr für die Einwohnerschaft, anders sei es in einigen ländlichen Bezirken im Norden, die näher an Tschernobyl liegen. Manche Ortschaften hätten geräumt, ihre Bevölkerung evakuiert werden müssen.

Auf dem Markt kauft Sofia Abramowna Obst und Gemüse, Reiseproviant, für uns ein, Äpfel, Gurken, Tomaten aus Moldawien, nicht aus der Umgebung von Schitomir. Weil die besser schmeckten, sagt Sofia Abramowna.

Unterwegs

Wir stehen in einem dunklen Raum. Zwischen grauen Bretterwänden liegen dicke Holzbalken, auch dünne Latten kreuz und quer übereinander auf der schwarzen festgetretenen Erde. Keine Fenster, keine Türen hat der Raum. Sein Ende verliert sich im Dunkel. Deckenbalken hängen tief, zwingen uns, auf Händen und Füßen, auf Knien über die Latten und Bretter in das Dunkel hineinzukriechen. Es gibt keinen Weg zurück. Morsches Holz knackt unter Tritten. Modrig riecht es, nach Teer. Eisige Luft steht im Raum, Atem schlägt sich feuchtkalt um Mund und Nase nieder. Wir steigen wie über Leitern, deren Sprossen schief, gefährlich locker über den Holmen liegen, Halt versagen, zerbrechen unter den Tritten, auf allen vieren vorwärts. Ein Fuß, eine Hand rutscht ab, findet dann wieder Halt. Der Boden scheint nicht eben, führt, es mag im dunklen Raum eine Täuschung der Sinne sein, schräg nach oben. Endlich sehen wir, weit vorn, einen hellen Fleck. Ein fahler Lichtpunkt flimmert, ein Stern am kalten Nachtraumhimmel. Wir klettern, kriechen schneller, wollen zum Lichtpunkt gelangen. Dort wird ein Hinauskommen sein. Eine Hand, ein Fuß rutscht ab, Holz bricht, fällt ins Dunkel, schlägt dumpf irgendwo auf dem Boden auf. Außer Atem schon kriechen wir hastig weiter, als das Licht endlich größer und heller wird. Tageslicht fällt ein, blendet die ans Dunkel gewöhnten Augen. Lang legen wir uns auf's Holz, die Augen geschlossen, warten, daß sie sich ans Licht gewöhnen, sehen dann – den Himmel über uns, das Wasser tief unten, weit entfernt Ufer und vor uns keinen Ausweg, der sicheren Grund verspräche, sondern eine verwitterte hölzerne Brücke, die, auf gebrechlich dünne Holzpfeiler gestützt, sich bucklig hochwölbend über das Wasser ragt und ohne ein sichtbares Ende Richtung Ufer führt. Träge wälzt sich der Fluß. Es könnte der Teterew, der zum Dnjepr fließt, sein. Isaak Babel sehe ich, wie er die Pferde der Reiterarmee tränkt, dann selbst im schmutzigen Wasser badet. Stumm kriechen wir weiter über die grauen, morschen Planken die Brücke hinauf, die kein Geländer hat; zwischen den Planken gähnt Abgrund durch die Ritzen. Wieder löst sich ein Holz, verliert sich trudelnd im Blau. – Isaak Babel badet unten in Teterew. Oder sind wir am San, am Pruth, am Südlichen Bug? – Farblos, so sagt man, seien Träume. Diese Nacht haben wir »Intourist« geschenkt, sind einfach in Schitomir geblieben.

Berditschew is schejn ... gewen

Von Schitomir führt eine Landstraße nach Süden, in das dreiundvierzig Kilometer entfernte Berditschew. »Berditschew is schejn, ach wolt es nor main gewen!« war eine jiddische Redewendung. Das Städtchen galt als Inbegriff des ukrainischen Stetl – *mestetschko* wird es auf russisch genannt –, ja, als heimliche Hauptstadt der Stetljuden im Russischen Reich, Brody vergleichbar in Galizien. Viele Witze, Anekdoten, Geschichten gingen um über Berditschew. »Pischt na Berditschew!« Das ist vorbei, das siehst du nicht wieder. Trotzdem fahren wir von der Umgehungsstraße ab, nach Berditschew hinein.

Einer alten Legende nach verschlug es Juden, die zur Zeit König Salomo aus dem Gelobten Land nach Ophir, in das sagenhafte Goldland Indiens, ausgewandert waren, sich dort niedergelassen und Handel getrieben hatten, über das Meer und gegen die Strömung den Fluß Gnilopjat hinauf, der damals, so erzählt die Legende, noch ins Meer floß, bis nach Wolhynien. Ein schrecklicher Sturm, haushohe Wellen zertrümmern ihre Schiffe, warfen die Reisenden an Land. Dort bauten sie eine Stadt und nannten sie Berditschew. Nüchterner sieht die sowjetukrainische Geschichtsschreibung die Entstehung der Stadt: sie soll, 1545 im Polnisch-Litauischen Reich erstmals erwähnt, eine türkische Gründung sein. Vielleicht ist an beidem etwas Wahres, denke ich, und Berditschew eine Gründung der Chasaren, jenes eurasischen Reitervolkes türkischer Abstammung, das in der zweiten Hälfte des ersten Jahrtausends nach christlicher Zeitrechnung in der südrussischen Steppe ein großes Reich beherrschte. Viele Juden lebten unter den Chasaren. Das Volk der Chasaren nahm – und das ist einmalig in der Weltgeschichte – den jüdischen Glauben an. Arthur Koestler hat ein Buch über sie geschrieben. Als das Reich der Chasaren zerbrach, zogen sie durch die Ukraine nach Westen, ließen sich in Polen und Litauen nieder. »There is no evidence that a Jewish community existed in Berdichev before 1721«, hält die *Encyclopaedia Judaica* entgegen.

Die Stadt Berditschew mußte ich im Atlas suchen, nachdem ich sie im Film »Die Kommissarin« von Alexander Askoldow im Kino zum ersten Mal gesehen hatte: die Festung, die Stadtmauer, die krumme, mit runden Steinen gepflasterte Gasse, die zum Marktplatz führt, die Kirchen und Synagogen, Jefims Haus... Jefim, der jüdische Kesselflicker aus Berditschew – Askoldow hat ihn berühmt gemacht mit seinem Film, der zwanzig Jahre verboten, verschollen war, 1987 wiederentdeckt worden ist und seitdem in aller Welt gezeigt und geehrt wird –, Jefim also, fragt: »Werden einmal Straßenbahnen fahren in Berditschew?« und gibt sich die Antwort selbst: »Ja, einmal werden Straßenbahnen fahren in Berditschew und ich, Jefim, der Kesselflicker, mit ihnen!«, und er tanzt vor Freude.

Wenn Reisende von der Schitomirer Landstraße nach Berditschew kamen, mußten sie zuerst eine Pfütze überspringen, etwas weiter dann eine zweite und gleich noch eine dritte, die größte von allen, in die angeblich das gesamte Spülwasser der Stadt mündete, das, je nach Wochentag, immer eine andere Beschaffenheit hatte und Abfall vor sich herschwemmte, der sich in Farbe und Geruch deutlich unterschied. Lange, mehr als ein Jahrhundert nach Mendele Mojcher Sforims Benjamin aus Tunejadowka auf seiner Reise ins Gelobte Land sind wir von Schitomir nach Berditschew gekommen. Glubsk, Dummkau, nennt der jiddische Schriftsteller das Berditschew seiner Zeit, beleidigte die Gemeindeobersten damit so, daß sie ihn vertrieben und er nach Schitomir ging.

Beinahe ohne es zu merken – so spärlich, von einer Brücke gut verborgen, fließt sein Wasser –, überqueren wir den Fluß Gnilopjat, fahren auf einen Hügel, Ruinen von Festungsmauern zu, über die sich ein stattliches, hohes Bauwerk mit zwei Türmen erhebt; der höhere trägt ein dunkles Kuppeldach, darauf noch ein Türmchen mit goldglänzender Spitze. Wir fahren um die Festung herum, eine Straße hinauf. Berditschew ist auf einem Hügel über dem Gnilopjat erbaut. – »Die schtot N is gebojt in drai ringen. Erschter ring: die same mit, der handelsmark. Zwaiter: die groise ajgentleche schtot, mit di fil hoiser, gasn, geslech, liklech [Seitengäßchen], arum mark, wu der row gedichter jischew [Besiedlung] gefint sich. Dritter: forschtetlech.« So führt Pinchas Kahanowitsch, Der Nister genannt, ein Schriftsteller, der die Tradition jiddischer Literatur und Stetlkultur aus Berditschew über die Revolution hinaus in der Sowjetunion fortzuschreiben versuchte, die Leser der *Brüder Maschber* an seine Heimatstadt heran. Pinchas Kahanowitsch, Sohn eines frommen chassidischen Juden, eines zu Wohlstand gekommenen Fischhändlers aus Astrachan, und seiner im Unterschied zu ihrem Mann weltoffenen Frau Lea, löste sich aus der festumgrenzten Welt des Chassidismus, wurde Lehrer, begann – Perez war Vorbild für ihn – zu schreiben und unter dem Pseudonym Der Nister, dem Namen für die verborgenen sechsunddreißig jüdischen Gerechten, auf deren Schultern, der Legende nach, die sündige Welt ruht, zu veröffentlichen. In der Zeit der Revolution und des Bürgerkriegs gehörte er zum Kiewer Kreis junger jiddischer Schriftsteller, zu dem auch David Bergelson und Israel Singer zählten. 1921, als sich die Macht der Bolschewiki konsolidierte, verließ er desillusioniert die Sowjetunion, ging ins weltoffene Berlin, kehrte 1926 im Rückwanderungsstrom anderer russischer, jüdischer Emigranten voller Hoffnung in die Heimat zurück, aber marxistische Literaturkritik und Zensurbehörde ließen ihn nicht in Ruhe, machten ihm in den folgenden Jahren Leben und Arbeit schwer. Sein »unrealistischer«, symbolistischer Stil wurde ihm vorgeworfen. 1948, in jenem für die sowjetische Kultur schicksalhaften Jahr, wurde

Der Nister verhaftet. 1950 starb er in einem Gefängnisspital. Die Romantrilogie *Die Brüder Maschber* erzählt von drei jüdischen Brüdern, nimmt sich der armen, gedemütigten Juden der *forschtetlech* an, schildert das jüdische Berditschew, wie es seinem Ende entgegenging in der zweiten Hälfte des 19. Jahrhunderts. Der erste Teil wurde vom Autor 1939, mit Erfolg sogar, in der Sowjetunion veröffentlicht; der zweite entstand im Krieg und erschien 1948 erstmals in New York; der dritte ist bis heute verschollen; in deutscher Sprache ist das Fragment des jiddischen Epos, umwegig aus dem Amerikanischen übersetzt, 1990 erschienen.

»Wen a fremder wolt zum erschtn mol in N sich getrofn, wolt es im glaich, – zi wilndik, zi kegn sein wiln, – wi mit a magnet, zu der mit schtot, zum zenter a zi geton: dort is der roisch [Kopf], der kon [Kreis], dort – der iker-iker [Kern], dos harz, der puls fun schtot.«

Von der magnetischen Wirkung, die das Zentrum von Berditschew auf fremde Reisende einmal gehabt haben soll, spüren wir nichts, parken das Auto am Rand der Swerdlow-Straße und gehen ein Stück zurück, auf die Ruinen der Festung und die Kirche zu. Wie allerorts in Galizien, Wolhynien, Podolien zu jener Zeit ließ polnischer Adel 1627 die Festung bauen und ein Karmeliterinnenkloster darin. Die Festung war ein Bollwerk gegen Eindringlinge, auch gegen die aufständischen Kosaken des Bogdan Chmelnizki. Bis zur Zweiten Polnischen Teilung regierte die Schlachta die Stadt, dann ging sie in die Hände des russischen Adels, in die Hände der Radziwiłłs über. Einen großen Misthaufen, einziges Überbleibsel eines abgebrannten Hauses, sah Benjamin aus Tunejadowka in der Festung. Sie war schon zu Mendele Mojcher Sforims Zeiten eine Ruine, eine letzte Erinnerung an die polnische Adelsherrschaft, an Chmelnizki und Gonta, die Kosaken- und Bauenaufstände. Verwildert und verwahrlost finden wir Fremden aus einem Land, das seine Geschichte blankgeputzt ausstellt, das Gelände, treten durch das bröckelnde Backsteinmauerwerk über einen Wall aus Schutt in die ehemalige Burganlage ein, gehen über den Hof, zum Kir-

Karmeliterinnenkirche St. Barbara in Berditschew,
in der Honoré de Balzac und die Gräfin Evelina Hanska getraut wurden.

Hinterhof im ehemaligen Stetl Schitomir.

Das Grab des Rabbiners Levi Isaak
auf dem jüdischen Friedhof von Berditschew.

Grabmal des Baal Schem Tow
auf dem jüdischen Friedhof in Medschibosch.

Weg in Medschibosch.

Alte Grabsteine auf dem jüdischen Friedhof von Medschibosch.

Blick auf Scharowka, im Vordergrund ein Mahnmal dort,
wo im Zweiten Weltkrieg die Einwohner des Stetls erschossen wurden.

chenportal. Die Stufen der geschwungenen Freitreppe sind zerbrochen. Putz blättert von der einst herrschaftlichen Barockfassade, die an die Kathedrale des Heiligen Jura in Lwów erinnert. Mauerwerk liegt frei. Das Eingangsportal ist zugemauert, eine Tür, die Eindringlinge über die schmale Außenkanzel erreichen könnten, mit Brettern vernagelt. Einst schmückte den Vordergiebel über dem Hauptportal ein halbkreisförmiges Bild vom Berg Karmel, der Heimat des Bettelordens. Zu Füßen des Berges der römisch gewandete Prophet Elias. Vögel umschwirrten ihn, trugen ihm in ihren Schnäbeln Nahrung zu. Tauben nisten nun im Kuppelturm. Nur die Madonna auf der goldenen Mondsichel blinkt in der Sonne wie unversehrt von der Spitze des Turmes herab. Oben auf dem Misthaufen, spöttelt Benjamin aus Tunejadowka, stehe eine Kuh, die beim Wiederkäuen langsam ihre Lefzen hin und her schiebt wie ein vierbeiniger Prediger und auf das Gewimmel der Juden herabglotzt.

Am 14. März 1850, wenige Monate vor seinem Tod, schritt Honoré de Balzac über die Stufen der Freitreppe durch das Portal dieser Kirche, die Sankt Barbara hieß, feierte seine späte Hochzeit mit der polnischen Gräfin Ewelina Hańska, einer alten Brieffreundin, die in der Nähe von Berditschew zu Hause war und ein gutsherrliches Anwesen im nahegelegenen Wierzchownia besaß. Die Kirche war an jenem Tag »ganz überrieselt von geschmolzenem Schnee und brauste vor Glockenklang«. Nur unter allergrößtem Aufgebot der Kräfte hat der französische Schriftsteller und Lebenskünstler, einundfünfzig Jahre alt, krank und verarmt, die um ein Jahr jüngere Gräfin nach dem Tode ihres Mannes endlich zum Traualtar in die Kirche von Berditschew geführt. Am Abend des Hochzeitstages, draußen stürmte es, erlitt der herzkranke Balzac heftige Erstickungsanfälle, die fünfzigjährige Braut litt unter Gicht. Ihr Leibarzt verordnete, sie solle jeden Tag die Füße in den Bauch eines aufgeschnittenen Milchschweins tauchen; »zwischen die zuckenden Eingeweide« mußte die Gräfin ihre Füße stecken. »Es erübrigt sich, Dir zu sagen, wie gellend das Schweinchen quiekt«, schreibt der Jungvermählte in einem Brief. Eine makabre Hochzeit in Berditschew, von der die sowjetukrainische Stadtgeschichte stolz berichtet, ohne das Elend Balzacs zu erwähnen.

Wir kehren uns ab vom Kirchenportal, vom Gurren der Tauben, gehen an den alten Mauern der Sankt-Barbara-Kirche entlang, um eine Ecke herum. Lang und grau, besser erhalten als die Kirche, erstrecken sich die ehemaligen Klostergebäude. Eine Schule ist in ihnen untergebracht. Ein Mädchen sitzt auf den Treppenstufen, schaut verlegen weg, als wir Fremden auf das Gebäude zugehen. Es sind Sommerferien. Sie wartet auf ihre Lehrerin. Als die kommt, verschwinden beide im Innern der Schule. Wir gehen über den gepflasterten Hof, gelangen in den Festungsteil hinter der Klosteranlage, blicken von dort auf den Fluß, weit übers wellige Land. Blumenrabatten sind in der Festung, hinter Kirche und Kloster angelegt, besonders schön ein rechteckiges Beet mit dunkelroten Rosen. Ein Stein steht da. Auch das Beet – ein Grab? »Neunhundertundsechzig politische Häftlinge, ukrainische Intellektuelle, Kommunisten haben die deutschen Faschisten in der Festung zu Tode gequält und erschossen«, steht auf dem Stein.

Davon, daß es nicht nur Ukrainer waren, die in den Festungsmauern gequält wurden und ums Leben kamen, sondern auch jüdische Bürger von Berditschew, erzählt Wassili Grossman, der sowjetische Schrifsteller jüdischer Herkunft, der wie Der Nister, nur eine Generation später, aus Berditschew kam. Wassili Grossman verließ das Stetl, ging zum Studium nach Moskau, wurde wie sein Vater Chemiker, dann Schriftsteller und schrieb, anders als Der Nister, in russischer Sprache über die jüdische Heimatstadt: vor den Reportagen über den Zweiten Weltkrieg, die deutsche Okkupation, den Mord an seinen Landsleuten, eine Erzählung über einen anderen, den Russischen Bürgerkrieg, die das Libretto zum Film »Die Kommissarin« abgab. Die Reportagen aber waren für das *Schwarzbuch* gedacht, das er zusammen mit Ilja Ehrenburg herausgeben wollte. In der Sowjetunion ist es bis heute nicht erschienen, sondern 1980 in Israel. In der Nacht zum 3. November 1941, heißt es dort, haben SS-Leute mit Hilfe der ukrainischen Polizei und freiwilligen Schwarzhundertschaften Juden, die sich in den für Juden verbotenen Vierteln von Berditschew versteckt gehalten hatten, zweitausend Menschen waren es, dazu noch jene vierhundert, Ärzte, Handwerksmeister mit ihren Familien, die den Deutschen bis dahin als Spezialisten besondere Dienste geleistet hatten, in die Festung getrieben. Sie mußten sich auf den Boden legen, Geld und andere Wertgegenstände abgeben. Ein deutscher Offizier erklärte, jene, die Wertgegenstände versteckt hielten, würden nicht erschossen, sondern bei lebendigem Leibe begraben. In jener Nacht begann die SS sie in Gruppen von je einhundertfünfzig zu erschießen. Andere wurden nach und nach auf Lastwagen geladen, auf eine Sowchose vor die Stadt transportiert, dort erschossen. Einige ließ man in der Festung zurück. Jene, die nicht starben, erlitten den seelischen Tod.

Eine Frau im sommerlichen Kittelkleid kommt um die Hausecke, schaut neugierig, was wir wohl machen, dort zwischen den Rosen, weicht aber unseren Blicken aus, als wir zu ihr hinschauen, geht schnell weiter, verschwindet in einem der Innenhöfe der ehemaligen Klosteranlage. – Nicht einmal vom Mord an seinen Landsleuten, den ukrainischen Juden, geschweige denn von jüdischer Kultur durfte Wassili Grossman in der Sowjetunion der fünfziger Jahre öffentlich sprechen, obgleich er sich assimiliert, von der Stetlkultur losgesagt hatte. Die fünfziger Jahre, erinnert sich der Dichter Joseph Brodsky, seien eine schlimme Zeit für die sowjetischen Juden gewesen. Die Kampagne gegen die »wurzellosen Kosmopoliten« war in vollem Gange. Ein Brief sei herumgegangen mit der Bitte an das Zentralkomitee der Partei und an den Genossen Stalin persönlich, den Juden zu erlauben, den großen Schaden, den sie dem russischen Volk angetan hätten, durch Schwerstarbeit in abgelegenen Teilen der Union zu verbüßen. Der Brief hätte jeden Tag in der *Prawda* erscheinen sollen, statt dessen erschien die Bekanntmachung von Stalins Tod. Wassili Grossman gelang die Gratwanderung über dem Abgrund des staatlichen sowjetischen Antisemitismus durch sein doppeltes Spiel, offiziell Erlaubtes zu veröffentlichen und daneben Kritisches zum jüdischen Thema zu schreiben, was lange unveröffentlicht blieb. Sein Romanepos *Leben und Schicksal* über das barbarische Zwillingsgesicht von deutschem Faschismus und sowjetischem Stalinismus, über Stalingrad, Konzentrationslager, den Gulag ist erst vor wenigen Jahren, 1988, in Moskau erschienen.

Wir verlassen die Festung, gehen die Swerdlow-Straße hinauf. Die Hauptstraße von Berditschew ist nicht wie die meisten Hauptstraßen in sowjetischen Städten nach dem Begründer der Sowjetunion, sondern nach einem russischen Revolutionär jüdischer Herkunft benannt, nach Jakow Swerdlow, der, vierunddreißig Jahre alt, 1919 ums Leben kam. Soll sein Name die einzige Erinnerung an das jüdische Berditschew sein, von dem zu sprechen nach und trotz seiner Zerstörung in der Sowjetunion bis vor kurzem tabu war? – Lobend erwähnt der sowjetische Reiseführer Bogdan Chmelnizkis Befreiungskampf, ist stolz auf Honoré de Balzac, auf die Dekabristen Pawel Pestel und Sergej Murawjow-Apostol, die der Stadt, wohl auf dem Wege nach Tultschin oder Kischinjow, den Zentren des »Süd-Bundes« im Kampf der adligen Revolutionäre zu Beginn des 19. Jahrhunderts gegen die zaristische Selbstherrschaft, die Ehre ihrer Anwesenheit erwiesen haben.

Über die Hauptstraße, an der Festung vorbei, vorbei an einer Synagoge – deutlich war auf der flimmernden Leinwand der Schild Davids, der »Judenstern«, zu erkennen – reitet die Kommissarin Wawilowa mit einer Abteilung der Roten Reiterarmee in das von ukrainischen Nationalisten und polnischen Armee-Einheiten heimgesuchte Berditschew ein. Sie reitet bis zum Marktplatz, nimmt mit den Soldaten in einem Haus am Markt Quartier, zieht Stiefel und Uniform aus, geht ins Dampfbad. In Berditschew muß die Kommissarin, sie kann es nicht länger verheimlichen, ihre Schwangerschaft gestehen. Für einen Abbruch ist es zu spät, sie wird das Kind austragen, und Jefim, der Kesselflicker, nimmt die Revolutionärin, widerstrebend zwar, in sein windschiefes Holzhäuschen auf, in dem er hinter einem Zaun mit der Mutter, der Frau und vier Kindern wohnt. Zwei Welten stoßen aufeinander. In der engen Stube der armen jüdischen

Familie wird eine Mutter aus der Kommissarin, und die erfahrene Bejla, Jefims Frau, hilft ihr dabei. »Internationale« ist im Film wie in Isaak Babels *Tagebuch* ein magisches Wort, um die russische Kommissarin und den jüdischen Kesselflicker miteinander gegen die polnischen und ukrainischen Nationalisten und Antisemiten zu verbinden. Als die Revolution sie erneut ruft, wird aus der Wawilowa widerstrebend wieder die Kommissarin. »Die Kleinhändler sahen, wie eine Frau mit *Papacha* und Militärmantel die Straße entlang hinter den Rekruten herlief und sich im Gehen eine große, mattglänzende Mauser in den Halfter steckte«, heißt es in Wassili Grossmans Erzählung »Die Stadt Berditschew«. Jefim und Bejla schauen der Wawilowa nach. Jefim sagt, solche Menschen wie die Wawilowa seien früher im »Bund« gewesen, seien wahrhafte Menschen; sie, Jefim und Bejla, aber seien bloß Mist.

Vor der Oktoberrevolution ist Berditschew ein Zentrum des »Bundes« gewesen, jener Ende des 19. Jahrhunderts in Wilna gegründeten Organisation russisch- und polnisch-jüdischer Revolutionäre, die sich nach der Revolution dem Alleinherrschaftsanspruch der Bolschewiki beugen und sich auflösen mußte. Jiddisch, die Alltagssprache der armen Leute, war die Sprache des Bundes, »nationalkulturelle Autonomie« ihre Forderung, deretwegen sich die »internationalistischen« Bolschewiki mit ihnen überwarfen. Unter dem Sowjetregime hatte politische jiddische Kultur nur noch kurze Zeit, Ende der zwanziger bis Anfang der dreißiger Jahre eine Chance. *Der Arbeter* und *Di Woch* waren jiddische kommunistische Wochenzeitungen, die in jenen Jahren in Berditschew erschienen.

Wir gehen die Swerdlow-Straße hinauf. Keine Kleinhändler, keine Kommissarin, kein Sog zum Zentrum, von dem Der Nister spricht. An einem Kiosk kaufen wir eine *Moscow News* von vor zwei Wochen, ein Päckchen Ansichtskarten von der Stadt; einen Stadtplan gibt es nicht. Sind wir schon im innersten Ring? Wo liegt das alte Herz der Stadt, der »Magen von Glupsk«? – Dort, wo die Steigung sich zu mäßigen, die Straße eben zu werden beginnt, die Häuser enger stehen, beginnen wir nach der Adresse Swerdlow-Straße Nr. 8 zu suchen. Dort soll das Zentrum der jüdischen Gemeinde von Berditschew sein.

»Die Straßen tanzen Polka in Berditschew«, fand Balzac, »mal tanzen sie nach links, mal nach rechts, mal geradeaus.« Das Sowjetsystem versuchte nach den Zerstörungen des Krieges Ordnung ins Stadtbild von Berditschew zu bringen. Asphaltdecken tragen die nur von der Festung, vom Verlauf des Gnilopjat, dem hügeligen Gelände hier und dort gestörten geradlinigen Hauptstraßen. Zelt- und höhlenähnliche Häuser standen in Glupsk, die Benjamin an die legendäre Herkunft der Stadtbewohner erinnerten. Zwischen den zahllosen Synagogen, »geboit fun meschuggenem stil, oder beser gesogt: kejn stil«, im ersten Ring, den kleinen mit Schindeln, seltener mit Wellblech gedeckten Häuschen im zweiten und den Elendsquartieren im dritten Ring wuchs Der Nister in Berditschew noch auf. An der Swerdlow-Straße stehen in Reih und Glied zwischen langweiligen Nachkriegsbauten zwei, drei Stockwerke hohe, alte russische Stadthäuser mit byzantinisch überladenen, neoklassizistischen Fassaden. Die Hausnummer 8 finden wir nicht, irren die Straße hinauf und hinab, wagen es endlich, durch eine schmale Passage zwischen den Häusern hindurchzugehen, sehen in einer zweiten, einer dritten Reihe und quer zur ersten kleine Häuser aus Stein oder Holz gebaut, meist mit Wellblechdächern, manche mit schmalen Vorgärten, einen Zaun um sie herum, zwischen fünf, sechs Stockwerke hohen Wohnblocks. Einige der zwergenhaften alten Häuser, in denen noch immer ein Mann von normaler Größe mit ausgestrecktem Arm die Decke berühren kann, mit winzigen Innenhöfen, auf deren ausgedörrter Erde kein Grashalm wächst, stehen wie eh und je ungeordnet da, nur daß wir sie von der Straße her nicht sehen konnten. Nicht Straßen und befestigte Wege, sondern Trampelpfade verbinden sie miteinander. Hier war einmal, vermuten wir, der zweite Ring, die »eigentliche Stadt«.

In der zweiten Häuserreihe hinter der Swerdlow-Straße finden wir an einem kleinen Platz die Hausnummer 8, die Synagoge, einen schmucklosen, nicht sehr großen Quaderbau aus hellen Klinkersteinen, die hohen Bogenfenster vergittert, die niedrige Tür im unförmigen Anbau aus rotem Backstein an der Westseite verschlossen. Wir gehen um das Gebäude herum, sehen uns hilfesuchend nach einem Menschen um, der uns Auskunft geben, Einlaß in die Synagoge gewähren könnte. Da kommt ein älterer Mann in kurzärmeligem blauem Sommerhemd, einen prall mit klirrenden Flaschen gefüllten Einkaufsbeutel in der Hand, die Anhöhe zur Synagoge hinauf. Erst zum Abendgebet werde sie wieder geöffnet sein, sagt er und will weitergehen. Schnell erzählen wir ihm von unserer Not, jemanden, der vom jüdischen Berditschew berichten kann, zu finden. Der Mann bleibt stehen, sagt, er sei Kind gewesen, als die Deutschen in die Ukraine kamen. Nie werde er diese Zeit vergessen, hilft, nach dem Gemeindeältesten zu suchen, der den Schlüssel zur Synagoge hat. Der wohnt in einem der Häuschen, nur wenige Schritte von der Synagoge entfernt. Die Haustür ist offen. Der Mann geht hinein, wir stecken nur die Köpfe in den dunklen Flur, aus dem es nach Kohl, Armut und Alter riecht. Der Mann fragt ins Dunkel hinein, ob Schimon Leonidowitsch zu Hause sei, und eine alte Frauenstimme antwortet, er sei fortgegangen, komme aber bald zurück. Enttäuscht verlassen wir das Gärtchen, wollen uns schon von dem hilfsbereiten Begleiter trennen, als dieser auf einen Alten hinweist, der uns, auf einen Stock gestützt, von der Swerdlow-Straße her entgegengeschlurft kommt. Da sei Schimon Leonidowitsch! Ganz langsam schiebt der Alte einen Fuß vor den anderen, hager ist er und klein, sein greises Gesicht unterm Strohhut verschwindet in Runzeln. Halb geschlossen liegen die Lider über den müden, wunden Augen. Unsere Worte erreichen sein Ohr nur schwer. Gestern erst seien Juden, ein Bus mit Touristen aus den USA, bei ihm und in der Synagoge gewesen, hätten hier auf dem Platz getanzt. Er wolle die Synagoge nicht schon wieder für Gäste aufschließen, habe anderes zu tun.

Schließlich gibt er doch nach, läßt uns hinein. Der Innenraum ist kärglich eingerichtet, aber frisch renoviert. Hellblau leuchten die Wände, strahlend hebt sich das weiß lackierte Holz der um drei Seiten des Innenraumes führenden Galerie mit ihren zierlichen Säulen von ihnen ab. Vor den beiden Fenstern gen Osten hängen weiße Halbgardinen, zwischen ihnen – der Thoraschrank, dessen Inneres, die alten Pergamentrollen, ein weißer Vorhang verbirgt. Auf das durchsichtig-weiße Gewebe des Vorhangs sind hebräische Schriftzeichen, unter ihnen ein goldener Davidsstern, gestickt. Über dem Thoraschrein die beiden Gesetzestafeln, die Moses auf dem Berg Sinai empfing, von zwei sich bäumenden Hirschen flankiert, darüber die segnenden Hände der Cohen, und über all dem noch einmal der sechszakkige Stern. Rechts neben dem Schrein brennt ein kleines Licht. Einen Rabbiner hat die Gemeinde nicht. Wenige alte Juden aus Berditschew treffen sich heute noch in dieser Synagoge. Juden aus aller Welt aber kommen zu Besuch hierher. Berditschew, einst ein Zentrum des Chassidismus, ist ein Wallfahrtsort geworden. Der Rabbiner und Zaddik Levi Isaak von Berditschew hat im Stetl gewirkt, liegt auf dem jüdischen Friedhof von Berditschew begraben.

»Als ich sechzehn war«, erzählt der Alte, fünfundachtzig Jahre ist er alt, »habe ich freiwillig in der Armee gedient. Ich erinnere mich sogar noch an Nikolaus II. Ich erinnere mich daran, wie die Deutschen zum ersten Mal nach Rußland kamen. Und ich will Ihnen sagen, warum sich viele Juden im Zweiten Weltkrieg nicht evakuieren lassen wollten.« Seine heisere müde Stimme hallt im leeren Raum von Decke und Wänden wider. Wir setzen uns auf eine Seitenbank; nur der Mann im kurzärmeligen blauen Hemd – er hat sich, jüdischem Gesetz gehorchend, eine Schirmmütze aufgesetzt – bleibt, den Einkaufsbeutel in der Hand, uns gegenüber stehen. »Damals«, fährt der Alte fort zu erzählen, »als die Deutschen nach Weißrußland kamen, wir waren noch kleine Jungen, da gingen wir auf den Marktplatz. Eine Blaskapelle spielte dort auf, es gab Bier. Nun, und die deutschen Soldaten waren für uns altehrwürdige Männer. Wir gingen zu ihnen hin, sprachen mit ihnen. Sie erzählten uns, daß sie auch Kinder hätten, und schenkten uns kleine runde Spiegel, deren Rückseite das Bild vom Kaiser Wilhelm zeigte. Als der Zweite

Weltkrieg begann, da fragten wir die, die fortgingen: ›Wohin geht ihr? Die Deutschen sind prächtige Leute!‹ – Tja, und dann haben sie so viele umgebracht.«

Der Mann im blauen Hemd erzählt vom Ghetto in Berditschew, beschreibt den Weg vor die Stadt, dorthin, wo in der Nähe der Ziegelei und des Militärflughafens die Juden von Berditschew ermordet wurden. Wie in Schitomir finden wir eine unauffällige Steintafel am Straßenrand, auf der geschrieben steht: »An diesem Ort wurden im September 1941 von den Hitler-Okkupanten 18640 friedliche Sowjetbürger brutal gequält und erschossen. Ein ewiges Andenken den Opfern des Faschismus.« Wieder kein Wort davon, daß die meisten, die an dieser Stelle auf freiem Feld erschossen wurden, Juden waren. Vor dem Krieg lebten noch dreißigtausend Juden in Berditschew; sie machten sechzig Prozent der gesamten Einwohnerschaft aus. Nach dem Krieg waren nur noch sechstausend am Leben.

Das menschliche Gehirn habe eine unglückselige, man könne auch sagen, eine glückliche Eigenschaft: lese oder höre man vom gewaltsamen Tod von Millionen, könne man das, was vorgegangen ist, nicht fassen, schreibt Wassili Grossman in einer Reportage mit dem Titel »Ukraine ohne Juden«, die er 1948 für die sowjetisch-jiddische Zeitschrift *Ejnigkeit* schrieb. Eine Fortsetzung sollte folgen. Doch die Zeitschrift wurde gezwungen, ihr Erscheinen einzustellen, als das Letzte, was von der sowjetjüdischen Kultur geblieben war, sterben mußte, als die Verfolgung jüdischer Ärzte und der »Kosmopoliten« in der Sowjetunion begann. – Es übersteige einfach menschliche Kräfte, sich den Abgrund der Tragödie vorzustellen. Ein Mensch, der zufällig in die Totenkammer geschaut oder gesehen habe, wie ein Lastwagen ein achtjähriges Mädchen zerquetscht, gehe einige Tage umher, ohne er selbst zu sein, verliere Appetit und Schlaf. Aber es gebe keinen noch so empfindsamen Menschen mit noch so fein ausgebildetem Sinn für Gerechtigkeit und Humanität, der imstande wäre, schreckliche Ereignisse, von denen er bloß gehört oder gelesen habe, tatsächlich nachzuempfinden. Solche Begrenztheit bewahre die Menschen einerseits vor moralischer

Folter und Wahnsinn, mache andererseits leichtsinnig und vergeßlich.

Ein Junge überlebte den Massenmord an den Juden von Berditschew. Als die Rote Armee die Stadt befreite, kam er und erzählte: »Man nennt mich Mitja Ostaptschuk. Aber ich bin Chaijm Roitman. Ich bin jetzt dreizehn Jahre alt. Die Deutschen haben meinen Vater und meine Mutter getötet. Ich hatte noch einen jüngeren Bruder, Broja. Sie erschossen ihn vor meinen Augen...« Ein alter Ukrainer fand den Jungen, der den Deutschen entkommen konnte, nahm ihn zu sich und gab ihn als eigenen Sohn aus. Ob Chaijm Roitman vergessen konnte? – Paul Celan, Primo Levi und viele andere sind Opfer des Nichtmehr-vergessen-Könnens geworden.

Vom Mahnmal fahren wir zur Stadtmitte zurück. Berditschew ist eine kleine Stadt. Nicht zu vergleichen mit Lwów, Tschernowzy, kleiner als Schitomir, größer als Brody und Zamość, vielleicht so groß wie Przemyśl in Polen, mit dem Unterschied, daß von der Vorkriegsstadt nur wenig erhalten ist. Verschwunden, verbrannt sind die elenden Hütten der Vorstädte Popiwka, Peigeriwka, Katscheniwka; in engen Wohnungen moderner Hochhäuser leben heute vorwiegend Ukrainer und Russen im dritten Ring. Als Chruschtschow Anfang der sechziger Jahre die Städte als Siedlungsraum für die Landbevölkerung freigab, wuchs die vom Krieg zerstörte Stadt erneut. 1968 zählte die Provinzstadt im Bezirk Schitomir sechzigtausend Einwohner. Vor dem Ersten Weltkrieg lebten in Berditschew nicht weniger Menschen; *Baedekers Rußlandreiseführer* aus dem Jahr 1914 spricht von siebenundsiebzigtausend Einwohnern, von denen achtzig Prozent Juden gewesen seien. Damals galt Berditschew noch als Handelszentrum Wolhyniens. Landmaschinen wurden dort hergestellt, Rüben zu Zucker, Holz zu Papier, erlesenem Buntpapier verarbeitet. Berühmt waren die Lederwaren, feines Schuhwerk, aus Berditschew. Viel Heimindustrie gab es und zahlreiche Handwerksbetriebe, Steinmetze, Ofensetzer, Zimmerleute, Juweliere, Uhrmacher, Optiker, Bäcker, Schlosser. Auch viele arme Juden, Fabrikarbeiter und »Luftmenschen«, die nichts als Luft zum Leben hatten, waren in Berditschew zu Hause: Wasser- und Lastenträger, Bettler, Hausierer. Einer Volkszählung von 1897 nach konnten nur gut die Hälfte der männlichen und ein Drittel der weiblichen jüdischen Einwohnerschaft lesen und schreiben. Aber, wenn man dem *Baedeker* Glauben schenken darf, fuhren Straßenbahnen in Berditschew.

Eine pädagogische und eine medizinische Hochschule hat das sowjetukrainische Berditschew, eine Lenin-Straße in der Neustadt, eine, wie könnte sie fehlen, Karl-Liebknecht-Straße, ein Lenin-, ein Schewtschenko-Denkmal, ein bißchen Maschinenbau-, Leicht- und Lebensmittelindustrie, den alten Bahnhof, aber keine Straßenbahn mehr. »Nie werden mehr Straßenbahnen fahren in Berditschew. Es wird niemanden mehr geben, der mit ihnen fahren kann. Alle werden tot sein in Berditschew. Niemand wird übrigbleiben«, prophezeit Jefim, der Kesselflikker, am Ende des Films »Die Kommissarin«.

Von der Swerdlow-Straße gehen wir den Hügel zum Gnilopjat hinunter, dorthin, wo sein Wasser sich zu einem See weitet, setzen uns unter die Weiden, schauen über die glitzernde Wasserfläche – ein Steg ist dort, ein Boot, Kinder kreischen und spielen – und hängen Bildern aus alten Zeiten nach, denken an Szenen aus dem Film »Das Jüdische Glück«, an eine kleine Fähre am Drahtseil über den Gnilopjat, an eine gute jüdische Kleinbürgerstube, ein Mädchen im hellen Kleid, Beulah und Zalman, an Menachem Mendel, den armen Handlungsreisenden und unglücklichen Schadchen, diese traurig-komische Gestalt mit Schirm und Hut, die sprechenden Hände, das energische Kinn von Salomon Michoëls, der ihn spielt und sich mit dem Drehbuchautor Isaak Babel über Menachem Mendel stritt, ob der ein Träumer und »Luftmensch« oder, wie Babel es wollte, ein »Schlawiner« sei.

Noch einmal machen wir uns auf die Suche nach dem alten Mittelpunkt, dem Magen, dem Marktplatz von Berditschew. Man solle nur der Nase nach gehen, empfiehlt Der Nister. Die *rijches* würden den Standort des Marktes verraten, der scharfe Geruch von halbrohem oder gegerbtem, grobem oder feinem

Leder, die aufdringliche Süße von Backwaren und Naschwerk, die aromatischen Düfte der Kolonialwaren Tee, Kaffee, Gewürze, der Salzgeruch von getrocknetem Fisch, vermischt mit dem Dunst vom Schmier- oder Speiseöl, Teer und Tran, der frische Geruch von neuem Stoff und Papier gegen den Gestank staubiger Lumpen und Latschen, von altem Messing und verrostetem Eisen, von »all dem, was weiterhin gebraucht sein und sich durch Handeln, für Kleingeld wenn nicht diesem, so doch jenem irgendwie nützlich erweisen will«. Berauscht vom Markt war Benjamin, als er nach Berditschew kam. Läden, Buden, Verkaufstische sah er stehen, zwischen ihnen die bekannten Hehlerstände, wo Handwerker heimlich ihre Schwarzwaren, Stoffreste, Borten, Bänder, Sammet und Pelzstücke verhökerten. Hinter den Ständen die Lagerhäuser. Ganze Reihen von Marktweibern aus dem Umland saßen auf dem Platz mit ihren Tragkörben voller Knoblauchbündel, Gurken, Tomaten, Kirschen, Stachelbeeren, Johannisbeeren, Erez-Israel-Äpfeln, Kolnidre-Birnen und anderem Grünzeug. Ein Getöse war da, es habe nur so gewimmelt von geschäftigen Menschen. Ruhiger ging es eine Straße weiter auf dem »feinen« Markt zu, wo die Tuchhändler ihre Stoffe ballenweise verkauften, wo die großen Konfektionshäuser, Schuhgeschäfte und Läden mit verschiedenen Waren aus Łódź, Warschau, Białystok und anderen Städten Polens und Belorußlands standen.

Vom Ufer des Gnilopjat herkommend, überqueren wir noch einmal die Swerdlow-Straße dort, wo uns im Dreieck der Straßen der Verkehr besonders dicht vorkommt, mehr Leute als anderswo unterwegs zu sein scheinen. Dort steht an der Swerdlow-Straße, neben der Kolchosmarkthalle, ein Kulturhaus, das vor ein paar Jahren noch eine Handschuhfabrik war. Alt ist das rosa Mauerwerk, seine Würfelform mit den halbhohen Anbauten von auffällig anderem Aussehen als die vereinzelten alten russischen Stadthäuser mit ihren Zuckerbäckerfassaden. Ursprünglich sei dieses Gebäude eine der Synagogen von Berditschew gewesen, hat uns der Gemeindeälteste erzählt. Ob sie die »Offene«, die »Hitzköpfige«, die »Kalte« oder die »Alte« Synagoge war, näher beschrieben von Dem Nister als jene »geboit fun meschuggenem stil, oder beser gesogt: kejn stil«, wissen wir leider nicht. In seiner Glanzzeit hatte Berditschew achtzig Betstuben und Synagogen, war die zweitgrößte jüdische Gemeinde im Russischen Reich. Chassidismus konkurrierte mit Haskala.

Wir gehen an der ehemaligen Synagoge vorbei ins Dreieck zwischen den Straßen, gelangen auf einen langweiligen großen und ebenen Asphaltplatz, den eine hellblaue Bretterwand säumt – Wandzeitungen sind daraufgemalt und das Sowjetemblem Hammer und Sichel, Gold auf rotem Grund. Eine Straße durchschneidet ihn, gesäumt von einer Reihe schmächtiger Bäume. Gegenüber das Kaufhaus »Jubilejni« mit den üblichen Auslagen. Nach Autoabgasen stinkt es auf diesem Platz, der einmal das Herz, der Puls der Handelsstadt Berditschew war, die wie Brody den polnischen, den russischen mit dem deutschen, italienischen, griechischen, türkischen Handel verband. Alljährlich fand seit 1765 noch auf Verfügung der polnischen Regierung eine große Messe in Berditschew statt, und, durch den blühenden Handel angelockt, kamen viele Juden, sei es, um vorübergehend Geschäfte zu machen, sei es, um sich gar niederzulassen in der Stadt. Der Niedergang der polnischen Adelsherrschaft gab den Juden in Berditschew Spielraum zur Entfaltung ökonomischer Initiativen. 1785 wurde Berditschew Hauptstadt von Wolhynien. Zu jener Zeit sei es eine Handelsstadt von europäischem Rang gewesen, habe der Leipziger Messe in nichts nachgestanden, schreibt, ohne auch nur mit einem Wort die Rolle der Juden für Ruhm und Wohlstand der Stadt zu erwähnen, der sowjetukrainische Reiseführer.

Einem verwilderten Park gleicht der jüdische Friedhof von Berditschew, auf dem seit Jahren niemand mehr begraben wird. Seine Größe sowie Alter, Vielfalt und Pracht der Grabsteine zeugen von der einstigen Bedeutung der jüdischen Stadt. Wir suchen nach dem Grab des Levi Isaak von Berditschew, der, um 1740 in Zamość als Sohn des dortigen Rabbiners Meir geboren, von 1785 bis zu seinem Tode im Jahre 1809 Rabbiner und Zaddik in Berditschew war. In der *Geschichte des Chassidismus* berichtet Simon Dubnow vom Leben und Wirken des berühmten Chassiden. In den *Erzählungen der Chassidim* erzählt Martin Buber auf seine Weise nach, wie Levi Isaak von sich, von seiner Inbrunst, Frömmigkeit und Demut, von seinem Streben zu Gott, reden machte. Unauffällige, dem Spürsinn neugieriger Fremder jedoch hinreichend deutliche Zeichen auf Bäumen und an Steinen führen über breit ausgefahrene Wege, dann schmale Pfade, zuletzt durch Buschwerk mit stechenden Zweigen und Dornen über Gräber hinweg zielstrebig auf eine Lichtung zu, zum Grab des Wunderrabbiners. Ein Grab aus Beton, eine helle, große rechteckige Plattform, kein Holzhäuschen mehr wie vor einigen Jahren; an ihrer Stirnseite ein aufrechter Stein; schwarz leuchten hebräische Schriftzeichen aus ihm hervor. Brandmale am Stein; ein Feuer ihm zu Füßen hat ihn leicht rußgeschwärzt. Auf dem Beton, neben dem Stein, liegt ein Gebetbuch in hebräischer Sprache, liegen viele kleine Steine. Ausgebrannte Teelichte, zerbeulte Konservendosen, Zettelchen fliegen herum. *Kwitelech*, Wunschzettel sind es, gestochen fein, eng mit den kleinen hebräischen Buchstaben beschrieben, vom Wind – wem sonst? – durcheinandergewirbelt.

Der Rabbi Levi Isaak war ein Schüler des Dow Bär, des Maggid von Meseritsch, der ein Schüler des Baal Schem Tow, des Begründers des Chassidismus war. Zur Zeit des Levi Isaak wurde Berditschew, ohne daß die neue russische Obrigkeit oder die rabbinischen Autoritäten störend eingriffen, Zentrum des Chassidismus. Wundersame Geschichten werden von ihm, von seiner »Heiligkeit«, seiner Ekstase und Wortgewalt erzählt. »R. Levi Isaak machte sich durch die Eigentümlichkeiten seines Gottesdienstes einen Namen im ganzen Lande«, schreibt der wolhynische Aufklärer Abraham Bär Gottlober, »denn er schlug bei der Andacht stürmisch Alarm und betrat das Haus Gottes so laut weinend und wehklagend, daß die Türpfosten erbebten. Am Abend des Rosch-Haschana-Festes machte er den Weg zu seinem Lehrhaus nicht aufrecht schreitend, sondern auf dem Bauche kriechend; dort angelangt, nahm er in jede Hand ein Horn, seine eigene Stimme erscholl wie Hornklang, und das ganze Volk um ihn erzitterte und zerfloß in Tränen. Auch vor dem Thoraschrein, am Betpult, konnte er nicht ruhig dastehen, denn plötzlich verließ er seinen Platz, lief mächtig springend und hüpfend hin und her und schrie hierbei mit furchtbarer, schrekkenerregender Stimme.« – Fremd, verrückt wie ein Tonfilm ohne Ton klingen solche Legenden, zeigen, wie wenig ein Aufklärer von der Frömmigkeit der Chassidim versteht; verständlicher sind ihm Überlieferungen wie die von den Fahrten des Rabbi aufs Land, wo dieser armen Juden ihm ihr Letztes geben hieß und es sich selber samt seinem Gefolge wohl ergehen ließ.

Halbwüchsige toben Stöcke schwingend, sich so Pfade durch das Buschwerk bahnend, über die Gräber. Ein Abenteuerspielplatz ist der jüdische Friedhof für die Jungen aus Berditschew geworden. Vielleicht sind sie es, die den Bildern der Verstorbenen auf den neueren Grabsteinen die Augen ausschlagen, die am Grab des Rabbi Levi Isaak Wunschzettel verbrennen, die vermutlich wallfahrende Juden beschrieben und dort zurückgelassen haben. Was sagen sowjetukrainischen Kindern heute schon die Papierchen, die Fremde mit seltsamem Gebaren in wunderlichen Kleidern auf dem Grab des verehrten Zaddik niederlegen.

»Ich stehe hier vor euch und fühle mich wie eine Schnecke ohne Haus: nackt und schutzlos... Ja, mein Lehrer Medardus, ich habe meinen Turm, unsere Eremitenschule verlassen... mir war kalt... und wenn man friert, schmiegt man sich an alles Warme, selbst Mist und Unrat sind recht, wenn man sich damit zudecken kann... selbst ein Fetzen, ein Hemd und ein Zirkustrikot, ein Kleid... wenn man hungrig ist und keine Arbeit hat, dann arbeitet man auch als Clown...« – Worte Des Nister, an Medardus gerichtet, jenen unglückseligen Mönch, den der jiddische Schriftsteller E. T. A. Hoffmanns schauerlichem Roman *Die Elixiere des Teufels* entlieh; Worte, die einem *baal schem*, einem jüdischen Eremiten, gelten, dessen Haus ein Grab geworden ist. – »Sei nicht erstaunt, mein Lehrer Medardus, und wundere dich nicht, daß ich unser Haus verlassen habe, denn wer außer dir weiß besser, wie unsere Schule zu deiner Zeit blühte, zu meiner Zeit aber verdorrt ist. Damals verbreitete unser Turm weithin sein goldenes Licht, jetzt ist das Licht erloschen und das ganze Haus verfallen, kein Mensch kommt mehr hin, nur Hunde, die sich an den Wänden reiben und dagegenpissen.«

Seltsame Verwandlung erfahren diese Worte Des Nister, über das Betongrab des Levi Isaak hinweg in das Buschwerk des jüdischen Friedhofs von Berditschew gesprochen – aus der Novelle *Unterm Zaun. Eine Revue*, die wohl das Bekannteste vom Nister Pinchas Kahanowitsch aus Berditschew ist. Wie die Metamorphosen eines jiddischen Schriftstellers, der fürchtet, seine Kultur zu verraten, die Alibirolle des »letzten Eremiten« zu spielen, aber ebenso fürchtet, unzeitgemäß und isoliert zu sein, liest sich – Beispiel für die Möglichkeit moderner jiddischer Literatur – der phantastische Text. Von einer Ohnmacht, einem Traum, in andere, immer neue phantasmagorische Räume, Szenen gleitend, irrt die Auseinandersetzung um die Existenz eines jüdischen Lehrers, der aus Liebe zu der Zirkusreiterin Lili den Kopf verloren hat. Immer neue Beichtreden führt er vor der Tochter, vor seinem obersten Richter Medardus, im Dialog mit dem Staubmenschen, der sich in einen mächtigen Animateur verwandelt, verfängt sich in ihnen, bis er, der gelehrte Lehrer, zuletzt unterm Zaun, als Betrunkener, im eigenen Erbrochenen liegt. – Der Nister wußte, daß es ihm nichts nützen würde, den Kunstreiter im Zirkus der sowjetischen Literaturpolitik zu spielen. Doch er wußte auch keinen Ausweg aus jenem tödlichen Spiel, denn diesem war, wie er ebenfalls wußte, der Zerfall der Stetlkultur, der Lebenswelt der jiddischen Literatur, vorausgegangen: »Wir hüteten unsere armseligen Geheimnisse allein; traurig war es an unserem Tisch, keine Gäste und Besucher kamen wie zu deiner Zeit zu uns, um uns um Rat zu fragen... Keiner brachte uns Geschenke, unsere Keller und Speicher standen leer, unser Brot war trocken, und es gab nichts im Haus, um es einzutunken. Ohne Freude wuschen wir uns die Hände vor der Mahlzeit, voller Trauer sprachen wir am Ende den Segen.«

Müde, verwirrt und niedergeschlagen verlassen wir diesen

unheimlichen heiligen Ort, tauchen, über alte moosüberwachsene Grabsteine stolpernd, ins grüne Dickicht der Büsche zurück, suchen den Hauptweg, alte Lindenbäume mit Krähennestern.

Unterwegs

Von Winniza aus wollte Adolf Hitler den Feldzug gegen den Kaukasus persönlich führen. Im Sommer 1942 bezog er nahe der Stadt sein neues Führerhauptquartier. Angeblich aber vertrug er den ukrainischen Sommer nicht, es herrschte drückende Hitze. Immer wieder verließ er seine Truppen, floh auf den heimatlichen Berghof nach Berchtesgaden. Damit, so sagen die Strategen, habe sich der Diktator eine Blöße gegeben, habe die Niederlage an der Ostfront begonnen.

Auf dem Hinterhof des Stadthotels von Winniza, dem Parkplatz, wir laden gerade unser Gepäck ins Auto, sehen wir einen Reisenden aus Antwerpen seine Koffer aus dem Wagen heben. Seine langen Schläfenlocken, der rabenschwarze Kaftan, die schneeweißen Strümpfe zu den Kniebundhosen ziehen unsere Blicke, die Blicke des Hotelpersonals magisch an. Der Fremde ist unterwegs in die Heimat seiner Glaubensväter, zu den Gräbern der Wunderrabbiner, zu den kleinen Gemeinden der Ostjuden, die die mörderische Zeit überdauert haben.

Die Landschaft Podolien beginnt da, wo Galizien, wo Maghrebinien im Osten endet. Mais- und vor allem Getreidefelder ziehen sich unermeßlich lang und breit über Hügel hin. Riesige Mähdrescher drehen hier ihre Runden. Viel zu schwere Lastwagen fahren über das Stoppelfeld, holen das Korn. Pferdewagen am Straßenrand. Winniza, Mogiljow-Podolski, Kamenez-Podolski, Chmelnizki – das bis zum Zweiten Weltkrieg nicht nach dem Kosakenhetman, sondern Proskurow hieß – lauten die Namen seiner Städte. An schwarz qualmenden Schloten kann man sie schon von weitem erkennen, die Industriestädte in der sowjetischen Provinz. Aus jüdischen Stetlech wurden ukrainische Dörfer, sie heißen Michailowka statt Michalpol, zum Beispiel. Ein Holzhaus steht neben dem anderen, jedes umgeben von einem Obst- und Gemüsegarten hinter gleichförmigen, traditionell weiß-blau gestrichenen Holzzäunen. Und irgendwo in der Nähe liegt Medschibosch, das ehemalige Stetl Meschibesch, eines der ältesten in der Ukraine – der legendäre Baal Schem Tow, der Begründer des Chassidismus lebte und wirkte dort. Die Straße Richtung Medschibosch verläuft parallel zum Südlichen Bug. Konzentrationslager gab es an diesem Fluß, im gesamten Gebiet, das zwischen ihm und dem Dnjestr eingebettet liegt – in Michailowka, Berschad, Brazlaw, Tultschin, Wapnjarka, Mogiljow... Transnistrien – von *trans Dnjestr* – nannten die Bukowiner jene Region des Grauens. Transnistrien begann am Südlichen Bug, begann nicht weit von Medschibosch: hier waren jene Ghettos und Lager, in die die Sonderkommandos der SS, unterstützt von ukrainischen und rumänischen Nationalisten, die Juden aus Czernowitz und Umgebung trieben.

Im Stetl des Baal Schem Tow

Medschibosch, so heißt es in der *Encyclopaedia Judaica*, wurde von den Deutschen im Zweiten Weltkrieg zerstört. Die Spurensuche, getragen von dem Wunsch, es möge irgend etwas am Leben geblieben sein von der ostjüdischen Kultur in Podolien, führt uns ins Unwegsame. Ob es Medschibosch noch gibt, und wenn ja, einen Weg dorthin, ist die Frage.

Im 16. und 17. Jahrhundert lebte im Polnischen Reich die damals größte Gemeinde der Diasporajuden. Sie hatte ein eigenes Verwaltungssystem, den Vier-Länder-Waad, verfügte über weitgehende Autonomie, was die innere Organisation der Judenschaft, was Religion, Rechtsprechung, Erziehung, Bildung, Sozialwesen betraf. Doch sie blieb ein vom polnischen Adel, von Neidern, christlichen Fanatikern abhängiger kleiner Staat im Staate, dem es – mitgefangen, mitgehangen – mit dem Verfall des Polnisch-Litauischen Reiches im 18. Jahrhundert, dem Machtverlust ihrer Schutzherren, ebenfalls schlechter zu gehen begann. In jener Zeit des Niedergangs wurde die Kluft immer größer zwischen den Rabbinern, jenen Scholastikern und Patriarchen der polnischen Judenschaft, die mit Argusaugen über Einhaltung von Gesetz und Brauchtum wachten, und den armen, ungebildeten Juden, die zumeist abgeschnitten waren vom ehrbaren Wirtschaftsleben und als Spekulanten, Vermittler, Schankwirte, Pächter, Hilfsarbeiter ihr Dasein fristeten in einem Agrarland, das selbst abgeschnitten war vom Fortschritt in Westeuropa. In jener Zeit, als Moses Mendelssohn in Berlin wirkte, als die Aufklärung, dann die Französische Revolution die Herrschaft der Vernunft auf ihre Fahnen schrieben, kam unter den Juden in Polen eine Erneuerungsbewegung auf – die Bewegung der Chassidim. Gottsucher, Eremiten gingen als Wunderheiler und Wahrsager unters Volk. Baal Schem, »Meister des göttlichen Namens«, wurden sie genannt. Die Chassidim rebellierten gegen die von weltfremden Rabbinern diktierte Ordnung der Ritusgemeinschaft. Dem einzelnen, dem einfachen Juden verständlich, spontan zugänglich, dem Leben zugewandt sollte ihre, die chassidische Religion sein.

Als er mit der Eisenbahn von Odessa nach Lemberg fuhr, vermeinte Simon Dubnow in den vorüberfliegenden Wäldern und Bergschluchten den großen Baal Schem zu sehen, wie dieser inmitten der Natur betete und Heilkräuter sammelte. Abbildungen vom *bet hamidrasch*, der Lehr- und Betstube in Medschibosch, zeigt das *Berliner Jüdische Lexikon*; ein kleines, mit Lehm verputztes Holzhaus; innen mit niedriger Balkendecke, hölzernen Bänken und Pulten; daneben ein Foto von der Grabstätte des Baal Schem Tow im Grasgestrüpp unter einer hölzernen Schutzhütte. Medschibosch wurde ein Wallfahrtsort für die Juden aus aller Welt, lange bevor, grausamer von Mal zu Mal, die Kriege das Stetl zerstörten.

Medschibosch liegt nur wenige Kilometer von der Hauptstraße entfernt. Die Ruine einer polnischen Festung erhebt sich über satten, sumpfigen Wiesen. Gänse schwimmen auf Teichen, in denen sich Himmel spiegelt. – Dort, hinter der Festung, auf einem Hügel, liegt das Dorf. Mit ein paar Handbewegungen zeichnet ein alter Mann – er hütet Kühe und Schafe am Straßenrand – Wege durch Medschibosch in die Luft: die Dorfstraße, den Weg hinter dem großen weißen Gebäude, der Schule, rechts ab – da liege der jüdische Friedhof. Seit Beginn des 16. Jahrhunderts lebten Juden in Medschibosch, der größten Judengemeinde in Podolien, bis Chmelnizki mit seinen Kosaken, dann die Hajdamaken auch unter ihnen zu wüten begannen. In ihren Befreiungskämpfen machten sie die Juden immer wieder zum Sündenbock. 1765 – fünf Jahre nach dem Tod des Baal Schem Tow – registrierte man 2039 Juden im *mestetschko* und den umliegenden Dörfern; gut einhundertdreißig Jahre später, 1897 – dreimal so viele: 6040 Juden, das waren fast dreiviertel der Gesamtbevölkerung des Ortes. Eine Reihe berühmter Rabbiner residierte in Medschibosch seit Beginn des 17. Jahrhunderts. Das Stetl wurde das erste Zentrum des Chassidismus. Kabbalistische und chassidische Literatur wurde hier Anfang des 19. Jahrhunderts gedruckt; Medschibosch war ein jüdisches Handelsstädtchen mit Jeschiwa, Studier- und Bethäusern, Herbergen für Reisende. Die Juden von Medschibosch beugten sich der katholischen Schlachta, den mohammedanischen Machthabern, später den russisch-orthodoxen Bojaren, lebten in ständiger Angst vor Kosakenpogromen; Reglementierung statt Emanzipation bestimmte die Judenpolitik der Zaren. Viele Juden blieben dennoch im Stetl.

Hinter der Festung beginnt das Dorf. Da stehen die ukrainischen Holzhäuser hinter bunt gestrichenen Zäunen, um die Häuser die Gärten. Vor jeder zweiten Gartenpforte steht eine Pumpe, denn Wasserleitungen gibt es auch im sowjetischen Medschibosch noch nicht. Die Wege sind breit, ungepflastert und lang. Der Weg zum alten jüdischen Friedhof wird zum Ende hin eng, schmal – ein Hohlweg beinahe. Hinter Bäumen und Büschen verborgen, liegt er da, von einer Mauer umgeben. Ein Feuer prasselt. Qualm verschlägt uns den Atem. Drei junge Leute arbeiten hinter der Mauer, die Pforte steht offen. Sie tragen Äste, Zweige zusammen, werfen sie auf das Feuer. Das frische Holz zischt und pfeift. Die jungen Männer tragen blau-weiße Kipas und arbeiten mit bloßem Oberkörper in der von dem brennenden Holz und der Arbeit verdreifachten Mittagshitze dieses Hochsommertages. Es erstaunt uns, daß sie nicht aus Israel oder den USA, sondern aus Leningrad kommen. Juden, die früher nur in den legendären sowjetischen Küchen, jenem heimlichen Refugium, hinter geschlossenen Wohnungstüren ihr gefährliches Geheimnis preisgaben, unter den Kappen oder Pelzmützen die Kipa zeigten, junge sowjetische Juden sind hier öffentlich bei der Arbeit – und das nicht zum ersten Mal; sie erzählen, sie kämen schon seit einigen Jahren nach Medschibosch, quartierten sich stets im »Buschok« ein, dem einzigen Gasthaus des Ortes. Es hat nur drei Zimmer, ist ein alter Festungsbau mit meterdicken Mauern. Die Geschichte dieses Friedhofs, dieser Stadt ziehe sie hierher. Ilja, der Älteste, der Leiter der Gruppe, spricht hastig; ein wenig gebeugt ist er schon, die Kipa hält sich kaum auf seinem dunklen, krausen Haar. Die Jugendlichen engagieren sich in der Bewegung zur Erneuerung der jüdischen Kultur in der Sowjetunion, sind Mitarbeiter einer Historikergruppe in der jüdischen Gesellschaft in Leningrad seit einem Jahr. Zu den dreien, die auf dem Friedhof arbeiten, kommen ein wenig später noch acht: fünf Mädchen und drei Jungen, darunter eine Studentin aus Lwów. Sie haben wenig Muße zum Reden. Eine Woche reiche nicht aus, erklären sie, um die verwilderten Gräber vom Gestrüpp, von sie überwuchernden Brennnesseln, von Holunder und Faulbeere zu befreien. Erinnerungen kommen auf – an andere Friedhöfe in Galizien, in Wolhynien.

Verwaist, zugewachsen sind sie in dem Teil, der heute zu Polen gehört – in Krakau, Szebrszeczyn, Przemyśl, dort, wo sie erhalten geblieben sind, wo es den Nazis nicht gelang, sie dem Erdboden gleich zu machen. Von anderen ist nichts geblieben. Dort haben die Sonderkommandos der SS schlammige Wege mit jüdischen Grabsteinen gepflastert. Von Überlebenden und ihren Helfern zu Klagemauern zusammengefügte Bruchstücke in Krakau, zum Beispiel, berichten heute davon. Juden leben kaum mehr in Polen. Anders in der Sowjetunion: Jüdische Friedhöfe gibt es dort, auf denen bis vor kurzem Juden begraben wurden oder noch begraben werden. Grabsteine mit Bildern der Verstorbenen (wider jüdisches Gesetz) und mit russischen Inschriften stehen dort – in Lwów, Schitomir, Berditschew, in den Städten im Grenzland zwischen Polen und der Sowjetunion, aus dem viele Juden im Krieg, als die Front 1941 näher rückte, nach Rußland flohen, sich von dort als Soldaten der Roten Armee oder als Partisanen gegen die Deutschen verteidigten. Viele Juden haben so überlebt. Auch Wildnis, Vergessen und – Grabschändungen auf jüdischen Friedhöfen sind in der Ukraine zu sehen: In Scharowka, einem kleinen podolischen Mestetschko, heute einem Dorf kleiner als Medschibosch, liegen die Steine kaum noch erkennbar unter der Grasnarbe, von Disteln überwachsen, in Trümmern frei im Feld. In Berditschew sind den Bildern der Verstorbenen auf den Grabsteinen die Augen ausgeschlagen.

Kein Holzdach schützt in Medschibosch das Grabmal des Baal Schem Tow. Es ist nicht von Gras überwachsen. Ein hohes Eisengitter faßt es ein. Die Erde um das Grab ist gefegt, so alt und verwittert der Stein, daß Gitter und sauber gefegte Erde den Blick eher fesseln als das zweihundertvierzig Jahre alte Grab. Um so phantastischer verziert die Grabsteine ringsum. Die Krone der göttlichen Lehre, gegeben in der Thora, die Löwen Judas, Hirsche mit prächtigen Geweihen auf den Gräbern der Familien Zwi, Hirsch oder Girschowitsch, das Einhorn im kalkigen Sandstein. Löwe, Hirsch und Einhorn zeugen auch von der Magie dieser Mythenbilder, die in verschiedenen Kulturkreisen und Religionen zu Hause sind. **פנ** – *po nitman* – hier ruht... die Schriftzeichen geben nur Sprachkundigen ihr Geheimnis preis. Steine erzählen Geschichten – in Medschibosch vom Chassidismus, vom »Bescht«, Rabbi Israel ben Elieser, genannt Baal Schem, »Meister des göttlichen Namens«; die Chassidim fügten ihm »Tow« hinzu, das bedeutet »gut«. Daß er um

1700, nach der Befreiung Podoliens von den Türken, in einem Dorf dort geboren wurde und zwanzig Jahre – von 1740 bis zu seinem Tod 1760 – in Medschibosch gewirkt hat, ist historisch nachweisbar. Alles andere über ihn ist nur in Legenden überliefert. Für Simon Dubnow, den die Nationalsozialisten 1941 – er war einundachtzig Jahre alt – in Riga ermordeten, waren diese Legenden der Anfang seiner Arbeit über die Geschichte des Chassidismus. Er hat sie kritisch geprüft, Leben und Lehre des Bescht historisch gewürdigt. Martin Buber hat sie mit religiöser Begeisterung, sie idealisch überhöhend, nacherzählt und zum Fundament seiner Philosophie gemacht. Isaak Bashevis Singer schmückte sie zu einer Erzählung aus, von einem Mann, der für das religiöse Leben Alltagserfahrungen gegen Rituale und Gesetze geltend machte und ihm so wieder Sinn gab.

Die Legende erzählt, daß Israel ben Elieser früh seine Eltern verlor; daß er schon als Kind ein Eigenbrötler gewesen, von der Schule fort in den Wald gelaufen sei, dort mit den Tieren gelebt habe; daß er hintereinander die Ämter eines Schulhelfers, eines Lehrhausdieners, eines Kinderlehrers, eines Schächters und zeitweilig auch das eines Fuhrmanns innegehabt, dann zusammen mit seiner Frau eine Schenke betrieben habe. In jenem Wirtshaus am Ostrand der Karpaten habe er sich seinen Schülern offenbart, wird erzählt. »Sie gingen hin und begegneten dem Baalschem vor dem Dorf am Waldrand. Sie machten aus Zweigen einen Hochsitz und setzten ihn darauf, und er sprach zu ihnen Worte der Lehre.« Soweit die Legende. Nach Lehr- und Wanderjahren als Wunderheiler und Wahrsager ließ sich der Baal Schem Tow in Medschibosch nieder, begann zu predigen: gegen scholastische Talmudgelehrsamkeit, denn was halfen ausgeklügelte Gesetzesauslegungen angesichts der Willkür der polnischen Herren, der ukrainischen Bauern, angesichts der Notdurft des Lebens; er predigte gegen ein zu leeren Formeln und Dogmen erstarrtes Brauchtum, denn wie sollten arme Juden koscher essen, wenn sie nicht einmal das Nötigste hatten, um ihren Hunger zu stillen. Der Bescht sprach mit den Frauen – unerhört für einen Juden, gar einen Rabbiner in jener Zeit. Er hörte sich ihre

Klagen an, sprach mit den Kindern, mit Armen, Ausgestoßenen und mit den Feinden. Statt zu antworten, stellte er Fragen, statt Fasten empfahl er Essen, Trinken und Tanz. Wenn er betete, sang und tanzte er. Kabbalistische Weisheit, jiddische Sprüche mischte er in seine Gebete. An den göttlichen Funken im lebendigen Menschen, in der Welt, hier und jetzt, glaubte er. Zu ihm zu finden, das hieß: die zehn Tore zum Unsagbaren durchschreiten, die Stufen der Leiter zum Glanz der Offenbarung erklimmen, die unsichtbaren Schleier zerreißen, die ihn, den Schöpfer, vor der Welt, seiner Schöpfung, verbergen. Eine neue jüdische Lebensform verkündete der Bescht für die Juden von Podolien; keine soziale Revolution, sondern eine einfache, den ganzen Mensch mit Leib, Seele und Verstand erfassende Religion ohne strafenden Gott. Im Laufe der Zeit verlor die Erneuerungsbewegung der Chassidim an Kraft, erstarrte zu neuem Brauchtum, zu neuen Ritualen und Gesetzen: Aberglaube, Kinderehen, Unterdrückung der Frau, Korruption feierten Urständ. Das Grab des Rabbi Israel ben Elieser, genannt Baal Schem Tow, wäre heute nur noch ein Wallfahrtsort für amerikanische Juden – wie gefangen unter den Gittern in der kahlgefegten Erde liegt es da –, wenn es die Jugendlichen aus Leningrad nicht gäbe...

Asche fliegt durch die Luft, Asche von verbrannten Zweigen. Andere, die qualmen, im Feuer so laut zischen, daß es uns nur so um die Ohren pfeift, wollen nicht brennen, sind noch saftig, grün und frisch. Die Mädchen aus Leningrad schütteln sich die Asche aus den Haaren. Ein alter Mann aus dem Dorf steht mit seinem rot-grünen Fahrrad dabei. Auch er sei ein Jude, erzählen die Jugendlichen, er lebe hier in Medschibosch und helfe ihnen, den Friedhof in Ordnung zu halten, leihe ihnen Säge, Beil und Spaten dazu. Ilja, der Gruppenleiter, verläßt den Friedhof, um mit uns zu sprechen. Er mag nicht viel reden an diesem ihm heiligen Ort. Vor der Pforte, an die Mauer gelehnt, erzählt er von der Arbeit der Leningrader Gruppe. Davon, daß sie sich mit der Geschichte und mit der Pflege von jüdischen Denkmälern in der ganzen Sowjetunion beschäftigten; daß sie schon Dutzende von Reisen in verschiedene Städte und Stetlech, nicht nur in der

Ukraine, auch in Belorußland, Mittelasien, im Kaukasus unternommen hätten. Fünfzehn Spezialisten gebe es unter ihnen, die sich außerhalb und unabhängig von der akademischen sowjetischen Geschichtswissenschaft auf eigene Weise mit der Geschichte auseinandersetzten, in die die Juden in der Diaspora in Polen, Rußland, Belorußland, im Baltikum und in der Ukraine verwickelt waren. Dutzende interessierter Studenten machten mit bei den Expeditionen, bei den Forschungsarbeiten in den Archiven. Endlich dürfen sich Juden in der Sowjetunion mit ihrer Identität, mit der eigenen Kultur, Geschichte, Religion auseinandersetzen. In verschiedenen Städten sind jüdische Vereinigungen entstanden, die Arbeiten wie die der Leningrader in Medschibosch organisieren und unterstützen.

Durch das Dorf Medschibosch fährt der Alte auf dem rotgrünen Fahrrad mit einem Eimer frisch geernteter Äpfel am Lenker. Er steigt ab, als er uns sieht, zieht ein Bild des Baal Schem Tow aus seiner Jackentasche, zeigt es stolz. Später, in der Veranda seines Häuschens – seine Frau schneidet frisches Weißbrot für uns, ach, so teuer sei es geworden in letzter Zeit, bewirtet uns mit Tee – erzählt der Alte, er stamme nicht aus Medschibosch, sondern aus dem Bezirk Schitomir, einige hundert Kilometer nordöstlich. Von den Juden in Medschibosch hätten nur wenige die deutsche Besetzung überlebt. Bis vor kurzem habe er als Agronom in der hiesigen Kolchose gearbeitet. Seinen Kindern gehe es gut. Stolz legt er das Familienfotoalbum auf den Tisch. Ein Foto sollten wir von ihnen machen, aber kein Interview auf Band – schließlich sei er Parteimitglied. Vor dem Dorf, im Akazienwäldchen, sagt der Mann, stehe ein Mahnmal zur Erinnerung.

Die Dorfstraße ist lang in Medschibosch. Weit ist das podolische Land, groß sind die Felder der Kolchosen. Beinahe unbeschwert, ohne Angst gehen wir, gehen über die Erde, über die deutsche Soldaten, vielleicht auch ihre ukrainischen Schergen, jüdische Frauen, Kinder und Greise trieben – in den Tod. Ihnen voran in einem langen Kittel, dessen Saum sie hochgekrempelt hatte, und einer altmodischen Jacke noch aus König Sobieskis

Zeiten, schritt auf einen Bambusstock mit Elfenbeingriff gestützt, der dem Krummstab eines Bischofs glich, vielleicht eine alte Frau wie die Riwe, Jossl Bonzjes Tochter, würdig und ehrfurchtgebietend. Eine stolze, eigenwillige Frau sei sie gewesen, erzählt Der Nister aus Berditschew, habe für die armen Mädchen und Waisen im Stetl gesorgt. An der Grube zog sie den silbernen Leuchter aus ihrem Mantel hervor, steckte sogar noch die Kerzen an und betete laut das »Shma Jisroel«, bevor sie starb.

Gänsescharen, Pfützen, die selbst im Hochsommer auf den Wegen stehen, dann endlich das Akazienwäldchen, eine Pforte, unter den Akazien ein Stein: »Hier in diesen Schluchten haben am 22. September 1942 deutsche faschistische Barbaren mehr als 3000 Greise, Frauen und Kinder grausam erschossen – Gefangene des Ghettos von Medschibosch - Ewiges Gedenken an unsere guten Landsleute.« Worte in Stein gemeißelt. Hinter dem Mahnmal eine Schlucht – die Massengräber. Riesige Betonplatten decken sie zu.

Unterwegs

Einige Kilometer vor Kamenez-Podolski haben wir eine Panne. Das Kupplungsseil ist gerissen, ein neues haben wir nicht dabei, nur eine Autoversicherung, abgeschlossen bei der Einreise in die Sowjetunion. Wir stellen uns, was sollen wir anderes tun, an den Straßenrand, winken um Hilfe. Nicht lange – da hält ein Taxi und schleppt uns in eine Buswerkstatt der nahe gelegenen Stadt. Der Taxifahrer darf dort an unserem Auto arbeiten, will selbst ein neues Kupplungsseil montieren. Ein Dutzend schaulustiger Mechaniker schart sich um den alten Volvo. Mit heißhungrigen Blicken verschlingen sie den Wagen, unser Gepäck in allen Einzelteilen, fragen uns aus – nach Autos, dem Westen, unserem Leben dort, beantworten, unter den scharfen Blicken eines älteren Arbeiters, mißtrauisch einander beäugend, unsere Fragen nach ihrem Leben. Nur eine souveräne Ukraine könne sie vor dem Zusammenbruch retten, wagt sich eine Junge mit krausem blonden Haar und von der Arbeit schwarzem Gesicht hervor und erntet Schelte für diese Worte. Zwei Mechaniker bemühen sich, uns zum Bleiben in Kamenez-Podolski zu überreden, versprechen ein gutes Quartier. Drei, vier Stunden stehen wir so. Der Taxifahrer rennt geschäftig hin und her, verschwindet, bleibt lange fort, bringt schließlich ein handgelötetes Kupplungsseil, das, wie wir glauben, nie halten wird.

Sie verdunkeln die Sonne, ersticken alle Farben, die fett schwarz qualmenden Fabrikschlote der sowjetukrainischen Provinz-Industriestadt Kamenez-Podolski. Endlich liegen sie hinter uns. Eine labyrinthische Umleitung hat uns um das Zentrum herum über holprige, löchrige Straßen irren lassen. Das Auto mit dem von geübter Hand gelöteten neuen sowjetischen Kupplungsseil – das alte Autoradio war der Preis dafür – fährt vorläufig wieder einwandfrei.

Allmählich nähern wir uns Tschernowzy.

Tschernowzy ist die letzte Station der Reise durch die Westukraine. Das alte Czernowitz soll die Krönung, der Maßstab sein für all das, was Galizien, die Bukowina im besten Falle einmal waren. Legenden von der Bukowina hatten die Reiselust genährt – Gedichte von Rose Ausländer und Paul Celan, Geschichten von der deutschjüdischen Symbiose, von Aufklärung, Toleranz und mannigfaltiger kultureller Lebendigkeit in jener Landschaft.

Rose Ausländer hat mir ein Bild in den Kopf gemalt von der »Grünen Mutter / Bukowina«, vom »Karpatenrücken / väterlich«, von »Viersprachenliedern« und »Menschen / die sich verstehen«. Doch – ein anderes überschattet das idyllische Bild. Die schwarze Milch der »Todesfuge« fließt darüber, färbt es dunkel bis zur Unkenntlichkeit. Die »Todesfuge« von Paul Celan – aus eigenem und fremdem Czernowitzer Wort und Leid komponiert – besingt das Ende des Traums von viersprachig verschwisterten Liedern.

Ein Rasenstreifen, dahinter zuweilen ein Fahrweg für Pferdefuhrwerke, überwachsen von Akazien- und Eichenhainen, allerlei kleinwüchsige Bäume, Eberesche, Holunder, Hasel, säumen die Landstraße, geben nur ab und zu den Blick auf die Felder frei, die hügeliger zu werden beginnen, je näher wir der Stadt, den Ausläufern der Waldkarpaten kommen.

Karl Emil Franzos fuhr mit der Eisenbahn in seine Heimat, nach Czernowitz: mit der Karl-Ludwig-Bahn Richtung Osten: von Krakau über Tarnow, Przemyśl nach Lemberg. Dort stieg er um in die Bahn Richtung Süden: nach Czernowitz – Jassy. »Halb-Asien« nannte er Galizien, die Landschaft, durch die er fuhr, Czernowitz, die Stadt, hingegen eine »Oase mitten in der halbasiatischen Kulturwüste«. Die Eisenbahn verband Czernowitz einst mit der Welt, mit Lemberg und Odessa, Warschau und Bukarest, Wien und Berlin. 1918 und 1945 wurden die Staatsgrenzen neu gezogen, Czernowitz abgeschnitten von der westlichen, an den Rand gedrängt in der östlichen Welt. Seither lastete der »Eiserne Vorhang« zwischen den Welten, der Straßen und Eisenbahnlinien zerschnitt. Bis heute müssen Reisende aus dem westlichen Ausland die Fahrt nach Galizien und in die Bukowina über Moskau organisieren.

Um die Stadt in ihrem Umland kennenzulernen, fahren wir mit dem Auto, soweit erlaubt, der alten Bahnlinie nach, durch die Westukraine. Endlos lang und breit erstrecken sich die Felder der ukrainischen Kolchosen und Sowchosen rechts und links der Landstraße. Ich denke an Malanka.

»Wie herrlich bist du, Erde«, dachte Malanka. Malanka, die ukrainische Landarbeiterin aus Michailo Kozjubinskis Erzählung »Fata Morgana«. Malanka spricht von ukrainischen Feldern, 1905, zur Zeit der Revolution. »Was für eine Freude ist es, dich mit Korn zu besäen, mit Kräutern zu bepflanzen«, träumt Malanka, »und dich mit Blumen zu schmücken! Welche Wonne, auf dir zu arbeiten! Nur darin bist du böse, daß du dem Armen abhold bist. Für den Reichen schmückst du dich mit deiner Schönheit, den Reichen ernährst du, kleidest ihn; den elenden Armen nimmst du nur auf im Grab...; doch wartet, wartet..., unsere Hände werden es noch erleben, die eigenen Äcker zu bearbeiten, eigene Beete und Obstgärten zu hegen. Man wird dich aufteilen, Erde, ja, das wird man tun.«

Aufgeteilt wurde die Erde nur für kurze Zeit. Zwangskollektiviert die Landwirtschaft zu Beginn der dreißiger Jahre, der Boden wurde Staatseigentum. Ukrainische Bauern weigerten sich, bestellten die Äcker nicht mehr, schlachteten das Vieh, hungerten, wurden erschlagen. Früher war die Ukraine bekannt für ihren fruchtbaren Boden. Gleichgültigkeit, rücksichtslose Ausbeutung, chemische Verseuchung haben ihn unfruchtbar gemacht. Heute macht sich die ukrainische Volksbewegung »Ruch« Malankas Verlangen erneut zu eigen.

In den Wäldern des Buchenlandes ging der alte Herr von Rezzori zur Jagd. In der Umgebung von Czernowitz, auf dem Land lagen die Güter der Reichs, der Bubers. Im Königreich Galizien, im Kronland Bukowina durften, zum Ärger von manch Deutsch- oder Rümänisch-Nationalem, von manch altösterreichischem Aristokraten, auch Juden Land pachten und erwerben. Martin Buber verbrachte als Kind einige Sommer auf dem Landgut seiner Großeltern bei Czortków, auf dem seines Vaters in der Nähe von Czernowitz, schildert den Vater als arbeitsamen, klugen Landwirt. Ackerbau und Rinderzucht betrieb auch Leon Reich, der Vater des Psychologen Wilhelm Reich, auf seinem Gut in Jurinetz bei Czernowitz.

Immer dichter stehen die ukrainischen Holzhäuser; statt Schindeln, wie früher, tragen sie Wellblechdächer – scheinen immer bunter zu werden, reicher mit Schnitzwerk verziert zu sein, als hätten ihre Baumeister in Wettbewerb miteinander gestanden. Oder malte man hier potemkinsche Dörfer an die einzige in dieser Gegend für Reisende aus dem Westen zugelassene Landstraße? »Wie unendlich lang sich das Dorf hinzog! [...] Ach, diese schlaftrunkenen Häuser, kaum war man an einem vorbei, da erhob sich auch schon das nächste am Weg, und die Reihe wollte kein Ende nehmen... Zaun folgte auf Zaun, Tor auf Tor.« Im Vorbeifahren erkannte ich sie wieder, die ruthenischen Dörfer von Michailo Kozjubinski, dem ukrainischen Schriftsteller aus dem podolischen Winniza, von Ivan Frankó aus dem galizischen Drohobycz. Anders als das ruthenische Dorf hat das Stetl der *Wasserträger Gottes*, das Städtchen der armen Juden in Galizien ausgesehen. Zabłotów zum Beispiel, das Heimatstetl von Manès Sperber, ungefähr dreißig Kilometer nordwestlich von Czernowitz. Die Häuser, erzählt Manès Sperber, »drangen aufeinander ein, als suchte ein jedes Schutz bei den anderen. Die Straßen bildeten selten eine gerade Linie, denn jedes Gebäude schien sich von den anderen durch die Form unterscheiden zu wollen, als wären sie alle im Alptraum eines Urbanisten beheimatet.« Aber darin, daß sie eng und aus Holz gebaut und mit Schindeln gedeckt waren, ähnelten sie einander doch, die ruthenischen Bauernhäuser und die Häuser des Stetl. Wasserleitungen gab es bei den Juden nicht, nicht bei den ruthenischen Bauern; auch die sowjetukrainischen Dorfbewohner müssen das Wasser von der Pumpe vorm Haus am Straßenrand holen. Die Wasserträger gibt es nicht mehr. Die Stetl sind zerstört worden. Nur die ukrainischen Dörfer, ohne Gehöfte und Bauern, statt dessen mit Staatsgütern, Landarbeitern, Agronomen und Bürokraten sind geblieben an der Landstraße nach Tschernowzy. Frauen, alte Männer oder Kinder sehen wir am Straßenrand wieder auf Bänkchen vor den Gartenpforten sitzen; eine Waage zu ihren Füßen, Eimer mit Äpfeln, Tomaten, Körbchen mit roten Beeren, mit Eiern gefüllt; manchmal liegen Kohl, Kartoffeln, Gurken aufgehäuft vor ihnen auf der Erde zum Straßenverkauf bereit.

Von Tschernowzy nach Czernowitz

Czernowitz, die Vielvölkerstadt – Juden, Ukrainer, Rumänen, Polen lebten dort – wurde zerstört. Viele ihrer einhundertzwanzigtausend Einwohner, die meisten der fünfzigtausend Juden (fast ein Drittel der Einwohner), wurden getötet, der Rest in alle Winde zerstreut. Das alte Czernowitz ist heute, einundfünfzig

Jahre, nachdem der Zweite Weltkrieg begann, fast vergessen, das heutige Czernowitz eine sowjetische Provinzstadt mit rund zweihundertsechzigtausend Einwohnern im Grenzland, am südwestlichen Rand der Ukrainischen Sowjetrepublik, siebenunddreißig Kilometer von der rumänischen Grenze entfernt.

Czernowitz – Cernauti – Tschernowzy. Handelswege von Konstantinopel nach Nürnberg, von Siebenbürgen nach Krakau und zum Baltikum liefen da zusammen, wo der Pruth eine Furt bot. Czernowitz, 1408 als Zollpunkt urkundlich zum ersten Mal erwähnt, ist, wie der Name sagt, eine slawische Gründung.

Im Laufe der Geschichte hatte auch diese Stadt verschiedene Herren: vielleicht schon chasarische, dann – das ist sicher – moldauische Fürsten, türkische Statthalter, Habsburger Kaiser, die ihr am Ende ein gutes halbes Jahrhundert lang bis zum Beginn des Ersten Weltkriegs einige Souveränität gewährten; nach dem Zerfall der österreichisch-ungarischen Doppelmonarchie fiel Czernowitz an die Rumänen; nach einem sowjetischen Ultimatum im Juni 1940 rückte die Rote Armee nach Czernowitz ein; ein Jahr später kamen die Deutschen, okkupierten es; 1944 fiel es an die Sowjetunion. Nur noch wenige Kilometer bis Tschernowzy. Ins sowjetische Tschernowzy reisen, um Czernowitz, die Hauptstadt des k. u. k.-Kronlands Bukowina, zu finden, könnte traurig enden – könnte aber auch ein Wiederbelebungsversuch sein am Golem und ein Dolmetsch zwischen West und Ost.

Czernowitz war anders als alle jene Städte und Stetlech. Czernowitz war »eine Welt für sich«. Vor allem chasarisch-spaniolisch-deutsch-galizisch-russisch-rumänische Juden lebten dort. Die Bukowina war für Juden Heimat von alters her. In der ersten urkundlichen Erwähnung der Stadt Czernowitz wurde schon von jüdischen Einwohnern gesprochen. Die moslemischen Türken, Oberherren der Stadt seit der Eroberung von Konstantinopel, 1453, brachten den Juden mehr Toleranz entgegen als die spanischen Inquisitoren oder die Kosaken im Kampf gegen die polnischen Grundherren. Die Habsburger zogen ihren Vorteil aus der Welterfahrenheit, aus dem Wohlstand der jüdischen

Kaufleute von Czernowitz, gewannen als Schutzherren deren staatsbürgerliche Loyalität. Hinzu kam, daß viele Czernowitzer Juden die Sprache der Habsburger, Deutsch, Hochdeutsch, sprachen, während die Deutschen in der Vorstadt Rosch meist schwäbelten. Andere mischten die Sprachen, mauschelten oder sprachen Jiddisch – jene, deren Vorfahren aus dem spätmittelalterlichen Deutschland das alte Judenteutsch mitgebracht hatten. Die eigentliche Blütezeit für die Czernowitzer Judenheit begann nach der Trennung von Galizien, 1849, begann 1861 mit dem Kronland »Herzogtum Bukowina« in der österreichisch-ungarischen Doppelmonarchie. Sie brachte den Juden endlich die ersehnte Gleichberechtigung mit den christlichen Bürgern von Czernowitz.

Vor Tschernowzy mündet die Landstraße in einen Kreisverkehr. Ein Verkehrspolizist, Schilder dann, winken uns auf eine Straße, die die Stadt im Osten umgeht. Vom assimilierten jüdischen Großgrundbesitzer, Fabrikherrn oder Gelehrten bis zum Flickschuster, zerlumpten Kaftanjuden oder Wunderrabbiner, vom aufgeklärten oder chassidisch geprägten Sozialisten bis zum dogmatischen Zionisten – eine freie, vielfältige jüdische Kultur entwickelte sich in Czernowitz, reich an sozialökonomischen, kulturellen, politischen Widersprüchen und Differenzerfahrungen, die zu politischem Dynamit oder auch zu künstlerischer Intuition wurden in den Köpfen der Intellektuellen von Czernowitz.

Im Unterschied zum vielgliedrigen, so heterogenen und armen Galizien hinter den Karpaten-Bergen war die Bukowina mit ihrer Hauptstadt Czernowitz im östlichen Zipfel der seit 1848 geschwächten, mäßig aufgeklärten Habsburger Monarchie eine geschlossene, aber durchaus nicht ideologisch gleichgeschaltete Gesellschaft von in sich wiederum geschlossenen kleinen Gesellschaften. Und einige von ihnen nahmen die fast ein Drittel der Einwohnerschaft starke jüdische Bevölkerung in sich auf.

Wir überqueren eine neuere Brücke über den Pruth am Ostrand der Stadt. Der erste Blick auf den Fluß enttäuscht – das

Olga-Kobyljanski-Straße, die ehemalige Herrengasse,
der Korso von Tschernowzy wie von Czernowitz.

Ehemaliger Tempel von Czernowitz,
heute Kino »Oktober« in Tschernowzy.

Henri-Barbusse-Straße, ehemalige Synagogen-Gasse,
in Tschernowzy.

Synagoge in Tschernowzy.

Das Geburtshaus von Paul Celan in der Saksaganski-Straße,
der ehemaligen Wassilko-Gasse, in Tschernowzy.

Grabstein der Familie Katz
auf dem jüdischen Friedhof von Tschernowzy.

Ehemalige Residenz der Rabbiner Friedman,
heute ein technischer Betrieb, in Sadagora.

Gewässer da unten ist schmutziggrau; es wirkt, obzwar Hochsommer, gar nicht einladend zu einem Bad. Paul Celan soll ein hervorragender Schwimmer gewesen sein. Sein Biograph Israel Chalfen aus Czernowitz weiß vom Badevergnügen der Czernowitzer Jugend am Pruth zu erzählen. Ebenso Rose Ausländer in einem Gedicht.:

> Narzisse wir lagen im Wasserspiegel
> hielten uns selbst im Arm.

Kein »Schläfenlockengeflüster« mehr am Pruth, kein

> [...] Rabbi in Kaftan und Stramel
> von glückäugigen Chassidim umringt.

Das Netz der Eisenbahngleise, Neubausiedlungen, Straßen bedrängt den Fluß. Wir fragen uns durch ein verwirrendes Verkehrsumleitungssystem, verfahren uns in Randbezirken, wundern uns über Schilder, die die Zufahrt zum Stadtzentrum verbieten, gelangen endlich ins Hotel »Tscheremosch« und finden Czernowitz dort nicht.

Das Hotel »Tscheremosch« kann sich sehen lassen, sich messen mit modernen Hotels in Westeuropa. Erst vor drei Jahren erbaut, am Rande der Stadt, steht es da – ein repräsentatives mehrflügeliges Hochhaus, die Siedlungshochhausketten darum herum um einiges überragend, mit Auffahrt und bewachtem Parkplatz, mit einer großzügig angelegten, futuristisch anmutenden Eingangshalle – scheinbar offen, leicht, luftig, himmelstürmerisch –, mit Restaurant, Café, Nachtbar, Kiosk, diversem Intourist-Service und wendigen Geldhändlern auf den Gängen. Nur ein Taxi können wir nicht bestellen im Hotel. Das Stadtzentrum ist für den privaten Autoverkehr gesperrt. Ein ortskundiger Taxifahrer könnte uns Zufahrtswege, Ausgangspositionen zur Spurensuche nach dem alten Czernowitz, finden helfen. Nur drei Tage haben wir Zeit, um Czernowitz in Tschernowzy zu finden.

Die Straßenbahn fährt nicht mehr in Tschernowzy, jene Straßenbahn, die eines Nachts den Hermelin in Tschernopol überfahren hat, einst, zu Gregor von Rezzoris Czernowitzer Zeiten. Der k. u. k.-Major Tildy fand sich nicht mehr zurecht im rumänischen Tschernopol, war in besagter Nacht aber – zwei Flaschen Cognac und das leichte Mädchen Mititika im Kopf – noch geistesgegenwärtig genug, um den stockbetrunkenen Professor Ljubaranow vor der bergabrasenden Straßenbahn zu retten. Ihm selbst brachte die heroische Tat den Tod.

Die Straßenbahn fährt nicht mehr, statt ihrer der Trolleybus nun den steilen Abhang des Hügels hinunter, über den sich die alte Stadt hinzieht, jene Strecke, auf der damals die Bremsen der Straßenbahn angeblich oft versagten und die Bahn – wie in der Todesnacht des Major Tildy – in voller Fahrt hinunterraste, aus den Schienen zu springen drohte, ehe sie dann am Bahnhof zum Halten kam. Dem Trolleybus versagen nicht die Bremsen, als er die heutige Lenin-Straße entlang den Abhang hinunterfährt; dafür springen die Kontaktstangen aus der Oberleitung. Der Fahrer muß sie erneut einhängen, ein aufwendiges und anstrengendes, in sowjetischen Großstädten häufig zu beobachtendes Unterfangen. Da steigen wir aus, ohne das Vergnügen der Abfahrt gehabt zu haben, und gehen zu Fuß zum Zentralplatz, dem alten Ringplatz, zurück.

Auf einer Steinbank am Ringplatz breiten wir den Stadtplan aus, »verfaßt vom Ingenieur Ludwig West, Verlag von Leon König, Buch-, Kunst-, Musikalien- und Papierhandlung, Czernowitz«, 1914. Jener alte Plan ist viel genauer, viel detaillierter gezeichnet als der nur mühsamst zu beschaffende Plan vom heutigen Tschernowzy – von sowjetischer Literatur über das historische Czernowitz ganz zu schweigen. Der neue zeigt bloß ein grobes Schema der Innenstadt. Ein Blick in die Runde, dann auf den Stadtplan, schon haben wir das alte Czernowitz vor Augen: der Ringplatz, das Rathaus, das Hotel »Schwarzer Adler«; die Hauptstraße von Norden nach Süden, die alte Tempelgasse im Westen, die Russische Straße im Osten, schräg dazu im Südosten die Herrengasse – damals wie heute der Korso im Klein-Wien des Ostens. Nur in der Mitte des Ringplatzes, wo zu k. u. k.-Zeiten die Marienstatue, zu rumänischen das Befreiungsdenkmal – der Bukowiner Auerochse über dem besiegten Doppeladler – stand, erhebt sich nun ein Lenin-Denkmal zwischen Blumenrabatten. Gegenüber prangt eine zwanzig Meter lange, mannshohe Fotowand, die riesenhafte Porträts von verdienten Genossen aus dem Bezirk Tschernowzy zeigt.

Doch ehe der Hermelin von Tschernopol uns zu einem Rundgang durch sein Czernowitz verführt, machen wir uns auf die Suche nach der jüdischen Vergangenheit der Stadt, gehen durch die ehemalige Tempelgasse. Da steht der jüdische Tempel von 1877 heute noch. Tausend Menschen haben darin Platz gefunden. Als die Deutschen im Sommer 1941 in Czernowitz einmarschierten, steckten sie ihn in Brand. Aber die Mauern hielten – auch Sprengversuchen nach dem Krieg widerstanden sie. Nur die byzantinische Kuppel, die schlanken Türme und Erker fehlen ihm heute; statt Davidsstern zeigt er Hammer und Sichel über dem Eingangsportal. Das Kino »Oktober« ist im Tempel von Czernowitz untergebracht.

Der Krieg hatte schon begonnen, da wähnten sich die Juden von Czernowitz noch in Sicherheit. Und Flüchtlinge aus Österreich, dem Deutschen Reich suchten Schutz bei ihnen. Im Sommer 1940 kamen die sowjetischen Okkupanten. Sie hatten es auf die bourgeoisen, die besitzenden Juden abgesehen, unterstellten ihnen gar Kollaboration mit den deutschen Faschisten, gingen mit Enteignung und Deportation gegen sie vor. Die meist jungen revolutionären Juden, die oftmals arm und nicht religiös waren, hatten keine Angst vor den Sowjets, verbanden Hoffnungen mit ihrem Kommen, versprachen sich Schutz vor den Deutschen und Erleichterungen für ihr Leben. Der zwanzigjährige Paul Celan erlernte in jener Zeit die Sprache der russischen Poesie von Jessenin. Später stieß er auf Gedichte von Ossip Mandelstam, erlernte von dem sowjetischen Dichter die Magie des Mittelworts der Leideform der Zukunft.

Freiwild wurden die Juden, als die Deutschen kamen. Nicht zimperlich ging die »Einsatzgruppe D« der SS mit ihnen um. »Sie liquidieren!« war der Befehl. Gleich in den ersten Tagen der Okkupation wurden Tausende festgenommen, gefoltert und ermordet; wurde ein Ghetto errichtet im alten jüdischen Viertel am Hang zum Pruth. Der Weg vom Hügel hinunter ins alte jüdische Viertel führt uns durch die Karl-Liebknecht-Straße – früher hieß sie Uhrmachergasse –, über die Scholem-Alejchem-Straße hinweg, die alte Judengasse. Keine Seiler, Tischler, Binder, Kürschner, Uhrmacher, Schuster, Klempner, Barbiere, Kupferschmiede, Schlosser, Kesselflicker, Glaser, Schneider, Gold- und Silberschmiede – keine Reklameschilder von Werkstätten oder Ladenschaufenster sehen wir im jüdischen Viertel; kein süßer Duft steigt aus Kellerbäckereien, kein scharfer aus Brandweinschenken, Fleischer- und Fischgeschäften. Doch leben, so heißt es, noch fünfzehn- bis zwanzigtausend Juden heute in Tschernowzy. Über die Wolgogradskaja-Straße alias Springbrunnengasse gehen wir in die Henri-Barbusse-Straße, die alte Synagogengasse.

Metamorphosen der Straßennamen. Sie erzählen von Paradigmenwechseln in der Stadtgeschichte – in Tschernowzy wie in anderen sowjetischen Städten. Neben der Lenin-Hauptstraße gibt es eine Karl-Marx- (früher die Armenische)Straße. Immerhin darf die Judengasse weiterhin einen jüdischen Namen tragen, den des Schriftstellers Scholem Alejchem.

In der westeuropäischen und amerikanischen wie in der sowjetischen Kultur muß Scholem Alejchem oft als blankes Aushängeschild angeblicher Toleranz gegenüber jüdischer Kultur herhalten. Im Westen ersetzt unterhaltsame Verdrängung, im Osten aggressives Ausgrenzen und Schweigen die Auseinandersetzung mit Antisemitismus und Judentum. Scholem Alejchem, eigentlich Scholem Rabinowitsch, ist wohl der bekannteste jiddische Schriftsteller aus der Ukraine. 1905, mit sechsundvierzig Jahren wanderte er nach Amerika aus – Pogrome in Kiew trieben ihn fort –, elf Jahre später, 1916, starb er in New York.

Die alte Synagogengasse, eine der ältesten Straßen von Tschernowzy – krumm ist sie, aber nicht eingefallen –, zeigt uns unversehrte, dickwandige, ein wenig schiefe Häuserreihen; ebenerdig, ockergelb getüncht stehen sie da, haben den großen Brand von 1867 wohl überstanden, sind offenbar nach einheitlichem Plan gebaut, haben schon städtischen Charakter. Auf einer leichten Anhöhe finden wir die alte, die orthodoxe Synagoge; heute sei sie ein Lager für Theaterrequisiten, erzählt uns eine Frau, die gehört hat, daß wir Deutsch sprechen – eine Gelegenheit, sie nach dem Fahrverbot im Zentrum zu fragen. Den Kindern seien die Haare ausgefallen, eine Epidemie mit Bauchschmerzen und Halluzinationen habe Tschernowzy im Sommer 1988 heimgesucht. Die Ursache jener mysteriösen Krankheit – ob Tschernobyl oder die Autoabgase oder sonst etwas – sei bis heute nicht geklärt. Jedenfalls habe man das Zentrum für den Autoverkehr gesperrt. *Moscow News*, die sowjetische Zeitung, hat von der rätselhaften Krankheit berichtet. Von bürokratischen Vertuschungsversuchen, verschleppter und nun vergeblicher, weil zu später Ursachenforschung hat die Zeitung geschrieben und daß Tallium, jenes giftige Schwermetall im Benzin, nicht, wie vermutet, schuld daran sei. Viele Kinder seien evakuiert worden, aber nicht alle hätten dazu die Möglichkeit gehabt, erzählt die Frau, die ein wenig Deutsch versteht. Sie hat mit ihrem ersten Mann, einem Berufssoldaten, einige Zeit in der DDR gelebt.

Eine epidemische Krankheit hat uns demnach diese ruhige Gartenstadt-Idylle mit der nur scheinbar sauberen Luft beschert. Das alte Czernowitz ist verschwunden. Unsere Blicke suchen Kinderköpfe. Wir gehen die Henri-Barbusse-Straße Richtung Zentrum, den Hügel hinauf. Beim Anblick der gelben Häuser kommen Erinnerungen wieder – an Aufzeichnungen aus dem Ghetto in Czernowitz von Dr. Nathan Getzler, Montreal, vom 11. Oktober 1941: »In kleinen Räumen, die kaum für eine Familie reichen, hausen nun bis zu zwanzig Personen. Da die Wasserleitung [...] gesperrt wurde, kann die Klosettspülung nicht vorgenommen werden. [...] 50000 Menschen, die in ihrem schweren Unglück die Ghettogassen fortdauernd füllen. [...] Überall auf den Gassen und vor den Häusern liegen Berge von Gepäck. Eine bittere Kälte hat eingesetzt. Viele, die Pelzmützen und warmes Schuhzeug anhaben, werden am hellichten Tage von der Soldateska ihrer Sachen beraubt. Drei Meter hohe Planken aus Brettern und Stacheldraht grenzen das Ghetto ab.«

Anhand des alten Stadtplans und der Tagebuchaufzeichnungen von Nathan Getzler versuchen wir die Grenzen des Ghettos zu rekonstruieren und abzuschreiten, gehen die alte Türkenbrunnengasse zur Türkengasse hinauf. Deportationen begannen aus Czernowitz nach Transnistrien – in das Gebiet zwischen Dnjestr und Südlichem Bug, einige hundert Kilometer östlich der Stadt, wo Konzentrationslager errichtet worden waren. Alfred Kittner und Immanuel Weissglas gehören zu denen, die in ihren Gedichten von dem Ort des Grauens, jenen Luftgräbern, Klage sangen, die Transnistrien überlebt hatten, viele andere – Paul Celans Eltern, die junge Verwandte Selma Meerbaum-Eisinger, selbst Lyrikerin – aber nicht. Der einundzwanzigjährige Paul Celan und der Freund Moses Rosenkranz hatten Glück: Sie wurden zur Zwangsarbeit im Straßenbau eingezogen. Paul Celan mußte aushalten, daß Freunde und Eltern verschwanden, ermordet wurden.

> ES FÄLLT NUN, MUTTER, Schnee in der Ukraine: [...]
> Von meinen Tränen hier erreicht dich keine [...]
> Was wär es, Mutter: Wachstum oder Wunde
> versänk ich mit im Schneewehn der Ukraine?

Kein Türkenbrunnen, steinerner Zeuge, schon aus der Türkenzeit, keine Spuren vom Ghetto, kein Mahnmal, statt dessen eine Synagoge an der alten Türkengasse. Ein hohes Bauwerk, wieder im maurischen Stil mit herausgeputzter Fassade, Sowjet- statt Davidsstern, von anderen Häusern eng umstellt. Mehr als siebzig Synagogen und Bethäuser soll es im Vorkriegs-Czernowitz gegeben haben.

Ein altes Ehepaar kreuzt unseren Weg. Der Herr bleibt stehen wie wir. Ein Kulturhaus sei die Synagoge heute, erklärt er, gehöre zu einem technischen Betrieb. Nach dem Krieg sei sie zu nichts anderem nütze gewesen, hätte es kaum noch Juden gegeben in Tschernowzy. Von fünfzigtausend haben sechstausend Juden in Czernowitz den Massenmord überlebt. Er stamme nicht aus Czernowitz, erzählt der Mann, zwanzig sei er gewesen, als der Krieg begann, Rekrut in der Roten Armee. Schwer verletzt habe man ihn in Tschernowzy ins Lazarett gebracht. Nach dem Krieg sei er hier hängengeblieben. Von bestialischen Greueltaten der Nazis weiß er zu berichten. Vielen Juden hat die sowjetische Armee das Leben gerettet. Auch Freunde von Paul Celan, die jüdischen Studenten Erich Einhorn und Gustav Chomed sind, als die Deutschen kamen, mit ihr nach Osten gezogen.

Paul Celan ging nicht in die Sowjetunion, blieb in Czernowitz, wollte nach Paris, träumte von den Roten Brigaden in Spanien. Dem Freund hat er mit seinem Gedicht »Schibboleth« ein poetisches Denkmal gesetzt.

> [...] Einhorn:
> du weißt um die Steine,
> du weißt um die Wasser,
> komm,
> ich führ dich hinweg
> zu den Stimmen
> von Estremadura.

Wie Einhorn und Chomed machte es Josif Burg, der jiddisch-sowjetische Schriftsteller aus Wischnitz bei Czernowitz. Er ging nach Moskau, kehrte später, Ende der sechziger Jahre, nach Tschernowzy zurück.

Vom jüdischen Viertel her steigen wir hinauf in die Oberstadt auf dem Rücken des Hügels, streben in Richtung Wassilkogasse – die Welt der Kindheit von Paul Celan. Bevor die Nazis kamen, hatten die Juden von Czernowitz ohne Einschränkung über die ganze Stadt verstreut gelebt – die Armen, die Handwerker und Krämer, im alten jüdischen Viertel, die Wohlhabenderen in den Bürgerhäusern im Zentrum um den Ringplatz, Theaterplatz, Austriaplatz und die Herrengasse. Von der alten Türkengasse kommend, überqueren wir die Russische, die Armenische Gasse – die eine darf bis heute ihren Namen tragen, die andere mußte ihn, wie gesagt, gegen Karl-Marx-Straße tauschen –, biegen in die Josefgasse, heute Ukrainische Straße, von dort in die Wassilkogasse ein. Die Straße ist kurz.

Im Haus Nummer 5 hat die Familie Antschel gewohnt. Celan, eigentlich Tschelan, war ein Pseudonym für Paul Pessach Antschel, stammt aus seiner Bukarester Zeit nach dem Krieg. Kleinbürgerlich eng soll es bei den Antschels gewesen sein, strenge Sitten sollen geherrscht haben. Der Vater, der Handelsvertreter Leo Antschel, habe den Sohn oft geschlagen, die Mutter Fritzi ihn zu peinlicher Sauberkeit und Gehorsam erzogen, berichtet Israel Chalfen. Abgesehen von Mutter, Vater und Sohn hätten der Großvater, die Tanten Minna und Regina, später noch die Cousinen Emma und Klara in der Dreizimmerwohnung gelebt.

> Erst jenseits der Kastanien ist die Welt.
>
> Von dort kommt nachts ein Wind im Wolkenwagen,
> und irgendwer steht auf dahier,
> Den will ich über die Kastanien tragen [...]

Vor dem Haus Nummer 5 – ein Jugendstiladler ziert die vor kurzem rostrosa gestrichene Fassade – stehen keine Kastanien mehr, sondern junge Akazien; Asphalt lastet auf ihren Wurzeln, schmiegt sich eng an die dünnen Stämme. Aus den Hinterhöfen der Nachbarhäuser zwängt hochmächtiger Bergahorn seine Äste durch die Hofeinfahrten ans Licht der Straße; wie hoch mögen die Bäume vor sechzig Jahren, Paul Celan war zehn Jahre alt, wohl gestanden haben?

Rose Ausländer – wo sie gewohnt hat, wissen wir nicht – war damals schon neunundzwanzig. Später, Mitte Vierzig mag sie gewesen sein, nach dem Krieg, wurde sie für kurze Zeit Lehrerin der jungen Czernowitzer Literaten. Paul Celan, Immanuel Weissglas und Alfred Kittner saßen oft bei ihr, lasen aus eigenen Gedichten vor. Mehr hatten sie wohl nicht miteinander im Sinn. Der Dichter Immanuel Weissglas, im Unterschied zu Paul Celan Sohn wohlhabender Czernowitzer Juden, war dessen Klassenkamerad und – Rivale, wenn man Zeitzeugen glauben darf. Transnistrien, die »Meister aus Deutschland« mit ihren Hunden, die die Juden aufspielen hießen zum Tanz in den Tod, kannte Paul Celan von Immanuel Weissglas und Alfred Kittner, die Transnistrien durchlitten hatten. Von Rose Ausländer kannte er die Todesfarbe des Massenmordes. Die »schwarze Milch« aus ihrem Gedicht »Ins Leben« brauchte er für die »Todesfuge«.

Menschenleer ist die Straße, sind die Straßen rechts und links. Wie ein Museum umstehen uns die frisch gestrichenen rostrosa und eierschalenfarbenen Fassaden der Häuser am Korso. Wir gehen weiter, vorbei – an der armenischen Kirche. Einst lebten Armenier in Czernowitz. Geschlossen ist sie, wie andere Kirchen in Tschernowzy auch, ein Orgelkonzertsaal heute. Ein Gerüst ist um sie herum gebaut, davor Wäsche gespannt von Baum zu Baum. Menschen flanieren durch die nahegelegene Olga-Kobyljanski-Straße. Eine Fußgängerpassage ist aus der ehemaligen Herrengasse geworden, benannt nach einer ukrainischen Schriftstellerin. Kein Kukuruz wird verkauft auf der Straße, dafür Obstsäfte, zuckersüß, und Vanilleeis. Trostlos blicken leere Schaufenster uns an. Eine Menschenmenge ballt sich vor dem »Dworez torschestwennych sobitii«, dem »Palast für festliche Ereignisse«. Musik erklingt aus geöffneten Fenstern – klassische sowjetische Volksmusik. Schwarzglänzende Limousinen, ihre ausladenden Kühler mit Blumen, Puppen, Schleiergirlanden geschmückt – Stoßstange an Stoßstange stehen mehr als ein Dutzend von ihnen –, säumen den Korso. Sie also dürfen ins Zentrum, sogar in die Fußgängerpassage fahren. Hochzeit wird gefeiert an diesem sommerlichen Samstagmittag in Tschernowzy. Ruhig ist es vor der Kathedrale gegenüber. Alte Leute sitzen unter Bäumen auf Bänken, lesen Zeitung, füttern Tauben, unterhalten sich, spielen Schach, nicken in der Sonne ein wenig ein.

In beiden Restaurants auf der Olga-Kobyljanski-Straße wird für die Hochzeitsgäste gerüstet. Wir müssen draußen bleiben, mit leerem Magen weitergehen. In einem Kellerlokal stehen wir später mit den Leuten von Tschernowzy Schlange – Miliz und Soldaten gehen vor. Pelmeni gibt es, jene köstlichen, mit drei Fleischsorten gefüllten sibirischen Ravioli, die in dem Kellerlokal allerdings wie fettiger Kleister schmecken. »An Sommerabenden besuchten um die Jahrhundertwende viele Familien gerne den Katz'schen Garten in der Russischen Gasse (später Milchhalle und vegetarisches Restaurant Friedman). Dort konzertierten der flotte Musikant Schlomele Hirsch und sein Bruder Leib, die bei allen Hochzeiten aufspielten. Andere ›Gastgärten‹ waren ein Garten in der Siebenbürgerstraße, später Klavierverkaufsgeschäft und Eislaufplatz Gruder, und der ›Bierpalast‹ in der Rottstraße. In einem dieser Gärten pflegte während der heißen Sommermonate ein jiddisches Theater zu spielen.«

Sanfte Musik, gedämpfte Beleuchtung im Restaurant des Hotels »Tscheremosch«. Lautlos gehen Serviererinnen über dezent getönten Teppichboden. Steifleinene Servietten prangen auf den nach sowjetischer Etikette aufwendig gedeckten Tischen – diverse große und kleine Teller stehen über- und nebeneinander, rechts und links der Teller allerlei Besteck, hinter ihnen Weinkelche, Wassergläser und Likörgläschen. Beim Abendessen, als die Ungeduld wächst, die Serviererin sich nicht zuständig fühlt, sich zunächst weigert, uns zu bedienen, wir also Zeit verlieren, wenig Zeit bleibt, um noch rechtzeitig zum Sabbatausgang in der Synagoge zu sein, um noch bei Helligkeit die Stadt anzuschauen, noch einmal über den Korso zu flanieren... da kommt plötzlich das Gespräch über Paul Celan auf am Tisch im Restaurant des Hotels »Tscheremosch«, ganz zufällig und ganz deutsch. Ein Gast, der russischen Sprache nicht mächtig, kommt an unseren Tisch. Aus Münster ist er nach Tschernowzy gekommen, für einen Tag, mit der Eisenbahn von Bukarest her, Paul Celan, die frühen Bukowiner Gedichte, lesend während der beschwerlichen Fahrt in die Heimatstadt des Dichters. Das Restaurant füllt sich mit herausgeputzten Gästen. Ukrainisch, Russisch, Polnisch, Rumänisch, Moldauisch ist zu hören. Musik aus unsichtbaren Lautsprechern legt sich über das vielzüngige Reden. Wer von den anderen Gästen kennt, denkt wohl an den Dichter Paul Celan, alias Antschel, aus Czernowitz? – Die vier gegenüber vielleicht? – Am Nachbartisch gegenüber sitzen zwei Frauen, eine zierlich, mit krausem dunklem Haar, lebhaft gestikulierend, die andere stiller, dunkel auch sie, und die Männer dazu. Sie unterhalten sich über Psychiatrie, Psychologie – in der Sowjetunion ein nicht undelikates, lange tabuisiertes Thema. Unversehens beginnen ihre fremden Gesichter bekannten zu gleichen. Sabina Spielrein sitzt am Nebentisch, die Psychoanalytikerin, Schülerin von Jung und Freud, auf der Durchreise von Wien nach Hause in die Sowjetunion, 1923, nach Rostow am Don. Ihr gegenüber, mit hitzigem Gesicht – Wilhelm Reich, viel jünger als seine erfahrene Kollegin, zu Besuch in seiner Heimatstadt Czernowitz. Ob die beiden wohl miteinander hätten reden mögen? Über Nietzsche vielleicht, über Träume oder... Sollte der junge Mann neben ihnen, der so unruhig auf seinem Stuhl herumrutscht, Manès Sperber sein, aus dem Stetl Zabłotów bei Czernowitz? – Und die alte Dame ihm gegenüber – Bertha Pappenheim, die wir in Przemyśl, Lwów und Brody schon trafen? Mit Psychoanalyse hatte sie, wie gesagt, schon lange nichts mehr im Sinn, recherchierte in Sachen Mädchenhandel mit jungen Jüdinnen in dieser Gegend. Eher hätten sich die vier im »Hotel Schwarzer Adler«, wenn überhaupt, getroffen, im Gasthaus für Fremde am Ringplatz, Treffpunkt auch der revolutionären Romantiker von Czernowitz. Im Krieg wurde das Hotel Gestapo-Hauptquartier, sein Fahrstuhlschacht das Gefängnis für den Oberrabbiner Dr. Abraham Mark und andere, ehe sie erschossen wurden. Alpträume, Hirngespinste...

Die Zeit drängt, Sabbatausgang ist nahe. Nach dem Essen fahren wir unverzüglich zur Synagoge in die Lukian-Kobelizki-Straße, der einzigen, die ein jüdisches Versammlungshaus geblieben ist in Tschernowzy. Achtzehn alte Herren, die meisten von ihnen mit Strohhüten, in weißen Leinenjacken, versammeln sich zum Sabbatausgang in der ehemaligen Familiensynagoge. Frisch gestrichen, mit dem silbrig glänzenden Davidsstern auf der Kuppel, ist sie leicht zu finden. Jiddisch sprechen und verstehen die Herren und ein bißchen Deutsch. Viel Angst haben sie, vermeiden es, ihre Namen zu nennen, verbieten, etwas von dem Erzählten aufzuschreiben, geschweige denn, auf Band festzuhalten. Man wisse ja nie... Die Leidenserfahrung, die Angst vor Faschismus und Stalinismus, vor dem Antisemitismus sitzt tief. Einer von ihnen, wohl der Jüngste, leitet den Gottesdienst, verteilt die Rollen: ruft auf, wer die Thora aus dem Schrein tragen, wer den Wochenabschnitt vorlesen soll, tadelt die, die durch Reden stören. Auch in Tschernowzy haben die meisten verlernt, Juden zu sein, haben ihre alte *mameloschn* Jiddisch, ebenso Hebräisch, die Sprache der heiligen Bücher, vergessen und verdrängt.

Kra-kra-kra! schreit die Krähe. »Kra-kra-kra heißt in der Vogelsprache dasselbe wie *kro kro* in der heiligen hebräischen Sprache, und das heißt: Lies! Lies!« Weil die Krähe der Vogel-Rabbi ist, ruft sie Kra kra: Lies, Vogel, lies! So oder ähnlich beginnt eine der jiddischen Fabeln von Elieser Steinbarg.

> Zwerg mit dem Riesenhaupt
> Steinberg Elieser
> Erlöser von Stein und Berg

nannte Rose Ausländer den Fabeldichter aus Czernowitz.

> Maulwurf und Maus
> Rose und Ring –
> kein Körper blieb tot
> solang Elieser lebte.

Die Fabel »Wie die Vögel die Bibel lernen« erzählt, nur Fromme und Gute, Vögel und Kinder lehre der Cherub – »ein ganz kleiner Engel, so groß wie ein Vogel« – nachts im Traum die Schrift der grünen Blätter lesen. Wahrscheinlich kennen nur wenige in Tschernowzy diese Geschichte. Elieser Steinbarg starb früh, 1932, wurde nur zweiundfünfzig Jahre alt.

Der junge Paul Celan bekam dessen Fabeln zum zwölften Geburtstag geschenkt, in einer illustrierten Ausgabe. Mit Vorliebe soll er Steinbarg-Fabeln deklamiert haben als Kind und später wieder, als die ostjüdische Kultur ihrem Tod entgegenging. Jiddisch war ihm vom Hörensagen vertraut, Hebräisch zwang ihn der Vater zu lernen. Angeblich hatte er ein zwiespältiges Verhältnis zu den jiddischen Fabeln. Deutsch war die Sprache, die er tagtäglich im Munde führte und liebte, bis die Nationalsozialisten sie ihm verdarben. Die russische bot ihm keine neue Heimat, und so war er gezwungen, sich aufs »Schibboleth« zu besinnen, auf jenes biblische Losungswort, nach dem die Soldaten des Richters Jiftach im Bruderkrieg den Freund vom Feind unterschieden.

Herz:
gib dich auch hier zu erkennen,
hier, in der Mitte des Marktes.
Ruf's, das Schibboleth, hinaus
in die Fremde der Heimat:
Februar. No pasarán.

Vergessen wir das Gelobte Land, das sich zur Zeit der Richter so kriegerisch gab wie andere Länder zu anderen Zeiten.

Auf dem jüdischen Friedhof von Tschernowzy wird seit Jahren niemand mehr begraben. Ein alter Herr, der Deutsch spricht, weist uns auf die zerstörten Gräber unter den mächtigen alten Kastanien hin: einmal seien dreihundert Gräber geschändet worden, in einer einzigen Nacht. Unbewacht und groß liegt der Friedhof von einer baufälligen Mauer umgeben. Leicht kann man sich zwischen den Gräbern verirren. Steine sind von ihren Sockeln gestürzt, andere mutwillig zerstört, Grüfte geöffnet worden. Was reizt, lockt zu Gewalt gegen die Gräber der Familien Guttman, Rapoport, Katz, die lange tot, deren Nachkommen ermordet, vertrieben oder längst sowjetisch assimiliert sind? – »Schreiben, erzählen Sie zu Hause von diesen zerstörten Gräbern!« bittet der alte Herr.

Unter dem Laubdach der alten Kastanien, das uns vor einem Platzregen schützt, am Hauptweg, in der Nähe der kleinen Tempel auf den Gräbern berühmter Oberrabbiner von Czernowitz finden wir das Grab des Fabeldichters Elieser Steinbarg. Ein heller Stein, breiter als hoch, wie ein aufgeschlagenes Buch oder ein Notenblatt steht da, darauf ein Relief aus bunten Blumen, wie Vögel fliegen sie über den Stein – Aleph, Beth, Gimel, Daleth... – »Alef – alle Menschen sind Kinder, Bet – Brüder sind alle Kinder...« Josif Burg, jiddischer Schriftsteller in

Tschernowzy, erinnert sich an ferne Tage in der »Sommer-Colonie des jüdischen Schul-Vereins« von Czernowitz in den Karpaten, die der Fabeldichter Elieser Steinbarg damals zwischen den Weltkriegen leitete. Dort, in dem großen Haus mit der hölzernen Galerie, dem Garten mit Apfelbäumen ringsherum, habe der Dichter, der kleine Mann mit der starken Brille eines Kurzsichtigen, die Kinder armer Juden gesammelt wie Diamanten, ihnen Geschichten erzählt. Er, Josif Burg, Sohn eines jüdischen Flößers aus Wischnitz, habe als Kind, damals, Jiddisch bei ihm gelernt.

Noch vor jener Zeit, vor den Kriegen, trafen sich Scholem Alejchem, Jizchak Lejb Perez und Schalom Asch in jenem Tal der Karpaten in der Sommer-Colonie. Damals, im Spätsommer 1908 fand die erste jiddische Sprachkonferenz statt, in Czernowitz. Die bekanntesten jiddischen Schriftsteller, Zionisten, Bundisten traten dort auf. Einer der Initiatoren war Nathan Birnbaum, der Schriftsteller und Zeitgenosse von Theodor Herzl. Den Begriff »Zionismus« soll er geprägt haben. Aber er plädierte weniger für die nationale Idee als für die Pflege der ostjüdischen Kultur und den Erhalt des vermeintlichen Jargons, der jiddischen Sprache. Jiddisch wurde damals neben Hebräisch zur Nationalsprache des jüdischen Volkes erklärt. So viele Juden, so viele Meinungen, spottet Scholem Alejchem in der Erzählung »Die erste jüdische Republik«. Czernowitz war das Babylon Mitteleuropas, das Babel des Ostjudentums.

Eines Nachmittags fahren wir von Tschernowzy aus ins nahegelegene Sadagora – einst Hochburg der Chassidim des alten Czernowitz. Die Zaddikim aus der Dynastie Friedman, Nachkommen des Wunderrabbiners Israel der Ruschiner, hatten sich Mitte des vergangenen Jahrhunderts auf der Flucht vor Pogromen im zaristischen Rußland hier niedergelassen, sich eine protzige kleine Residenz gebaut, in der sie mächtig hofhielten – Gläubige empfingen und Feste zelebrierten. Ein einstöckiges Holzhaus mit einer hölzernen Freitreppe, das Dach mit roten Ziegeln gedeckt, fand der Student Leopold von Sacher-Masoch mitten in der kleinen schmutzigen Stadt auf einem großen

Platz, als er im Jahre 1857 zusammen mit seinem Onkel, von der Neugier getrieben, einen Wunderrabbiner bei der Arbeit zu sehen, nach Sadagora kam. »Vor dem Hause stand eine Menge von Menschen, die sich alle still verhielten oder ganz leise miteinander sprachen, und eine Anzahl Wagen aller Art, Schlitten mit kostbaren Decken von Pelzwerk, mit Leinwand überspannte *butki*, wie man die jüdischen Fuhrwerke bei uns nennt, und mit Stroh gefüllte Bauernwagen, vor denen drei kleine magere Pferde eingespannt waren.« Drei dicke alte Männer am Straßenrand mit dicken blauroten Nasen erklären uns den Weg zum ehemaligen Sitz der Wunderrabbiner, blasen einen Dunstschwall von Selbstgebranntem in unsere Gesichter.

Vor der Pforte des Heiligtums – junge Leute, die, an die Türpfosten gelehnt, Wache hielten, in langen Kaftanen von schwarzem Atlas, mit bartlosen Gesichtern, Schläfenlocken, mit Pelzmützen auf dem Kopf. Ein junger Chassid führte die Gäste die Treppe hinauf, durch ein Vorzimmer, in dem die Damen des Hauses, Frau, Schwiegertochter, Töchter und Nichten, in seidene Schlafröcke und lange, mit allerlei Pelzwerk besetzte Kaftane von Samt und Seide gekleidet, Frauen mit kostbaren Stirnbinden, Mädchen mit langen, perlendurchwirkten Zöpfen, versammelt waren. Auf den ersten folgte ein zweiter Vorraum, wieder Wächter, dieses Mal greise Männer mit grauen Bärten. »Endlich wurde ein großer, schwerer Vorhang beiseite geschoben...« Mit viel Liebe zum kostbaren Detail schildert Sacher-Masoch seinen Besuch beim Zaddik von Sadagora, dem er zweifelsohne ähnliche Bewunderung zollte wie nach ihm Martin Buber, der meinte, im schmutzigen, verkommenen Sadagora, das er als Kind kennengelernt hatte, dem wahrhaften Zaddik begegnet zu sein.

Die Residenz der Wunderrabbiner von Sadagora, kein Holzhaus, ein wohl Ende des vergangenen Jahrhunderts im maurisch-romantisch-neugotischen Stil neu errichteter Backsteinbau, leuchtet rot vom Rande der Straße, ist anmutig wie eine Spielzeugburg und heute ein sowjetischer Staatsbetrieb, eine Metallfabrik. Und der jüdische Friedhof am anderen Ende des

Vorstädtchens dient einem Mann aus Sadagora – arm ist er, hält seine Hose mit einem Strick zusammen, die Schuhe fallen ihm fast von den Füßen – als Weideland für seine Ziegen. Das Grabmal der Familie Friedman habe er eigenhändig mit einem Betonmantel umgossen, erzählt der Mann, den dafür nötigen Zement selbst »im Betrieb organisiert«. Ab und zu führe er Touristen, vorwiegend aus den USA, zum Grab der Wunderrabbiner, erzählt er, klagt über ihren Geiz, gaunert ihnen ab, was er kriegen kann – Dollars, Kaffee, Kaugummi, Videos, Kleidung – egal.

Damals, als es noch Galgen gab,
da, nicht wahr, gab es
Ein Oben.

Wo bleibt mein Bart, Wind, wo
mein Judenfleck, wo
mein Bart, den du raufst?

Krumm war der Weg, den ich ging.
Krumm war er, ja,
denn, ja, er war gerade.

Krumm, so wird meine Nase.
Nase.

Von dem Zaddik der Poesie – »Von Paul Celan aus Czernowitz bei Sadagora« ist diese »Gauner- und Ganovenweise, gesungen zu Paris emprès pontoise«, die mir im Kopf herumgeht, als der Alte uns – vorbei an seinen zwischen den Grabsteinen meckernden Ziegen über den Friedhof von Sadagora führt. Prächtige Grabsteine stehen da: der Lebensbaum verzweigt sich zur Menora mit brennenden Kerzen. Hier liegen, so sagt das Bild, Frauen begraben; zwei Vögel als Wächter oder – picken sie Früchte vom Baum der Erkenntnis? Motive auf Grabsteinen – die segnenden Hände der Cohen, darüber der geöffnete Baldachin eines Thoraschreins, und schließlich die Krone der göttlichen Lehre über allem; über den Gräbern weiden Ziegen in Sadagora.

Wie anders – das Grab der jiddischen Liedersängerin Sidi Tal auf dem kommunalen Friedhof von Tschernowzy.

Eine im Pathos des sozialistischen Realismus hoch aufgerichtete, schneeweiße Frauenfigur auf schwarzem Marmorsockel, schreitend scheinbar, zeigt Sidi Tal, die einzige, die lange Zeit singend die Erinnerung wachhielt an das Ostjudentum, seine Zerstörung in der Sowjetunion: »Oj, wu said ir kinder main, ich kon ajch nit gefinnen. Set di mame nit kain trenen, blut fun oign rinnen. Oj, ich such ajch un ich wek un ich kon oich nit derwekn. Aselche brilljanten sol di erd fardekn...«

Von Sidi Tal erzählt der jiddische Schriftsteller Josif Burg in Tschernowzy. Der kleine Herr mit dem wehenden weißen Engelshaar dreht sich leise und stetig auf seinem Schreibtischstuhl hin und her. Wer liest seine Bücher? Jiddisch- und Hebräisch-Unterricht war bis vor wenigen Jahren verboten in der Sowjetunion, wurde mit Gefängnisstrafe geahndet. Josif Burg zeigt sich, zukunftsorientiert, an Kontakten zwischen Wien–Berlin–Tschernowzy sehr interessiert. Seine Frau lädt uns ein zum Abendbrot. Josif Burg, Jahrgang 1912, Sohn eines armen jüdischen Wischnitzer Flößers, vertritt die sowjetisch-jiddische Literatur in Tschernowzy, leitet die »Elieser-Steinbarg-Gesellschaft«, eine der wenigen Gesellschaften zur Erneuerung der jüdischen Kultur in der Sowjetunion. Wieviel Demütigung und Leid er wohl erfahren hat in seinem Leben – nach Abbruch seines Studiums 1938 in Wien: während des Krieges im Südosten der Sowjetunion, nach dem Krieg im Kaukasus bis zu seiner späten Rückkehr, Ende der sechziger Jahre, nach Tschernowzy? Spät erst ist es dem Schriftsteller gelungen, öffentliche Anerkennung zu finden. *Sowjetisch Hejmland*, jene Zeitschrift, deren russischsprachiges Jahrbuch wir bei Owsej Jefimowitsch Medwedew in Schitomir sahen, hat Josif Burg lange eine literarische und existentielle Heimat geboten. Erst 1980 erschien in Moskau ein Erzählungsband von ihm, *Das Leben geht weiter*. Jüdische Literatur mußte Eiszeiten hindurch überwintern in der Sowjetunion, wurde nicht ausgerottet wie in Deutschland.

Am liebsten hätte Josif Burg die zweibändige *Geschichte der*

Juden in der Bukowina aus Tel Aviv, auch die Gedichte der Selma Meerbaum-Eisinger. Die Celan-Biographie von Israel Chalfen, die wir ihm mitgebracht haben, besitzt er bereits. Bilder von Scholem Alejchem, von Josif Burg hängen an den Wänden seines schmalen Arbeitszimmers. Viele schöne Bücher von Pinchas Kahanowitsch, Dem Nister, stehen hinter Glas im Bücherschrank, von hinten nach vorn, von rechts nach links, in hebräischer Schrift, in jiddischer Sprache zu lesen.

Josif Burg und die Alten der Restgemeinde müssen die jüdische Kultur, die immerhin mehr als zwanzigtausend Juden von Tschernowzy, nicht länger allein vertreten. Junge Leute haben sich vor einiger Zeit zusammengefunden, einen »Jüdischen Kulturfonds« gegründet, um Verwahrlosung und Grabschändungen auf den Friedhöfen von Tschernowzy und Sadagora entgegenzutreten. Sie organisieren Hebräisch- und Jiddisch-Unterricht, richten eine jüdische Bibliothek ein, planen, die ehemalige Synagoge der Orthodoxen in ein Museum für jüdische Geschichte umzuwandeln, stellen Verbindungen nach Israel her, zur Assoziation der Czernowitzer in der Emigration. Seit dem Sommer 1988 geben sie ein Bulletin heraus, organisieren gemeinsam mit Kooperativen am Ort die Finanzierung des Fonds, arbeiten, wenn möglich, mit der ukrainischen Volksfront zusammen, beleben jüdisches Brauchtum in Tschernowzy.

Wir gehen durch die Fedkowitsch-Straße am Kalinin-Park, die alte Gartengasse am Volksgarten. Eine Villenstraße heute wie damals. Keine Villa wie die andere – eine Augenweide gegen die sowjetische Einheitsbauweise. Wer heute in ihnen wohnt, wem sie gehören, erfahren wir nicht. Kaum daß sich ein Mensch auf der Straße zeigt. Die alten Villen im romantisierenden Stil – Karl Emil Franzos hat ihn schon Ende des vergangenen Jahrhunderts als »Schwarzwaldstil« treffend beschrieben – stehen behäbig und geduldig da mit ihren Balkonen, Veranden, Erkern und Zinnen. Nur die Villa der von Rezzoris steht nicht mehr. Leicht ist es dennoch, sich hinter einem der Zäune den Vorgarten, die Auffahrt zur Villa vorzustellen in der ehemaligen Gartengasse und die Kinder in jener morbiden Idylle, hinter dem Zaun – die ewig kränkelnde Mutter im Haus, der Vater auf Jagd.

Ganz anders die Dreizimmerwohnung voller Menschen ohne Garten mit Hinterhof in der engen Wassilkogasse, hinter deren Kastanien für Paul Celan die Welt seiner Gedichte begann. Paul Celan lernte den, wie er Zwischenkriegsgeborenen, um sechs Jahre älteren Gregor von Rezzori erst Jahrzehnte später bei der Rundfunkarbeit in Deutschland kennen, mochte ihn, so Herr von Rezzori, nicht leiden. Gregor von Rezzori, der Autor der *Memoiren eines Antisemiten*, erzählt vom Dünkel der altösterreichischen Aristokratie gegenüber den Ukrainern, Rumänen und Juden von Czernowitz, der anders, zurückhaltender, herablassender war als der Antisemitismus, Antislawismus der Volksdeutschen à la Gymnasialprofessor Feuer und seiner Freunde aus dem *Hermelin in Tschernopol*. Berührungen mit Juden befremdeten, irritierten den Jungen Gregor von Rezzori ebenso wie die Zärtlichkeiten der warmen, weichen, nach Weihrauch und Mandeln duftenden Kassandra, der ukrainischen Amme; kurios, unförmig habe sie ausgesehen in ihrer Tracht, ungebildet, häßlich sei sie gewesen nach dem Geschmack der Familie. Die Berührungen mit der Fremde reizten den »Sohn einer Epoche der Verwüstung«, wie Gregor von Rezzori sich selbst einmal nannte. Ergebnis waren die *Maghrebinischen Geschichten*, das Maghrebinische, die »lingua franka«, das Esperanto von Czernowitz. Dem Kind Gregor, in strenger Isolation, ohne jeglichen Kontakt mit Altersgenossen gehalten, erfand der Schriftsteller später Freundschaften mit jüdischen Kindern, mit Saly Brill und Blanche Schlesinger im »Institut d'éducation« in dem imaginären Tschernopol. Nicht erfunden, so der Schriftsteller, sei die Episode, wie die altösterreichischen Aristokratenkinder einmal den jüdischen Religionsunterricht ihrer Privatschule besucht und damit einen Skandal herbeigeführt hätten. Eine Regenwand schiebt sich vor die Kleinvillen der Gartengasse. Dämmrig ist es am hellichten Sommertag.

Fort wollen wir aus der menschenleeren Straße am Kalinin-

Park, gehen ins Zentrum der Stadt zurück, brechen auf zu einem letzten Spaziergang von Tschernowzy nach Czernowitz: Vom Zentralplatz aus biegen wir am »Hotel Werchownia«, alias »Hotel Schwarzer Adler«, in die Tempelgasse ein; gehen geradeaus weiter in die Universitätsgasse hinein, erste Straße links: die Heinrich-Heine-Gasse entlang, am Haus der jüdischen Kultur vorbei – blau-weiß gestrichen ist seine neobarocke Fassade, heute residiert der Kulturklub der Leichtindustrie in dem Gebäude – zum Stadttheater. Das Theater ist lange nicht mehr im ersten Stock des »Hotel Moldawie« untergebracht, wie zu Sender Glatteis' Zeiten. Sender Glatteis, Karl Emil Franzos' Anton Reiser, auch »Pojaz« genannt, hochdeutsch Bajazzo, sah in Czernowitz zum ersten Mal in seinem Leben ein Theater – sein Traum –, sah eine Vorstellung des *Kaufmann von Venedig* im »Hotel Moldawie«, wie gesagt. Nur zufällig war er dahin gelangt, von Sadagora aus. Den Schmule aus Barnow hatte Sender Glatteis, der Fuhrmann, zum Wunderrabbi von Sadagora gefahren, dort, in der Schenke, vom Theater in Czernowitz gehört – vom Theater, das seine Leidenschaft wurde. Die »deutsche Weisheit« wollte er von Goethes *Faust*, von Schillers *Räubern* lernen.

Das Theater von Czernowitz, wie auch das alte »Hotel George« in Lemberg, von dem bekannten Wiener Architektenbüro Hellmer und Fellner um die Jahrhundertwende entworfen, steht noch am Theaterplatz in Tschernowzy. Alles scheint beim alten. Büsten von Goethe – Schiller – Puschkin – Haydn – Schubert – Mozart – Schewtschenko – Beethoven prangen am Gesims. Nur das Schillerdenkmal vorm Theater fehlt. Die Rumänen haben es zwischen den Kriegen durch eine Statue ihres Nationaldichters Eminescu ersetzt. Heute thront Olga Kobyljanski, die ukrainische Schriftstellerin aus Czernowitz, die auch deutsch und polnisch geschrieben haben soll, auf dem Piedestal vor dem Theaterportal.

Karl Emil Franzos, dem Schriftsteller und Publizisten jüdischer Herkunft, Herausgeber der ersten Georg-Büchner-Werkausgabe, galt Czernowitz als Vorhof zu Deutschland, dem

Paradies. Fünf deutsche Tageszeitungen gab es hier – in den besseren Cafés lagen an die hundert Gazetten und Journale zum Lesen aus –, ein Theater und eine Universität. Karl Emil Franzos verstand sich als Mittler zwischen jüdischer und deutscher Kultur – doch gerade die Andersartigkeit macht seinen »Pojaz« lebendig. »Tallis« – Gebetsmantel – versteht Sender Glatteis, statt »Talent«, und bringt damit den Theaterdirektor zum Lachen. Von der Ähnlichkeit des Unähnlichen – Jiddisch und Deutsch, ostjüdische und k. u. k.-Kultur – lebt der »Pojaz«, vom Reiz, das im Stetl verbotene Deutsch im Munde zu führen.

Die Universitätsstraße gehen wir entlang auf der Suche nach der alten Alma mater »Francisco-Josephina-Cernautiensis«. Am Ende der Straße, hinter einem hohen schmiedeeisernen Gitter – unerbittliche Wächter halten die Pforten geschlossen – erheben sich prächtige Glockentürme, Giebel und Zinnen, bunt glasierte Backsteine glänzen in der Sonne zwischen den ziegelroten – die Universität von Tschernowzy. Lehr- und Prüfungssprache der alten Czernowitzer Universität war Deutsch, an der theologischen Fakultät Rumänisch, Ukrainisch, Kirchenslawisch. Von den zwischen 1875 und 1919 gewählten vierundvierzig Rektoren waren zweiundzwanzig Deutsche, elf Rumänen, neun Juden, zwei Ukrainer. Austria, Alemania, Gothia hießen die deutschen Verbindungen, Hasmonäa, Zephira, Hebronia die jüdischen, Junimea die rumänische und Sojus, Saporoschie, Mazeppa die ukrainischen.

Zum ersten Mal verirren wir uns in Tschernowzy, halten die neue für die alte Universität, orientieren uns – nach dem Plan von 1914 – an dem Standort der alten, verlieren den Weg ins ehemalige Czernowitz. Ursprünglich war der pompöse Gebäudekomplex aus Backstein im neogotischen Stil von 1875 griechisch-katholische erzbischöfliche Residenz. Erst seit dem Krieg ist die Universität darin untergebracht.

Nationalsozialismus und Stalinismus haben das alte Czernowitz zerstört, haben die Hoffnung, Assimilation sei die Lösung für Antisemitismus und Judenfrage, in diesem Jahrhundert verraten. Karl Emil Franzos' Aufklärungsimpetus im besten Lessingschen Sinne hat sich überlebt. Selbstverleugnung, ja, Selbsthaß war die Folge, machte, wie die Gottergebenheit der Frommen, die Juden wehrlos, steigerte den Judenhaß. Hätte Karl Emil Franzos die Shoah erlebt, hätte auch er sich aufs »Schibboleth« besonnen.

Ausgewählte Bibliographie

Lexika

Encyclopaedia Judaica. 16 Bde. Jerusalem 1971–1972.

Jüdisches Lexikon. Ein enzyklopädisches Handbuch des jüdischen Wissens. 4 Bde. Berlin 1927–1930 (Nachdruck Königstein/Ts. 1982).

Gesamtdarstellungen, Sammlungen

Galizien. Eine literarische Heimat. Hrsg. S. H. Kaszyński, Poznań 1987.

Geschichte der Juden in der Bukowina. Ein Sammelwerk. Hrsg. Hugo Gold, 2 Bde, Tel Aviv 1958–1962.

Jiddische Erzählungen von Mendele Mojcher Sforim, Jizchak Lejb Perez, Scholem Alejchem. Aus dem Jiddischen von Leo Nadelmann, Zürich 1985 (2. Auflage).

Jiddische Geschichten aus aller Welt. Hrsg. und aus dem Jiddischen von Hermann Hakel, Stuttgart/Zürich/Salzburg 1967.

Kain, wo ist dein Bruder? – Was der Mensch im Zweiten Weltkrieg erleiden mußte. Dokumentiert in Tagebüchern und Briefen. Hrsg. Hans Dollinger, Frankfurt am Main 1987.

Pollack, Martin: *Nach Galizien. Von Chassiden, Huzulen, Polen und Ruthenen. Eine imaginäre Reise durch die verschwundene Welt Ostgaliziens und der Bukowina.* Wien/München 1984.

Tschornaja kniga. Zusammengestellt von Wassili Grossman und Ilja Ehrenburg, Hrsg. Felix Dektor, Jerusalem 1980.

Ausländer, Rose: *Gesammelte Werke in 7 Bden.* Hrsg. Helmut Braun, Bd. 1 (1985), 2 (1985), 3 (1984), Frankfurt am Main 1984–1990.

Babel, Isaak: *Tagebuch 1920.* Hrsg. und aus dem Russischen von Peter Urban, Berlin 1990.

– *Die Reiterarmee*, in: ders., *Prosa*, Hrsg. Fritz Mierau, aus dem Russischen von Dmitri Umanski, Thomas Reschke u. a., Berlin 1983.

Bergelson, David: *Das Ende vom Lied.* Aus dem Jiddischen von Alexander Eliasberg und neu bearbeitet von Vera Hacken, Stuttgart 1986.

– *Ein Zeuge*, in: *Jiddische Geschichten aus aller Welt.* Ebd.

Birnbaum, Nathan: »Eröffnungsrede auf der jüdischen Sprachkonferenz in Czernowitz«, in: *Soll sein – Jiddische Kultur im jüdischen Staat. Materialien zu einem Film.* Hrsg. Henryk M. Broder, Augsburg 1989.

Buber, Martin: *Begegnung. Autobiographische Fragmente.* Heidelberg 1986 (4. Auflage).

– *Die Erzählungen der Chassidim.* Zürich 1984 (9. Auflage).

– *Die Legende des Baalschem.* Zürich 1988 (6. Auflage).

Burg, Josif: *Ein Gesang über allen Gesängen.* Aus dem Jiddischen von Beate Petras und Jürgen Rennert, Leipzig 1988.

Celan, Paul: *Das Frühwerk.* Hrsg. Barbara Wiedemann, Frankfurt am Main 1989.

– »Die Dichtung Ossip Mandelstams«, in: Ossip Mandelstam, *Im Luftgrab.* Hrsg. Ralf Dutli, Zürich 1988.

– *Die Niemandsrose.* Frankfurt am Main 1963.

– *Von Schwelle zu Schwelle.* Stuttgart 1955.

Chalfen, Israel: *Paul Celan. Eine Biographie seiner Jugend.* Frankfurt am Main 1983.

Chlebnikow, Welimir: *Ziehen wir mit Netzen die blinde Menschheit. Gedichte, Versdrama, poetologische Texte.* Hrsg. Marga Erb, Berlin 1984.

Der Nister (Pinchas Kahanowitsch): *Die Brüder Maschber. Das*

jiddische Epos. Ins Deutsche übertr. von Hans-Joachim Maas, Frankfurt am Main / Berlin 1990.
– »Jossl Bronzjes Riwe«, in: *Jiddische Geschichten aus aller Welt.* Ebd.
– *Unterm Zaun. Jiddische Erzählungen.* Ausgewählt und mit einem Nachwort versehen von Daniela Mantovan-Kromer, aus dem Jiddischen von Martina Eicheldinger, Sigrid Gaffal, Esther Kolar u. a., Frankfurt am Main 1988.
Deutsch, Helene: *Selbstkonfrontation.* Aus dem Amerikanischen von Brigitte Stein, München 1975.
Döblin, Alfred: *Reise in Polen.* München 1987.
Dubnow, Simon: *Geschichte des Chassidismus.* 2 Bde., aus dem Hebräischen von A. Steinberg, Berlin 1931 (Nachdruck Königstein / Ts. 1982).
– *Mein Leben.* Hrsg. Elias Hurwicz, aus dem Russischen von Elias Hurwicz und Bernhard Hischberg-Schrader, Berlin 1937.
Eich, Günter: *Botschaften des Regens.* Frankfurt am Main 1955.
Eichenbaum, Boris: *Mein Zeitbote.* Hrsg. Michael Dewey, aus dem Russischen von Michael Dewey u. a., Leipzig / Weimar 1987.
Frankó, Iwan: *Beiträge zur Geschichte und Kultur der Ukraine. Ausgewählte deutsche Schriften des revolutionären Demokraten 1882–1915.* Unter Mitarbeit von O. J. Biléckij und J. J. Bass, Hrsg. E. Winter und P. Kirchner, Berlin 1963.
Franzos, Karl Emil: »Von Wien nach Czernowitz«, in: ders., *Aus Halb-Asien. Kulturbilder aus Galizien, der Bukowina, Südrußland und Rumänien.* Zweiter Band, Stuttgart 1901.
– *Der Pojaz*, Frankfurt am Main 1988.
Friedländer, Moritz: *Fünf Wochen unter russisch-jüdischen Emigranten.* Wien 1882.
Goldenstein, Leo: *Brody und die russisch-jüdische Emigration.* Frankfurt am Main 1882.
Grossman, Wassili: *Na jewrejskije temy* (zu jüdischen Themen). 2 Bde., Hrsg. Simon Markisch, Jerusalem 1985.
– *Leben und Schicksal.* Hrsg. Efim Etkind und Simon Markisch,

aus dem Russischen von Madeleine von Ballestrem, Arkadij Dorfman, Elisabeth Markstein und Annelore Nitschke, Frankfurt am Main / Berlin 1987.

Hannover, Nathan Nata, Jawen Mezula: *Schilderung des polnisch-kosakischen Krieges und der Leiden der Juden in Polen während der Jahre 1648–1653. Bericht eines Zeitgenossen.* Nach einer von J. Lelewel durchgesehenen französischen Uebersetzung von J. J. Benjamin II, Hannover 1863.

Herbert, Zbigniew: *Das Land, nach dem ich mich sehne. Lyrik und Prosa.* Auswahl und Vorwort von Michael Krüger, aus dem Polnischen von Guido von Birkenfeld, Karl Dedecius, Klaus Staemmler u. a., Frankfurt am Main 1987.

Hilchen, David: *Honori herois Zamoscii.* Helmaestadii Acad. Julia 1605.

Huchel, Peter: *Gesammelte Werke in 2 Bden.*; Bd. 1, *Gedichte.* Frankfurt am Main 1984.

Kittner, Alfred: *Schattenschrift. Gedichte.* Aachen 1988.

Kozjubynskyj, Michajlo: *Fata Morgana und andere Erzählungen.* Aus dem Ukrainischen von Anna-Halja Horbatsch, Zürich 1962.

Krajewska, Monika: *Zeit der Sterne.* Aus dem Polnischen von Karin Wolff, Warschau 1983.

Landmann, Salcia: *Erinnerungen an Galizien.* Wiesbaden / München 1983 (2. Auflage).

Lem, Stanisław: *Das Hohe Schloß.* Aus dem Polnischen von Caesar Rymarowicz, Berlin / Frankfurt am Main 1980.

Levi, Primo: *Ist das ein Mensch?* und *Die Atempause.* Aus dem Italienischen von Heinz Riedt, Barbara und Robert Picht, München / Wien 1988.

– *Wann, wenn nicht jetzt?* Aus dem Italienischen von Barbara Kleiner, München / Wien 1986.

Luxemburg, Rosa: *Herzlichst Ihre Rosa. Briefe.* Hrsg. Annelies Laschitza und Georg Adler, Berlin 1989.

Meerbaum-Eisinger, Selma: *Ich bin in Sehnsucht eingehüllt. Gedichte eines jüdischen Mädchens an seinen Freund.* Hrsg. und eingeleitet von Jürgen Serke, Frankfurt am Main 1984.

Pappenheim, Bertha: *Sisyphos-Arbeit. Reisebriefe aus den Jahren 1911 und 1912.* 1. Folge, Leipzig 1924.
– alias Paul Berthold: *Zur Judenfrage in Galizien.* Frankfurt am Main 1900.
Perez, Isaak Lejb: »Erlebnisse eines jüdischen Statistikers in Polen«, in: *Jiddische Geschichten aus aller Welt.* Ebd.
– »Der verrückte Batlen«, in: *Jiddische Erzählungen.* Ebd.
Rezzori, Gregor von: *Ein Hermelin in Tschernopol.* München 1989.
– *Blumen im Schnee.* München 1989.
– *Memoiren eines Antisemiten.* München 1979.
Roth, Joseph: *Briefe 1911–1939.* Hrsg. Hermann Kesten, Köln/Berlin/Amsterdam 1970.
– »Erdbeeren«, in: *Werke in 6 Bden.* Hrsg. Klaus Westermann, Fritz Hackert, Köln/Amsterdam 1990, Bd. 4.
– *Das falsche Gewicht.* Ebd., Bd. 6 (1991).
– *Hiob.* Ebd., Bd. 5.
– *Juden auf Wanderschaft.* Ebd., Bd. 2.
– *Radetzkymarsch.* Ebd., Bd. 5.
– *Reise durch Galizien.* Ebd., Bd. 2.
– *Reise in Rußland*; »Das Rußlandtagebuch«. Ebd., Bd. 2.
– »Russisch-Polnischer Krieg«. Ebd., Bd. 1.
– *Tarabas.* Ebd., Bd. 5.
Roth, Philip spricht mit Primo Levi. Aus dem Englischen von Meino Brüning, in: *Lettre* Nr. 1, 1988.
Rybakow, Anatoli: *Schwerer Sand.* Aus dem Russischen von Juri Elperin, Berlin 1981.
Sacher-Masoch, Leopold von: *Der Judenraphael. Geschichten aus Galizien.* Hrsg. Adolf Opel, Berlin/Wien 1989.
Schewtschenko, Taras: *Gedichte.* Aus dem Ukrainischen von Iwan Frankó, in: Iwan Frankó, *Beiträge zur Geschichte und Kultur der Ukraine.* Ebd.
Schklowski, Viktor: *Dritte Fabrik.* Aus dem Russischen von Verena Dohrn und Gabriele Leupold, Frankfurt am Main 1988.
Scholem Alejchem, Menachem Mendel und Scheine-Scheindel: *Briefe von und nach Galizien.* Nördlingen 1987.

Scholem Alejchem: *Mottl der Kantorssohn*. Aus dem Jiddischen von Grete Fischer, Frankfurt am Main 1965.
Schnurre, Wolf-Dietrich: *Kassiber und neue Gedichte*. München 1979.
Sforim, Mendele Mojcher: *Die Reisen Benjamin des Dritten*, in: *Jiddische Erzählungen*. Ebd.
Singer, Isaac Bashevis: *Jakob der Knecht*. Aus dem Amerikanischen von Wolfgang v. Einsiedel, Reinbek 1981.
– *Mein Vater der Rabbi*. Aus dem Amerikanischen von Otto F. Best, Reinbek 1983.
– *Die Gefilde des Himmels. Eine Geschichte vom Baalschem Tow*. Aus dem Amerikanischen von Hannelore Neves, München/Wien 1982.
Singer, Israel Joschua: *Josche. Ein jiddischer Roman*. Aus dem Jiddischen von Jan Müller, Freiburg 1967.
Sperber, Manès: *Die Wasserträger Gottes*. München 1978.
Steinbarg, Elieser: »Wie die Vögel die Bibel lernen«, in: *Jiddische Geschichten aus aller Welt*. Ebd.
Trakl, Georg: *Dichtungen und Briefe*. 2 Bde., Salzburg 1969.
Weissglas, Immanuel: *Kariera am Bug*. Bukarest 1947.

Rose Ausländer

Gesammelte Werke in acht Bänden

Herausgegeben von Helmut Braun

Die Erde war ein atlasweißes Feld
Gedichte 1927–1956. 371 Seiten. Leinen

Die Sichel mäht die / Zeit zu Heu
Gedichte 1957-1965. 360 Seiten. Leinen

Hügel / aus Äther / unwiderruflich
Gedichte und Prosa 1966–1975. 309 Seiten. Leinen

Im Aschenregen / die Spur deines Namens
Gedichte und Prosa 1976. 246 Seiten. Leinen

Ich höre das Herz / des Oleanders
Gedichte 1977–1979. 335 Seiten. Leinen

Wieder ein Tag / aus Glut und Wind
Gedichte 1980 – 1982. 408 Seiten. Leinen

Und preise die kühlende / Liebe der Luft
Gedichte 1983–1987. 405 Seiten. Leinen

Jeder Tropfen ein Tag
Gedichte aus dem Nachlaß
Gesamtregister. 420 Seiten. Leinen

S. Fischer

fi 409 / 6